Rodeados de idiotas

· · · ·

Rodeados de idiotas

Los cuatro tipos
de personalidades
(o cómo entender
a quienes cuesta
tanto entender)

Thomas Erikson

Ariel

Obra editada en colaboración con Editorial Planeta – España

Título original: *Omgiven av idioter. Hur man förstår dem som inte går att förstå*

© Thomas Erikson, 2014, por acuerdo con Enberg Agency
© de la traducción del inglés, Ana Camallonga Claveria, 2023

© del prólogo, David Bonnstetter, 2019

© 2023, Editorial Planeta, S. A. – Barcelona, España

Derechos reservados

© 2025, Ediciones Culturales Paidós, S.A. de C.V.
Bajo el sello editorial ARIEL M.R.
Avenida Presidente Masarik núm. 111,
Piso 2, Polanco V Sección, Miguel Hidalgo
C.P. 11560, Ciudad de México
www.planetadelibros.com.mx
www.paidos.com.mx

Primera edición impresa en España: septiembre de 2023
ISBN: 978-84-08-27670-8

Primera edición impresa en México: junio de 2025
ISBN: 978-607-569-998-1

No se permite la reproducción total o parcial de este libro ni su incorporación a
un sistema informático, ni su transmisión en cualquier forma o por cualquier medio,
sea este electrónico, mecánico, por fotocopia, por grabación u otros métodos, sin el
permiso previo y por escrito de los titulares del *copyright*.

Queda expresamente prohibida la utilización o reproducción de este libro o
de cualquiera de sus partes con el propósito de entrenar o alimentar sistemas
o tecnologías de Inteligencia Artificial (IA).

La infracción de los derechos mencionados puede ser constitutiva de delito contra
la propiedad intelectual (Arts. 229 y siguientes de la Ley Federal del Derecho de
Autor y Arts. 424 y siguientes del Código Penal Federal).

Si necesita fotocopiar o escanear algún fragmento de esta obra diríjase al
CeMPro (Centro Mexicano de Protección y Fomento de los Derechos de Autor,
http://www.cempro.org.mx).

Impreso en los talleres de Litográfica Ingramex, S.A. de C.V.
Centeno núm. 162-1, colonia Granjas Esmeralda, Ciudad de México
Impreso en México – *Printed in Mexico*

Índice

Prólogo. 7

Introducción. El hombre que estaba rodeado de idiotas . . . 11

1. La comunicación se produce en los términos del oyente   17
2. ¿Por qué somos como somos?. 24
3. Una introducción al sistema. 29
4. Comportamiento rojo. Cómo reconocer a un verdadero alfa
   y evitar interponerse en su camino. 33
5. Comportamiento amarillo. Cómo reconocer a alguien que
   tiene la cabeza en las nubes y hacer que vuelva a la realidad   46
6. Comportamiento verde. Por qué el cambio es tan difícil y
   cómo evitarlo 56
7. Comportamiento azul. En busca de la perfección 68
8. Nadie es perfecto del todo. Fortalezas y debilidades . . . 84
9. Aprender cosas nuevas. Cómo utilizar lo que has aprendido   128
10. Lenguaje corporal: por qué importa cómo te mueves. ¿Qué
    imagen das en realidad? 132

11. Un ejemplo sacado de la vida real: la fiesta de la empresa. Cómo entender a cualquier persona que te encuentres . . . 146

12. Adaptación. Cómo tratar con idiotas (es decir, con todos los que no son como tú) 152

13. Cómo dar pésimas noticias. El reto de decir lo que piensas 200

14. Quién se lleva bien y por qué funciona. Dinámica de grupos en su máxima expresión. 223

15. Comunicación escrita. Cómo evaluar a alguien cuando no puedes conocerlo en persona 231

16. ¿Qué es lo que nos saca de quicio? El temperamento puede decirlo todo de una persona 235

17. Factores de estrés y ladrones de energía. ¿Qué es el estrés? 243

18. Una breve reflexión a lo largo de la historia. El ser humano siempre ha sido así 258

19. Voces desde la vida real 265

20. Un test rápido para averiguar lo que has aprendido. . . 292

21. Un ejemplo final de la vida cotidiana. El que pueda que sea el proyecto en grupo más ilustrativo de la historia del mundo. 298

Las respuestas a las preguntas del capítulo 20 305

Para saber más 307

Prólogo

Bill Bonnstetter y su hijo David desarrollaron hace muchos años un sistema de software *revolucionario basado en el método DISC. Es una forma de describir la comunicación humana y de clasificar el comportamiento, y el método que se utiliza a lo largo de este libro. Bill, tristemente, ya no está entre nosotros, pero David sigue dirigiendo la empresa de ambos, TTI Success Insights. Desde sus humildes orígenes en el Iowa rural, este método de clasificación del comportamiento ha sido utilizado por empresas y corporaciones de todo el mundo.*

Todo empezó con una pregunta. Una pregunta simple y concreta: ¿podía un comercial agrícola vender más semillas con solo observar la granja?

De niño, en el Iowa rural, vi a mi padre aplicar los principios fundamentales del libro *Emotions of Normal People,* de William Moulton Marston. En aquella época, mi padre estaba volcado en el sistema Buyer Profile Blending y formaba a comerciales agrícolas en las herramientas de Marston para entenderse mejor a ellos mismos y entender mejor también a sus clientes, los granjeros. Recuerdo aún aquellos primeros tiempos, en una mesa de madera de pino nudosa, comiendo solomillo de cerdo y maíz a la parrilla, con mi padre repasando sus observaciones: «¿Accesos impolutos y arboledas cuidadas? Sin duda un azul. ¿Ganado e instalaciones de nueva generación y experimentales? Tienes delante a un rojo».

Aunque él y yo estábamos muy unidos, nuestros caminos fueron muy distintos. Mi padre, un emprendedor innato y un rojo/amarillo en todos los sentidos, se dedicó a crear empresas y agencias de consultoría que ayudaban a los comerciales a perfeccionar su oficio. Yo seguí la vía académica y me inscribí en la Universidad de Iowa, donde estudié contabilidad e informática, en línea con mi naturaleza roja/azul. Pasaba todo mi tiempo libre en la sala de computadoras, entregado en cuerpo y alma a escribir código.

Durante mi época universitaria, mi padre perfeccionó su capacidad casi sobrenatural para entender a las personas. Él y yo no perdimos el contacto: hablábamos casi todas las semanas, pese a encontrarnos en momentos muy distintos de nuestras vidas. Estando aún en la Universidad de Iowa, mi padre me sentó un día y me propuso trabajar en su empresa. «¿Qué pasaría si juntáramos tu capacidad para desarrollar *software* con mi capacidad de analizar el comportamiento humano?», preguntó. Yo era ambicioso y tenía ganas de divertirme programando, así que me embarqué en el viaje más apasionante de mi vida. Mi padre y yo desarrollamos juntos un sistema de *software* que produciría informes sobre el comportamiento humano. Fue un factor multiplicador: pronto podríamos llegar a más personas y revelar su potencial a través de disquetes de 3,5″ e informes de veinticuatro páginas. En 1984 pusimos en marcha una empresa en Iowa, TTI Success Insights, para conseguirlo.

Con el tiempo, huimos de los inviernos gélidos del Medio Oeste de Estados Unidos y nos trasladamos —nosotros, nuestras familias y nuestra empresa— al mucho más soleado y cálido Scottsdale, en el estado de Arizona. A finales de los noventa, empezamos a utilizar la web para distribuir nuestras afamadas valoraciones. A día de hoy tenemos un negocio próspero con distribuidores por todo el mundo.

Puede que siempre te hayas preguntado por qué eres tan diferente. El comportamiento humano es, en gran parte, complejo y confuso. En algunos casos, las personas que nos rodean son idiotas. Comprender la conducta humana es una labor interminable, un intento sin fin de conocer el cómo, el qué y el porqué de las decisiones de una persona. Es tan fácil como peligroso tachar de ignorante, de equivocado o incluso de poco avispado a alguien que no se comporta como tú. El mundo de hoy requiere una visión más sofisticada, una en la que se valore a una persona por sus fortalezas y debilidades.

Mi padre ya no está entre nosotros. Pero el propósito que invocamos, el de revelar el potencial humano, sigue vivo. Este libro parte de los conceptos que él utilizaba en la formación en ventas y los aplica a una situación aún más compleja: la de entender a los idiotas que nos rodean a todos.

A medida que leas, creo que entenderás el valor de un rojo, un amarillo, un verde y un azul. Espero que saques de todo ello ciertos consejos prácticos a la hora de comunicarte de forma eficaz con cada uno de esos tipos de personas. Pero la lección más importante que puedes extraer es que los idiotas que nos rodean no tienen, en realidad, nada de idiotas. Son, de hecho, personas que merecen respeto, comprensión y que se las valore.

Todo el mundo puede utilizar las pautas que se describen en este libro para avanzar en el juego de la vida. Míralo así: si no entiendes y no utilizas estos principios, seguirás estando rodeado de idiotas. Y eso es algo que nadie quiere.

David Bonnstetter
Consejero delegado de TTI Success Insights

Introducción

El hombre que estaba rodeado de idiotas

Fue en el bachillerato cuando me di cuenta por primera vez de que me llevaba mejor con determinadas personas que con otras. Con algunos de mis amigos me era muy fácil hablar: al conversar, siempre encontrábamos las palabras adecuadas y todo fluía como debía. Nunca nos peleábamos y nos caíamos bien. Con otras personas, en cambio, era un desastre. Lo que decía caía en saco roto y no podía entender el motivo.

¿Por qué me era tan fácil hablar con determinadas personas mientras que otras me parecían auténticos tarugos? Eso, de joven, no era algo que me quitara el sueño, desde luego. Aun así, recuerdo no entender por qué ciertas conversaciones fluían con naturalidad mientras que otras ni siquiera empezaban, hiciera yo lo que hiciera. Era incomprensible. Empecé a utilizar una serie de métodos para poner a prueba a mis interlocutores. Probé a decir las mismas cosas en contextos similares solo para ver qué reacción obtenía. A veces funcionaba y se entablaba un debate interesante. Otras veces no pasaba nada. La gente se me quedaba mirando como si yo viniera de otro planeta, y a veces era así como me sentía.

Cuando somos jóvenes, tendemos a pensar en las cosas en términos muy simples. Que determinadas personas de mi círculo de amigos reaccionaran de una forma normal quería decir, por supuesto, que eran automáticamente de los buenos. Así que supuse que había algo raro en quienes no me entendían. ¿Qué otra explicación podía haber? ¡Yo era siempre el mismo! El problema debían tenerlo esas personas tan difíciles. De modo que empecé a evitarlas, solo porque no las entendía. Llámalo ingenuidad de juventud, si quieres, pero tuvo varias consecuencias divertidas. En los años siguientes, no obstante, todo eso cambió.

La vida siguió —trabajo, familia y carrera— y yo seguí clasificando a la gente en dos grupos: las personas buenas y sensibles... y todas las demás, las que parecían no entender nada.

A los veinticinco años conocí a un hombre hecho a sí mismo. Sture, que rondaba los sesenta, había fundado su propio negocio y lo había mantenido durante años. Me pidieron que lo entrevistara justo antes de poner en marcha un nuevo proyecto. Hablamos sobre cómo funcionaban las cosas en su empresa. Uno de los primeros comentarios que me hizo Sture es que estaba rodeado de idiotas. Recuerdo que me eché a reír, porque pensé que era una broma. Pero él lo estaba diciendo en serio. Se le encendió el rostro al explicarme que quienes trabajaban en el departamento A eran unos completos imbéciles, todos y cada uno de ellos. En el departamento B no había más que tontos que no se enteraban de nada. ¡Por no hablar del departamento C! ¡Esos eran los peores! Eran tan raros que Sture no sabía ni cómo se las arreglaban para llegar al trabajo por las mañanas.

Cuanto más lo escuchaba, más me daba cuenta de que había algo muy extraño en su historia. Le pregunté si de verdad creía que estaba rodeado de idiotas. Me dirigió una mirada asesina y me explicó que muy pocos de sus empleados valían la pena.

Sture no tenía ningún reparo en hacerles saber a cualquiera de ellos lo que pensaba. No dudaba lo más mínimo en llamar idiota al que fuera delante de toda la empresa. Así que sus trabajadores habían aprendido a evitarlo. Nadie se atrevía a reunirse a solas con él y nunca le llegaban las malas noticias porque solía tomarla con el mensajero. En una de las oficinas incluso había una señal luminosa a la entrada del edificio. Situada de forma discreta sobre la recepción, la luz se ponía roja cuando él estaba allí y verde cuando se marchaba.

Era algo que sabía todo el mundo. No solo los empleados, sino también los clientes, que dirigían de forma automática una mirada nerviosa a la luz para saber qué les esperaba al traspasar el umbral. Si la luz estaba en rojo, había personas que sencillamente daban media vuelta y decidían volver en otro momento más oportuno.

Las personas jóvenes, ya se sabe, tienen grandes ideas. Así que hice la única pregunta que se me ocurrió: «¿Quién ha contratado a todos esos idiotas?». Yo sabía, desde luego, que había sido él quien había contratado a la mayoría. Lo peor fue que Sture entendió a la primera lo que le estaba diciendo. Lo que le preguntaba de forma tácita era: ¿quién es el idiota aquí en realidad?

Hizo que me echaran. Más adelante supe que lo que de verdad quiso hacer fue tomar una escopeta y dispararme.

Aquel incidente me dio que pensar. Sture era un hombre que pronto se jubilaría. Estaba claro que era un emprendedor competente, muy respetado, que conocía a fondo el sector concreto en el que trabajaba. Pero no sabía tratar a la gente. No entendía el recurso principal y más complicado de una empresa: sus trabajadores. Y cualquiera que no entendiera eso no era más que un idiota.

Como yo no trabajaba en la compañía, me resultaba fácil ver hasta qué punto se equivocaba. Sture no se daba cuenta de que siempre comparaba a los demás consigo mismo. Su definición de idiota era cualquiera que no pensara o actuara como él. Utilizaba expresiones parecidas a las que yo también solía emplear para referirme a cierto tipo de personas: «charlatanes arrogantes», «*junkies* de la burocracia», «cabrones maleducados» o «tarados aburridos». Aunque yo nunca llamaba idiota a la gente, al menos a la cara, sí que tenía problemas evidentes con determinados tipos de persona.

La perspectiva de ir por la vida creyendo constantemente estar rodeado de personas con las que era imposible trabajar me pareció un horror. Limitaría de un modo increíble mi propio potencial.

Intenté mirarme a mí mismo en el espejo. La decisión fue fácil de tomar: no quería ser como Sture. Tras una reunión especialmente tóxica con él y varios de sus pobres empleados, me subí al coche con un nudo en el estómago. La cita había sido un desastre total. Todo el mundo estaba indignado. En aquel mismo momento decidí que iba a adquirir probablemente el conocimiento más importante que existe: aprendería cómo funciona la gente. Me dedicaría a conocer a otras personas durante el resto de mi vida, fuera cual fuese mi profesión. Tenía claro que ser capaz de entenderlas me beneficiaría.

Me puse a investigar de inmediato cómo entender a las personas que de entrada parecen difíciles. ¿Por qué algunas no hablan, por qué otras nunca callan, por qué algunas dicen siempre la verdad mientras que otras no la dicen jamás? ¿Por qué algunos de mis compañeros de trabajo siempre llegaban puntuales mientras que otros raras veces lo conseguían? E, incluso, ¿por qué había personas que me caían mejor que otras? Lo que aprendí me resultó fascinante, y no he vuelto a ser el mismo desde que emprendí este viaje. Los conocimientos que he adquirido me han cambiado como persona, como amigo, como compañero, como hijo y como marido y padre de mis hijos.

INTRODUCCIÓN

Este libro habla del que quizá es el método más utilizado en todo el mundo para describir las diferencias en la comunicación humana. Es el llamado sistema DISC, un acrónimo de dominio, influencia, estabilidad y cumplimiento, por las letras iniciales de esas palabras en inglés. Esos cuatro términos señalan los tipos de comportamiento principales y describen cómo se ven las personas a sí mismas en relación con su entorno. Cada uno de esos tipos de comportamiento se asocia a un color: rojo, amarillo, verde y azul. Llevo utilizando versiones de esta herramienta desde hace más de veinte años, con resultados excelentes.

Pero ¿cómo se llega a ser de verdad competente en el trato con diferentes tipos de personas? Existen, por supuesto, varios métodos. El más común es investigar sobre el tema y aprender los aspectos fundamentales. Aunque conocer la teoría no te convierte en un comunicador de primer orden. Solo cuando empieces a utilizar ese conocimiento desarrollarás una competencia real y operativa en el terreno. Es como aprender a montar en bicicleta: primero tienes que subirte a ella. Solo entonces te das cuenta de lo que tienes que hacer.

Desde que empecé a investigar el funcionamiento de las personas y a esforzarme por entender las diferencias en la manera en que nos comunicamos, no he vuelto a ser el mismo. Ya no soy tan categórico ni juzgo a las personas solo por no ser como yo. Desde hace años, tengo mucha más paciencia con la gente que no se me parece en nada. No llegaría al extremo de decir que no me veo envuelto nunca en ningún conflicto, igual que no intentaría convencerte de que nunca miento, pero ambas cosas son ahora muy poco frecuentes.

Hay algo por lo que debo dar las gracias a Sture: despertó mi interés por el tema. Sin él, este libro probablemente jamás se habría escrito.

¿Qué puedes hacer tú para saber más sobre cómo se relaciona y se comunica el ser humano? Un buen comienzo sería seguir leyendo este libro. Todo el libro, no solo los tres primeros capítulos. Con un poco de suerte, en pocos minutos podrás emprender el mismo viaje que emprendí yo hace veinte años. Prometo que no te arrepentirás.

Algo que tener en cuenta: para simplificar la lectura de esta obra, he optado por utilizar el masculino genérico en los ejemplos que no hacen referencia a una persona en particular. Confío que tendrás la imaginación suficiente para insertar el pronombre femenino en tu cabeza cuando sea apropiado hacerlo.

1

La comunicación se produce en los términos del oyente

¿Te suena raro? Deja que me explique. Todo lo que le dices a otra persona tu interlocutor lo pasa por el filtro de sus marcos de referencia, sus sesgos y sus ideas preconcebidas. Lo que queda es, en última instancia, el mensaje que esa persona entiende. Por toda una serie de razones, tu interlocutor puede acabar interpretando lo que querías transmitirle de un modo muy distinto al que tú pretendías. Lo que de verdad acabe entendiéndose dependerá, por supuesto, de la persona a la que le estés hablando, y es muy poco frecuente que el mensaje completo le llegue tal y como se concibió en tu mente.

Puede resultar deprimente saber que tienes tan poco control sobre lo que entiende la persona a la que te diriges. Da igual lo mucho que quieras hacerla entrar en razón: en realidad no hay gran cosa que puedas hacer al respecto. Es uno de los diversos retos de la comunicación. Sencillamente no es posible cambiar el modo en que funciona el interlocutor. Aun así, la mayoría de las personas son conscientes de cómo quieren que se las trate, y susceptibles a ese trato. Adaptándote a ello conseguirás comunicarte de forma más eficaz.

¿Qué es lo que lo hace tan importante?

Al crear un ámbito seguro para la comunicación, facilitas que los demás te entiendan, y que lo hagan en sus propios términos. El receptor puede así dedicar su energía a entenderte y no a reaccionar, ya sea de forma consciente o inconsciente, a tu estilo comunicativo.

Todos necesitamos desarrollar nuestra flexibilidad y ser capaces de modificar nuestro estilo comunicativo, adoptándolo cuando hablamos con personas que no son como nosotros. Encontramos aquí otra verdad: sea cual sea el método que utilices para comunicarte, siempre estarás, como individuo, en minoría. Te comportes como te comportes, la mayoría de quienes te rodean funcionarán de un modo distinto al tuyo. No puedes basar tu método de comunicación en tus propias preferencias. La flexibilidad y la capacidad de interpretar las necesidades de los demás es lo que caracteriza a un buen comunicador.

Conocer y entender el estilo de comportamiento y el método de comunicación de otra persona hará que te sea más fácil realizar suposiciones bien fundamentadas sobre cómo podría reaccionar esa persona en una diversidad de situaciones. Saberlo también mejorará drásticamente tu capacidad para comunicarte con la persona en cuestión.

Ningún sistema es perfecto

Voy a dejar claro algo importante: este libro no pretende abarcar todas las formas en las que nosotros, los seres humanos, nos comunicamos unos con otros. Ningún libro puede hacerlo, porque la cantidad de señales que transmitimos incesantemente a los que nos rodean no cabrían en ningún tomo. Aunque incluyéramos el lenguaje no verbal, las diferencias entre la forma de hablar de hombres y mujeres, las diferencias culturales y todas las demás maneras de definir las variaciones en la comunicación, no estaríamos abarcándolo todo. Podríamos sumar aspectos psicológicos, grafológicos, la edad y la astrología y aun así no tendríamos una imagen al cien por cien completa.

Según la *American Journal of Business Education* (julio/agosto de 2013), se han realizado más de cincuenta millones de evaluaciones utilizando la herramienta DISC. E incluso con toda esa información la comunicación sigue siendo un asunto fascinante y enigmático. Las personas no somos hojas de cálculo de Excel. No podemos cuantificarlo todo. Tenemos demasiadas aristas como para que se nos describa de principio a fin. Hasta un bebé es más complejo que cualquier tema que pueda transmitirse en un libro. Y, aun así, podemos evitar las meteduras de pata más garrafales si entendemos los aspectos básicos de la comunicación humana.

Ya hace tiempo que es así

«Vemos lo que hacemos, pero no vemos por qué hacemos lo que hacemos. Por consiguiente, nos evaluamos y nos valoramos unos a otros a partir de lo que vemos que hacemos.»

La cita es del psicoanalista Carl Jung. Los diferentes patrones de comportamiento son los que generan dinamismo en nuestras vidas. Cuando hablo de patrones de comportamiento no me refiero solo a cómo actúa una persona en un momento dado (sus acciones), sino a todo el conjunto de actitudes, creencias y planteamientos que rigen su forma de actuar. Podemos reconocernos a nosotros mismos en determinados patrones de comportamiento, pero otras formas de conducta ni las reconocemos ni las entendemos. Además, cada uno de nosotros actúa de forma distinta en situaciones distintas, lo que puede ser motivo tanto de júbilo como de indignación para quienes nos rodean.

Aunque las acciones individuales pueden, por supuesto, estar bien o mal, en realidad no hay un patrón de comportamiento que esté bien o mal. No hay un comportamiento correcto o incorrecto. Tú eres quien eres, y no tiene demasiado sentido preguntarse por qué. Seas como seas, está bien. Te comportes como te comportes y se te perciba como se te perciba, está bien. Dentro de unos límites razonables, claro.

En un mundo perfecto, sería muy fácil decir: «Soy un tipo concreto de persona y no pasa nada porque lo he leído en un libro. Así es como soy y así es como actúo». ¿No sería estupendo no tener que autocensurarse? ¿Poder actuar como te apeteciera a todas horas? En realidad, es posible hacerlo. Es posible comportarse según tus deseos. Solo hay que encontrar la situación adecuada para ello.

Hay dos situaciones en las que puedes ser tú mismo.

La primera es cuando estás solo en una habitación. En ese caso, no importa cómo hables ni lo que hagas. No le haces daño a nadie si gritas e insultas o si lo único que quieres es sentarte en silencio y reflexionar sobre los grandes misterios de la vida o sobre por qué las modelos siempre parecen estar tan enojadas. En tu soledad, puedes actuar como te parezca. Fácil, ¿verdad?

La segunda situación en la que puedes ser completamente tú es cuando todas las demás personas que están contigo son como tú. ¿Qué nos enseñaron nuestras madres? Trata a los demás como quieras que te traten a ti. Un excelente consejo y muy bienintencionado. Y que funciona, además. Al menos, siempre que los demás sean como tú. Lo único que tienes que hacer es elaborar una lista de todas las personas que conoces que reaccionan, piensan y actúan exactamente igual que tú en todos los casos. Ahora llámalas y empieza a quedar con ellas.

En cualquier otra situación, podría ser una buena idea entender cómo se te percibe y aprender cómo funcionan los demás. No creo que vaya a ser noticia de portada si digo que la mayoría de las personas que conoces no son como tú.

Las palabras pueden tener un poder enorme, pero cuáles escogemos y cómo las utilizamos es algo que varía. Como ocurre con el título de este libro, las palabras pueden interpretarse de muchas formas. Y cuando utilizas la palabra equivocada, entonces, bueno, puede que tú seas el idiota.

Rodeado de idiotas... ¿o no?

¿Qué quiero decir con eso? Mientras escribía, se me ocurrió la siguiente analogía: los patrones de comportamiento son como una caja de herramientas. Se necesitan de todo tipo. Según la ocasión, una herramienta puede ser la adecuada o no serlo. Un mazo de quince kilos es ideal para derribar paredes, pero difícilmente será lo que necesites para colgar un cuadro en el recibidor.

Hay quien está en contra de la idea de clasificar a las personas en función de su comportamiento. Tal vez creas que no deberías catalogar a la gente, que no está bien encasillar a los demás. Sin embargo, todo el mundo lo hace, aunque sea de un modo distinto a como lo hago yo en este libro. Todos nos fijamos en nuestras diferencias y todos somos diferentes, por lo que a mí me parece que señalarlo puede ser positivo si se hace de la forma adecuada. Cualquier herramienta, si se utiliza mal, puede ser dañina. Tiene más que ver con la persona que la usa que con la herramienta en sí. Este libro es tu introducción al comportamiento y al diálogo humano. El resto depende de ti.

Parte de lo que vas a leer es información recabada por TTI Success Insights. Quiero aprovechar la ocasión para darles las gracias a Sune Gellberg y Edouard Levit por compartir con tanta generosidad su experiencia y su material de formación.

Por raro que parezca, cualquier tipo de comportamiento es normal, en teoría

El comportamiento normal...

... es relativamente predecible.

Todas las personas reaccionan de una forma similar en situaciones similares. Pero es imposible predecir todas las posibles reacciones antes de que se produzcan.

... es parte de un patrón.

Solemos reaccionar en función de unos patrones uniformes. Por lo tanto, debemos respetar los patrones de los demás. Y entender los nuestros.

... es modificable.

Deberíamos aprender a escuchar, actuar, hablar abiertamente y reflexionar para hacer lo que es conveniente en cada momento. Todos somos capaces de adaptarnos.

... es observable.

Deberíamos ser capaces de observar y tener en cuenta muchas de las formas de comportamiento aunque no seamos psicólogos aficionados. Todos podemos fijarnos en las personas que nos rodean.

... es comprensible.

Deberíamos ser capaces de entender por qué las personas sienten lo que sienten y hacen lo que hacen en cada momento. Todos podemos pensar en el porqué.

... es único.

Pese a todo lo que tenemos en común, el comportamiento de cada persona es único, propio de esa persona. Triunfa en tus propios términos.

... es disculpable.

Olvídate de envidias personales y de quejas. Aprende a ser tolerante y a tener paciencia, tanto contigo mismo como con los demás.

2

¿Por qué somos como somos?

¿De dónde viene nuestro comportamiento? ¿Por qué las personas somos tan diferentes? ¡Ah, si lo supiera...! En pocas palabras, es una combinación de herencia y entorno. Incluso antes de nacer, ya se han sentado en nosotros las bases de los patrones de comportamiento que exhibiremos en la edad adulta. El temperamento y los rasgos de carácter que hemos heredado influyen en nuestra conducta, un proceso ya iniciado en la fase genética. El funcionamiento exacto de ese proceso sigue siendo objeto de debate entre los científicos, pero todos coinciden en que desempeña un papel. No solo heredamos rasgos de nuestros propios padres, sino también de sus respectivos padres y, en un grado variable, de otros familiares. A todos nos han dicho en algún momento que hablamos o nos parecemos a un tío o una tía. De niño, yo me parecía a mi tío Bertil, que, como yo, era pelirrojo. Explicar por qué algo así es genéticamente posible llevaría muchísimo tiempo. Por el momento, baste con establecer que esa herencia sienta las bases de nuestro desarrollo conductual.

¿Qué ocurre cuando nacemos? En la mayoría de los casos, los

niños, al nacer, son impulsivos, aventureros y no tienen barreras de ningún tipo. Un niño no hace ni más ni menos que lo que quiere hacer. Dice: «¡No, no quiero!» o «¡Claro que puedo!». Está inmerso en la idea de que puede conseguir casi cualquier cosa. Ese tipo de comportamiento espontáneo y a veces descontrolado no es siempre, por supuesto, lo que sus padres desearían. Pero luego, abracadabra, lo que fue una vez un patrón original de comportamiento empieza a transformarse, en el mejor/peor de los casos, en una réplica del de otra persona.

¿Cómo se influye en los niños?

Los niños aprenden y se desarrollan por muchas vías, pero la más habitual es la imitación. Un niño imita lo que ve a su alrededor, y el progenitor de su mismo sexo se convierte a menudo en el modelo a imitar. (Este libro no es, desde luego, un estudio exhaustivo sobre cómo funciona ese proceso, porque no es una obra sobre la forma en que influimos en nuestros hijos).

Valores fundamentales

Mis valores fundamentales están profundamente enraizados en mí y forman parte de mi carácter hasta tal punto que es casi imposible cambiarlos. Son las cosas que aprendí de mis padres de niño o en la escuela cuando era muy pequeño. En mi caso fueron versiones distintas de «estudia y pórtate bien en el colegio» o «pelearse está mal». Esto último, por ejemplo, ha hecho que no le haya puesto nunca las manos encima a otra persona. No me he peleado desde tercero de primaria, y creo recordar que esa pelea la perdí. (Era una niña muy fuerte).

Otro valor fundamental importante es el de que todas las personas son iguales. Sé, porque mis padres me lo demostraron durante mi infancia, que está mal juzgar a una persona por su origen, sexo o color de piel. Todos nosotros acarreamos principios de ese tipo. Sabemos de forma instintiva lo que está bien y lo que está mal. Nadie puede arrebatarnos nuestros valores fundamentales.

Actitudes y enfoques

La siguiente capa la forman mis actitudes, que no son exactamente lo mismo que los valores fundamentales. Las actitudes son cosas sobre las que me he formado una opinión a partir de lo que he vivido o a partir de conclusiones que he sacado por experiencias en mis últimos años de escolarización, en el bachillerato, en la universidad o en mi primer trabajo. Incluso experiencias posteriores pueden formar actitudes.

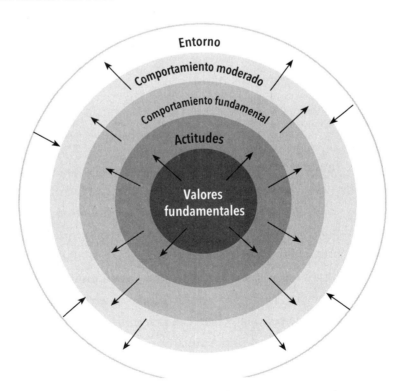

Una persona de mi familia me dijo una vez que no se fiaba de los vendedores. Sin duda no es la única persona del mundo que piensa así, pero en su caso se traducía en una costumbre cómica: era incapaz de comprar nada y no devolverlo después. Un suéter, un sofá, un coche... El proceso de compra era interminable. Necesitaba investigar y analizar cada detalle. Pero, por más que investigara, siempre quería devolver luego lo que había comprado.

Tras observar ese patrón, le pregunté por qué lo hacía y ella me explicó los motivos de su actitud: el 85 por ciento de los vendedores eran timadores. Explicarle que yo también trabajaba de comercial no sirvió de nada. A día de hoy, sigo sin saber si pertenezco a esa porción o si puedo contarme entre el afortunado 15 por ciento. Lo importante es que una actitud puede cambiar. A ese familiar mío posiblemente lo habían engañado varias veces de mala manera y, por lo tanto, había aprendido a desconfiar de los vendedores. Pero una determinada cantidad de experiencias positivas habrían podido hacer que cambiara de opinión.

Los resultados

Tanto mis valores fundamentales como mis actitudes influyen en cómo elijo mi comportamiento. Juntos conforman mi comportamiento fundamental, la persona real que quiero ser. Mi comportamiento fundamental es el modo en que actúo en estado de completa libertad, sin la influencia de ningún factor externo.

Es probable que ya hayas identificado cuál es aquí el problema: ¿estamos alguna vez libres del todo de las influencias externas? Cuando debatimos de este asunto con grupos de personas en distintos contextos, solemos ponernos de acuerdo en que solo cuando dormimos.

Pero hay multitud de tipos de personas. A algunas les da todo igual. Son siempre ellas mismas porque nunca se han parado a pensar en cómo se las percibe. Cuanto mejor te conozcas, mayores serán las probabilidades de que te adaptes a quienes te rodean.

¿Cómo me ven en realidad los demás?

Quienes te rodean suelen ver tu comportamiento moderado. Son testigos de cómo analizas una situación concreta y tomas una decisión sobre cómo actuar a partir de ese análisis: ese es el comportamiento que experimentan los demás. Tiene que ver con la máscara que te pones para encajar en una situación determinada. Todos tenemos varias máscaras. Es de lo más normal tener una para el trabajo y otra para casa. Y tal vez una tercera para cuando vas a visitar a los suegros. Este libro no es un curso avanzado de psicología, así que baste con dejar claro que analizamos las situaciones de formas distintas y actuamos en consecuencia.

De manera consciente o inconsciente, los factores circundantes me hacen elegir una determinada línea de conducta.

Y así es como actuamos. Fíjate en esta fórmula:

COMPORTAMIENTO = f (p x fc)

El *comportamiento* es una función de la *personalidad* y de los *factores circundantes*.

El *comportamiento* es lo que podemos observar.

La *personalidad* es lo que tratamos de averiguar.

Los *factores circundantes* son cosas sobre las que podemos influir.

Conclusión: Todos nos influimos recíprocamente de un modo u otro. La gracia está en intentar averiguar qué es lo que hay ahí, bajo la superficie. Y este libro de lo que trata es del comportamiento.

3

Una introducción al sistema

Hacia el final de este libro encontrarás una descripción de los antecedentes del sistema DISC, pero si, como imagino, lo que quieres es sumergirte de lleno en sus aspectos más interesantes —en cómo funciona todo en la práctica— lo mejor es que sigas leyendo. En caso contrario, puedes ir directamente a la página 262.

ANALÍTICO (azul)	DOMINANTE (rojo)
• Reacciones lentas	• Reacciones rápidas
• Máximo esfuerzo por organizar	• Máximo esfuerzo por controlar
• Mínimo interés en las relaciones	• Mínimo interés por la cautela en las relaciones
• Marco temporal histórico	• Marco temporal actual
• Acción cautelosa	• Acción directa
• Tendencia a evitar involucrarse	• Tendencia a evitar involucrarse
ESTABLE (verde)	**ESTIMULANTE** (amarillo)
• Reacciones pausadas	• Reacciones rápidas
• Máximo esfuerzo por establecer relaciones	• Máximo esfuerzo por implicarse
• Mínimo interés por el cambio	• Mínimo interés por la rutina
• Marco temporal actual	• Marco temporal futuro
• Acción de apoyo	• Acción impulsiva
• Tendencia a evitar el conflicto	• Tendencia a rechazar el aislamiento

Como puedes ver, hay cuatro categorías principales de tipos de comportamiento, cada uno de los cuales se asocia a un color. Este libro trata sobre cómo reconocerlos. Muy pronto, en cuanto empieces a leer sobre los diferentes colores, verás cómo te vienen a la mente algunos rostros. Puede que incluso el tuyo.

En torno al 80 por ciento de la población tiene una combinación de dos colores que dominan su comportamiento. Aproximadamente el 5 por ciento tiene un solo color. En el resto de personas el comportamiento lo dominan tres colores. En este libro hablaré de cada uno de los colores de forma individual, porque son los componentes fundamentales de la personalidad de una persona. Es como una receta: tenemos que entender cuáles son todos los ingredientes antes de hornear el pastel. El comportamiento totalmente verde, o verde en combinación con otro color, es el más habitual. El menos común es el comportamiento rojo puro, o rojo en combinación con otro color.

ROJO	AMARILLO	VERDE	AZUL
Enérgico	Hablador	Paciente	Sistemático
Resolutivo	Comunicativo	Tranquilo	Objetivo
Pionero	Persuasivo	Estable	Estructurado
Innovador	Creativo	Reservado	Analítico
Directo	Expresivo	Prudente	Perfeccionista
Decidido	Entusiasta	Fiable	Metódico
Intenso	Optimista	Leal	Lógico
Convincente	Espontáneo	Modesto	Reflexivo
Impaciente	Sociable	Productivo	Distante
Ambicioso	De trato fácil	Persistente	Reservado
Controlador	Empático	Reflexivo	Cauteloso
De carácter fuerte	Encantador	Comprensivo	Correcto
Competitivo	Estimulante	Amigable	Convencional
Orientado a objetivos	Sensible	Buen oyente	Sigue las reglas
Orientado a resultados	Necesitado de atención	Servicial	Necesita tiempo
Veloz	Flexible	Considerado	Inquisitivo
Independiente	Abierto	Amable	Orientado a la calidad

Muchas de las personas que conoces poseen cualidades que en ocasiones te gustaría tener, que puede que incluso envidies. Consiguen con facilidad cosas que a ti te cuestan. Tal vez te gustaría ser más decidido, como los rojos, o quizá querrías que te fuera más fácil interactuar con desconocidos, como a los amarillos. Seguramente desearías no estresarte tanto, tomártelo con calma, como los verdes, o tener unos horarios más ordenados, algo que para los azules es de lo más natural.

Por supuesto también funciona a la inversa. Vas a leer cosas que te ayudarán a darte cuenta de que tú también abusas un poco de tu autoridad, como tienden a hacer los rojos. O que hablas demasiado, como los amarillos. Puede que te tomes las cosas con demasiada tranquilidad y que no te comprometas con nada, la debilidad de los verdes. O que siempre desconfíes de todo y veas peligros por todas partes, como los azules. Aquí aprenderás a reconocer tus propios defectos y a tomar las medidas oportunas para evitarlos.

Aprendas lo que aprendas de ti mismo y de los demás, toma notas, subraya apartados y haz tuyo el material.

4

Comportamiento rojo

Cómo reconocer a un verdadero alfa y evitar interponerse en su camino

¿Qué debemos hacer? Lo haremos a mi manera. ¡Ahora!

Este es el tipo de comportamiento que Hipócrates, en su teoría del temperamento humano, denominó «colérico». Hoy en día, a una persona roja la llamarías atrevida, ambiciosa, motivada, pero también posiblemente irascible, temeraria o dominante. A un rojo se lo ve de lejos porque no hace el menor esfuerzo por esconder quién es.

Los rojos son individuos dinámicos y con una fuerte motivación. Tienen metas en la vida que a otros incluso podría costarles imaginar. Dado que sus metas son enormemente ambiciosas, alcanzarlas parece imposible. Los rojos lo dan todo y se esfuerzan al máximo, y casi nunca tiran la toalla. Su fe en su propia capacidad es insuperable. Tienen la firme convicción de que pueden conseguir cualquier cosa si se esfuerzan lo suficiente.

Las personas que tienen mucho rojo en su comportamiento son extrovertidas y orientadas a la tarea que les atañe, y les gustan los retos. Toman decisiones rápidas y suelen querer asumir el mando y correr riesgos. Mucha gente ve a los rojos como líderes naturales. Son personas que de buena gana asumen el control de la situación y saltan a la palestra. Tienen tanto empuje que saldrán adelante pese a los obstáculos que se les presenten en el camino. Su talante es ideal en situaciones de competitividad. No es inusual que un consejero delegado o un presidente tenga mucho rojo en su comportamiento.

La competición está presente en todo lo que hacen los rojos. Decir que necesitan marcarse objetivos y competir a todas horas tal vez no sea del todo cierto, pero si surge la oportunidad de ganar algo, ¿por qué no? La naturaleza exacta de la competición no es lo importante: es el elemento competitivo lo que mantiene a los rojos funcionando a plena potencia.

A Pelle, uno de mis antiguos vecinos, le gustaba tanto competir que era capaz de lanzarse a desarrollar nuevas aficiones solo con ese propósito. A mí me gusta la jardinería, así que dedico una cantidad de tiempo considerable a mis plantas. A Pelle no le gustaba la jardinería, pero se hartó de oír que los demás hablaban de lo bonito que era mi jardín. Empezó a poner en marcha planes, siempre con un único objetivo muy claro: superarme. Desconcertó a su mujer excavando nuevas jardineras, plantando un arcoíris de plantas fabulosas y cultivando un pasto digno de un campo de golf. Para motivarlo, a mí me bastaba con sugerir que tenía intención de comprar más plantas, tras lo que lo tenías en el centro de jardinería local antes de poder decir «mal perdedor».

También puedes reconocer a los rojos por otros patrones de comportamiento. ¿Quién habla más alto? Los rojos. ¿Quién lo da todo al explicar algo? Los rojos. ¿Quién es siempre el primero en contestar a una pregunta? Los rojos de nuevo. ¿Quién, durante una cena por lo demás agradable, hace comentarios categóricos sobre cualquier tema? ¿Y quién dictará sentencia sobre todo un país por algo que ha visto en televisión? ¡Los rojos!

En la vida de los rojos siempre está pasando algo. No pueden estarse quietos. Descansar es una pérdida de tiempo. La vida es corta: más vale ponerse en marcha de inmediato. ¿Reconoces el perfil? Siempre activos. ¡Apártate a un lado y pongámonos manos a la obra!

«Dime lo que piensas de verdad. Sí, en serio»

Los rojos no tienen ningún problema con ser directos. Cuando se les hace una pregunta concreta, suelen responder exactamente lo que piensan, sin adornos. No sienten la necesidad de suavizar las cosas con un montón de frases huecas. Cuando algo se les viene a la cabeza, todo el mundo se entera de inmediato. Tienen una opinión sobre la mayoría de las cosas, y la sacan a relucir con rapidez y eficacia.

Algo que suele decirse es que los rojos son muy sinceros, porque se atreven a decir lo que piensan a los demás. No acaban de entender a qué viene tanto alboroto. Solo han dicho las cosas como son.

Si necesitas a alguien con un extra de energía, quizá te interese invitar a un rojo a unirse al equipo o grupo de trabajo. Los rojos siguen peleando sin descanso cuando los demás ya se han rendido. Eso si se les ha metido en la cabeza conseguir algo, claro. Si una tarea se vuelve monótona o deja de tener sentido, un rojo es capaz de ignorarla por completo.

A este fenómeno yo lo llamo «o sudar sangre o salir pitando». Si la tarea es lo bastante importante, un rojo no se detendrá ante nada para completarla. Pero si le parece que no tiene ningún sentido, hará como si no existiera.

Las personas **ROJAS** suelen verse a sí mismas como:

Motivadas	Resolutivas	Ambiciosas
Determinadas	Competitivas	Independientes
Rápidas	Decididas	Con un buen control del tiempo
Convincentes	De carácter fuerte	Orientadas a resultados

¿Puedo ganar algo? En ese caso, me apunto

A los rojos, ya lo hemos dicho, les gusta competir. Agradecen el ligero antagonismo que forma parte de la competición y el momento de gloria de la victoria. Incluso disfrutan ganando competiciones que tal vez ni siquiera existan, salvo quizá en su propia imaginación. Puede ser adelantar a alguien que va despacio por la acera, encontrar el mejor sitio para estacionarse o dominar la partida familiar de Monopoly, por más que el objetivo del juego sea entretener a los niños y ninguno de los demás adultos esté jugando en serio. Para un rojo es algo natural, porque se ve a sí mismo como un ganador.

Deja que te dé un ejemplo. Trabajé durante un tiempo en una empresa en la que el consejero delegado era rojo. Era animoso y eficiente y, en consecuencia, increíblemente dinámico. No he visto reuniones tan breves y útiles como las que presidía ese consejero delegado. Pero su punto débil era el elemento competitivo. De joven había jugado al futbol y cada primavera, en aquella oficina, se celebraba un pequeño torneo de ese deporte. Era muy popular entre los empleados, incluso antes de que él se incorporara a la empresa.

Por supuesto, quiso apuntarse. Ningún otro consejero delegado antes que él lo había hecho, pero ese no fue el problema. El problema fue que, en cuanto salía al campo, se convertía en otra persona. Enardecido por el ímpetu competitivo, arrasaba con cualquiera que se interpusiera en su camino.

Fue así durante unos años, hasta que alguien reunió el valor necesario para decirle que jugaba de un modo quizá demasiado brusco, y que nadie se lo estaba tomando tan en serio. El consejero delegado no lo entendió. Agarró el último folleto del evento y señaló que se lo llamaba «torneo» de futbol. Los torneos son competiciones, y si compites es para ganar. ¡No hay más!

El consejero delegado competía en la carretera, en el campo de futbol y en los negocios. No había ámbito tan insignificante que no pudiera convertir en una competición. Hasta corría para ver cuánto tardaba en acabar un libro. Lo que otros hacían para relajarse para él era una competición. Cien páginas por hora era un ritmo razonable.

Su mujer incluso le había prohibido que jugara a determinados juegos de memoria con sus hijos, que tenían cinco y seis años. Como tenían mejor memoria que él, ganaban casi siempre, y en su frustración acababa intimidándolos.

Antes de que llegues a la conclusión de que era un tipo antipático, veamos sus intenciones. Ese tipo de comportamiento intenso y competitivo suele molestar a los demás, porque creen que lo que la persona busca es dominarlos y silenciarlos. Pero nada más lejos de la realidad. Casi nunca había ninguna malicia en sus intenciones. Él solo quería ganar.

Ese es uno de los mayores retos para los rojos. No es raro que los demás se enojen o se sientan intimidados ante la fuerza de su personalidad. Más adelante en este mismo libro explicaré varias formas sencillas de lidiar con personas así.

El tiempo es dinero

«Rápido» es sinónimo de «bueno» para los rojos. Si te encuentras en una reunión y de repente te das cuenta de que uno de los demás participantes está dedicando su tiempo a algo totalmente distinto, es muy posible que se trate de un rojo que ha perdido el interés en lo que está pasando. Si te fijas bien, te darás cuenta de que tiene la cabeza en otro sitio; en el siguiente paso del proceso que se está discutiendo, por ejemplo. Como los rojos son de mente muy ágil, pasan página antes que el resto.

Hay pocas cosas que molesten más a un rojo que la lentitud. Si una reunión o una conversación se alargan demasiado, es capaz de interrumpir y preguntar si de verdad es necesario prolongar el asunto. «Llevamos ya veinte minutos hablando de esto. ¡Metámosle velocidad! Solo son unos cuantos millones en inversiones. ¡No puede ser tan difícil!».

Si te paras a pensarlo, suelen tener razón. A diferencia de otras personas, a las que puede costarles más decidirse, los rojos no tienen ningún problema a la hora de tomar decisiones rápidas para que las cosas sigan avanzando. Con un rojo en el equipo, no habrá nada que se discuta hasta la extenuación. Al fin y al cabo, siempre es mejor hacer algo que no hacer nada, ¿no?

Las ventajas son evidentes. Hablamos de personas que nunca pierden el tiempo en nada que no avance. En las tareas poco definidas o que se alargan demasiado, la presencia de un rojo actuará de acicate, garantizando que no se pierda el impulso. Todo acabará hecho, y a paso ligero.

Hará unos quince años empecé a trabajar en una pequeña consultoría de una docena de empleados. Era una empresa que funcionaba muy bien, con un gran espíritu emprendedor y una excelente dinámica de tratos comerciales. Una de las razones de su eficiencia era que el fundador de la compañía era un rojo. Nada se hacía lo bastante rápido para Björn. Ninguna reunión duraba más de lo estrictamente necesario.

En mi segunda o tercera semana en aquel nuevo trabajo, estaba en el tráfico cuando sonó el teléfono. Miré la pantalla y vi que era Björn. Contesté como me habían indicado que lo hiciera al empezar en la empresa: con un saludo, mi nombre y el nombre de la compañía. Él me interrumpió sin miramientos y soltó su pregunta:

—¿Me buscabas?

—No —contesté, y respiré hondo para añadir algo más. No hubo ocasión.

—Vale —dijo, y colgó.

Ocho segundos.

¿Desagradable? Bueno, por aquel entonces él y yo apenas nos conocíamos. Aun así, reconozco que aquel episodio me preocupó un poco, al menos en aquel momento. ¡Solo tres semanas después de empezar en la empresa el gran jefe me llama y parece enojado!

Al cabo de un tiempo, cuando ya nos conocíamos mejor —y supe que Björn era un rojo—, le pregunté por qué había sido tan brusco al teléfono. Ni se acordaba de la llamada, por supuesto, pero contestó que seguramente solo quería averiguar si lo estaba buscando. Cuando le confirmé que no, ¿qué más había que añadir? Perder el tiempo en floridas frases de cortesía o despedidas interminables no era lo suyo.

Al mismo tiempo, Björn era alguien con una capacidad de trabajo muy por encima de la media. Era capaz de hacer más cosas en un día cualquiera que la mayoría de la gente. Björn sigue teniendo la capacidad excepcional de sacarle el máximo provecho a cualquier momento libre. Si tiene un hueco de cinco minutos en su agenda se las arregla para enviar un *e-mail*, hacer una llamada o revisar las actas de una reunión. Desde fuera, puede parecer un afán innecesario de eficiencia. Pero un rojo detesta la inactividad. Necesita que pasen cosas. Súmese una sensación de urgencia constante, y el resultado es una enorme cantidad de trabajo hecho.

El cielo es el límite. ¿O no lo es?

Para un rojo, un presupuesto realista es un presupuesto para cobardes. Si no nos exigimos al máximo es que no lo hemos intentado lo suficiente. A los rojos les encantan las tareas difíciles, así que su nivel de ambición suele ser ilimitado. La capacidad de gestionar situaciones difíciles y grandes retos es el atributo que caracteriza su comportamiento.

Cuando una persona con rasgos rojos se marca objetivos, ocurren varias cosas. La primera es que quiere saber lo bien que podría realizarse una tarea concreta en las condiciones más favorables. Si se dieran los diecinueve parámetros necesarios y todos le pusiéramos un poco más de ganas, los resultados serían fenomenales. Eso significa que cualquier cosa por debajo de ese nivel imposible de excelencia es un aburrimiento, porque existe al menos una remota posibilidad de conseguir dicho resultado.

Nada es imposible: lo imposible solo lleva un poco más de tiempo. Es más que probable que esa expresión se le ocurriera a un rojo.

Desde luego, el tipo de proyecto también influye. No basta con fijar un presupuesto imposible. Si a un rojo no le gustan las ventas, ignorará el presupuesto. Como prefiere tomar él mismo todas las decisiones, es probable que no se deje engañar para hacer algo que no le apetece. Los rojos son más exigentes con ellos mismos que cualquiera de los demás colores. Y siempre están dispuestos a esforzarse al máximo. No llegaría al extremo de decir que no hay ningún color más trabajador, pero sí me atrevería a afirmar que a un rojo no sería fácil ganarle en ese ámbito.

La ambición, que es intrínseca en los rojos, no debe confundirse con la sed de poder. Los rojos no temen asumir posiciones de mando, porque no le tienen miedo a nada. Expresiones como «en la cima se está muy solo y hace mucho frío» no les asustan. Pero para un rojo el poder no es un fin en sí mismo: es solo algo que puede serles útil a quienes quieren tomar sus propias decisiones y evitar esperar a los demás.

Un rojo puede, de hecho, ser bastante modesto. Es verdad que posee un ego muy desarrollado, pero el estatus y el prestigio no tienen para él la misma importancia que para otros colores. La razón es simple: a un rojo no suele importarle lo que piensen los demás. No está aquí por ellos, está aquí por sí mismo.

Deja que te cuente cómo son de verdad las cosas

Un rojo va por todas. Cuando tiene una opinión sobre algo o quiere que los demás le demos la razón, no para hasta conseguirlo.

Participé en una ocasión en una reunión muy grande con personas que no se conocían demasiado entre ellas. Era un encuentro de consultores que se reunían para hablar de una posible colaboración. Estábamos en plena crisis económica y a todos nos preocupaba la falta de dirección. Mientras esperábamos la llegada de la persona que iba a presidir la reunión, empezamos a hablar un poco de todo.

En un extremo de la mesa se sentaba Elisabeth, que tenía opiniones contundentes sobre todo lo que se decía. En un tono rotundo anunció, de repente, que se esperaba que, pese a la recesión, la empresa ganara más de cincuenta millones de euros a la semana. Una quincena de consultores, personas muy preparadas, brillantes e inteligentes, asintieron para mostrar su conformidad. ¡Imagínate, cincuenta millones de euros a la semana!

Mientras Elisabeth seguía hablando de cómo debería resolverse la situación en el ámbito de la consultoría, yo empecé a pensar un poco en las cifras. Como no sabía de dónde salían, no dije nada. Tal vez fueran ciertas..., pero también podían no ser correctas. Mientras esperaba a que comenzara de verdad la reunión, empecé a calcular cuánto serían cincuenta millones de euros a la semana en un año. No tenía papel suficiente.

Tras la reunión, obtuve la respuesta a mis conjeturas. El conductor del taxi en el que me dirigía a mi siguiente cita encendió la radio. En las noticias se anunciaba que se esperaba que la empresa en cuestión ganara entre dos y dos millones y medio de euros a la semana. Me di cuenta de que Elisabeth había sacado la información de las noticias. Entendí también que dos o dos millones y medio de euros a la semana era mucho más realista que los cincuenta millones de los que ella había hablado.

Pero, un momento, ¿cómo se reconcilia eso con la realidad? ¿Por qué nadie reaccionó? Nadie en aquella sala movió un dedo o puso en duda la información. ¿Por qué?

¡Porque lo dijo muy convencida! Mostraba una expresión firme en el rostro, había determinación en su mirada y su voz no tembló en absoluto al presentar las cifras.

Así es como funcionan los rojos. Cuando están convencidos de algo, les hacen saber a los demás que esa es la única verdad que existe. Puede que los más puntillosos aleguen que se trata de una afirmación falaz, porque ahora sabemos que la empresa ganó dos millones y medio de euros a la semana y no más de cincuenta. Pero estoy convencido de que Elisabeth de verdad creía en lo que decía. Lo había entendido mal, desde luego, y los detalles no podían interesarle menos. Pero lo importante aquí es que ella parecía tan segura cuando declaró que la empresa ganaba en una semana lo que en realidad ganaba en seis meses que todos nos lo creímos.

O, en palabras de un buen amigo mío, «esto se puede hacer de dos maneras: a mi manera o mal».

Solo los peces muertos siguen la corriente

Los rojos son personas con un enorme espíritu innovador y de carácter fuerte. Ya que estamos, ¿por qué no añadir también «orientadas a los resultados» y «decididas»? Para los rojos, no basta con hacer las cosas como las hace todo el mundo. Y solo porque algo sea difícil no significa que debamos dejar de hacerlo.

Los rojos no tienen miedo de tomar decisiones. Mientras que los demás dudan, reflexionan y sopesan los riesgos, los rojos toman las resoluciones controvertidas. La determinación de un rojo suele ser inquebrantable. Una vez se ha decidido, va con todo adelante.

Su audacia les hace enfrentarse a situaciones ante las que otros dudan, algo que se hace evidente cuando las cosas se complican. Los rojos no suelen amilanarse a la hora de tomar decisiones difíciles o delicadas. No es casualidad que muchos emprendedores sean rojos. Poner en marcha una nueva empresa —sobre todo si parte de conceptos de negocio totalmente novedosos— no es, en la situación económica actual, una tarea apta para cobardes. No va mal tener a una fuerza de la naturaleza al volante. Hace falta una persona decidida para que las cosas avancen, alguien que entienda que los riesgos son parte de la vida y que todo se reduce a trabajar mucho, de la mañana a la noche y durante bastantes años. Eso es algo que los rojos entienden desde el principio y que no les intimida en absoluto.

¿Necesitas que alguien se haga cargo de resolver un problema en la comunidad de vecinos en la que vives? Puede que tu casero, con el que estás a malas, niegue que haya ningún problema con la calefacción. O tal vez la empresa que reparó el tejado e instaló los nuevos ascensores actuara con negligencia y no quiera asumir ninguna responsabilidad. Cada vez que intentas resolverlo, te topas con una barricada de llamadas sin respuesta y direcciones de correo de las que empiezan por info@. Estás a punto de tirar la toalla cuando te acuerdas del vecino del segundo, el que vive encima de ti. ¿No parece un poco rojo? ¿Acaso no fue él quien se atrevió a enfrentarse al portero en la última reunión y consiguió que cambiara la normativa sobre la basura? ¡Sí, ese es tu hombre!

Pon al tipo del segundo a trabajar en el asunto y verás cómo empiezan a pasar cosas. Quizá tengas que motivarlo un poco y explicarle que tiene mucho que ganar con todo aquello. Pero conseguirá desbloquear la situación. Amansará al casero y pondrá firme a la empresa de reformas. Y no dejará de dormir por las noches porque alguien se haya enojado con él en el proceso.

En general, los puntos fuertes de los rojos se caracterizan por el vigor. Son personas que se comunican con mucha claridad, lo que hace que sea muy fácil identificar su color de comportamiento. Desde luego, con los años muchos rojos aprenden a contenerse un poco, pero es algo que no suele durar mucho. Enseguida vuelven a pisar a fondo el acelerador, con todo lo que ello supone.

Cualquier tiempo pasado no fue mejor. ¡Siempre hacia delante!

Un rojo no se aferra a su punto de vista inicial cuando se da cuenta de que existe una solución mejor. Tiene una mente ágil y es capaz de cambiar de opinión muy rápido. Una de las ventajas de esa actitud es que no rechaza las ideas de los demás si él no tiene ninguna. Vale la pena probar cualquier cosa que pueda contribuir a que todo siga avanzando.

A veces las decisiones pueden tomarse demasiado deprisa, pero la voluntad constante de cambio genera un clima de fuerte dinamismo y flexibilidad. Un rojo es capaz de llevar situaciones que han permanecido estáticas durante mucho tiempo —o puede que unas pocas semanas— al siguiente nivel. Hay personas a las que eso les resulta estresante, pero cuando le preguntas a un rojo por qué ha cambiado algo que funcionaba, la respuesta bien podría ser: «Porque podía».

También hay desventajas, por supuesto. Los rojos se aburren muy rápido del *statu quo*; por eso lo cambian. Las personas que los rodean nunca saben lo que pasará a continuación. Para cuando los verdes y los azules se han acostumbrado a la nueva forma de hacer las cosas y creen que por fin han entendido cómo se supone que funciona todo, los rojos, en fin..., ya tienen esbozado el siguiente paso.

Conclusiones sobre el comportamiento rojo

¿Qué opinas? ¿Conoces a algún rojo? ¿Hay alguno en tu entorno? Si quieres saber qué famosos son rojos, piensa en Steve Jobs, Franklin D. Roosevelt, Venus Williams o Margaret Thatcher. Están también Barack Obama o la madre Teresa de Calcuta.

Oh, sí. De verdad. Si te paras a pensar en todo lo que hizo la madre Teresa, en la fortaleza que necesitó y en a quién tuvo que enfrentarse —los principales líderes del mundo— para conseguir lo que consiguió, te darás cuenta de que poseía una enorme determinación y energía. Un perfil rojo típico.

5

Comportamiento amarillo

Cómo reconocer a alguien que tiene la cabeza en las
nubes y hacer que vuelva a la realidad

«¡Parece divertido! ¡Déjame hacerlo!»

En el mundo hipocrático, hemos llegado a la persona sanguínea.
¿Qué otras palabras podrían utilizarse para describirla? Optimista y alegre, con una visión positiva de la vida. El diccionario
de sinónimos incluso sugiere el epíteto «un hombre de posibilidades»... ¿Qué te parece? De hecho, describe bien el comportamiento
amarillo. Se trata de personas que viven para vivir, que siempre
ven oportunidades de disfrute. La vida es un banquete y los amarillos se encargarán de saborear cada bocado. El júbilo y la risa
son su gasolina. ¿Y por qué no? El sol siempre brilla en algún lugar.

¿Conoces a alguien que vea siempre la luz del sol donde los
demás ven nubarrones? ¿Has conocido a una persona capaz de
echarse a reír aunque no haya tenido una buena noticia en meses?
Entonces has conocido a un amarillo. ¿Has estado en una fiesta y te
has preguntado por qué todo el mundo se agolpa en torno a una

persona en particular, hombre o mujer? Pues bien, en el centro de ese círculo hay un amarillo entreteniendo a todo el que quiera echarse unas risas. Los amarillos se aseguran de que el ambiente sea siempre el mejor, para que cada acontecimiento se convierta en una fiesta maravillosa. Cuando algo deja de ser divertido, los amarillos se van a cualquier otro lugar donde haya mejor ambiente.

Reconocer a una persona amarilla es fácil: es la que no para de hablar y la que, más que preguntar, responde, a menudo contestando preguntas que nadie ha hecho. Lo hace contando una historia que puede tener o no algo que ver con el asunto en cuestión. Pero en realidad no importa, porque te pondrá de buen humor. Además, su actitud insobornablemente positiva también hará imposible que estés enojado mucho tiempo.

Me atrevería a decir incluso que los amarillos son más populares que otros colores. ¿Que por qué lo digo? Piénsalo. Son muy graciosos, ponen a todo el mundo de buen humor y a su alrededor siempre pasan cosas divertidas. Saben cómo captar la atención de la gente y cómo mantenerla. Hacen que nos sintamos importantes. Vamos, que es agradable tenerlos cerca.

Son también por lo general personas muy en contacto con sus emociones. Los amarillos, igual que los rojos, están siempre dispuestos a tomar decisiones rápidas, pero raras veces son capaces de explicar por qué por medio de una reflexión racional. Es más probable que respondan: «Es lo que me pareció que tenía que ser». Y, desde luego, no hay que subestimar la intuición. Hay estudios que demuestran que acierta más a menudo de lo que creemos. Pero no ese el tipo de intuición del que estamos hablando aquí. Los amarillos suelen tomar decisiones basadas en la emoción sencillamente porque no le han dedicado a la cuestión ni un solo pensamiento.

Tengo una hermana amarilla. Marita es una persona tan agradable que no he oído nunca a nadie decir nada malo de ella. Jamás.

Puede que no sea objetivo, pero no conozco a nadie a quien no le haya caído bien de inmediato. Tiene una capacidad única para conectar con todas las personas que conoce.

Marita siempre tiene algo gracioso que decir. Sin embargo, algunas de esas cosas son tan peculiares que a veces tengo que preguntarle en qué pensaba al decirlas. «¿Que en qué pensaba? ¡No pensaba!», suele contestar entre carcajadas.

En muchos sentidos, ir a verlos a ella y a su marido, Leif, tiene algo de liberador. Su capacidad, casi incomprensible, para ver el lado positivo de todo lo que los rodea genera un ambiente tan relajado que noto cómo yo mismo me voy destensando. Nunca soy tan feliz ni estoy tan eufórico como cuando estoy con ellos. Durante años me he preguntado por qué, y he llegado a la conclusión de que el comportamiento amarillo es simplemente contagioso.

Si le digo a mi hermana «Parece que va a llover», ella se limita a contestar: «Imposible». Señalando a la ventana, le digo: «Pero, mira, ya llueve. El cielo está muy oscuro. Podría acabar tronando». «Claro —responde—, pero después saldrá el sol. ¡Ya verás!». Y vuelve a reírse. Ya puede diluviar en el exterior, que ella se sienta en el sofá y se divierte sin reparos. Y yo, igual que los demás, me río con ella, porque es irresistible.

«¡Cuantos más, mejor! Tus amigos son mis amigos...»

Para las personas con mucho amarillo en su comportamiento, lo más importante son las relaciones. Hablamos de individuos extrovertidos y que pueden ser enormemente convincentes. Les entusiasma, les emociona y les hace felices hablar de sus sentimientos hacia los demás, y muchas veces también hacia completos desconocidos.

Los amarillos pueden hablar con cualquiera. No son nada tímidos, y la mayoría de las personas con las que se encuentran les parecen agradables. Hasta a los desconocidos los ven bajo una luz positiva: no son más que amigos a los que aún no conocen.

Es fácil darse cuenta de que los amarillos están siempre riéndose. Ese es sin duda uno de sus puntos fuertes. Su optimismo es insuperable. Cualquier comentario sobre lo mal que va todo suele toparse con respuestas como: «¡Qué vista tan bonita tenemos!».

Como los rojos, los amarillos tienen mucha energía. La mayoría de las cosas les parecen interesantes. Los individuos de este color son las personas más curiosas que vas a conocer. Todo lo nuevo les gusta, y dedican una gran cantidad de energía a encontrar formas distintas de hacerlo todo.

¿Quién crees que recibe más tarjetas navideñas? Los amarillos. ¿Quién tiene más contactos en su teléfono? Los amarillos. ¿Más amigos en Facebook? Ya ves por dónde voy... Los amarillos. Tienen amigos absolutamente en todas partes, y se les da muy bien mantener el contacto con todo el mundo para estar al día. Los amarillos quieren saber lo que pasa. Quieren estar donde está la acción, por lo que no faltan a ninguna fiesta.

Las personas **AMARILLAS** suelen verse a sí mismas como:

Entusiastas	Encantadoras	Extrovertidas
Estimulantes	Optimistas	Flexibles
Abiertas	Creativas	Espontáneas
Convincentes	De trato fácil	Comunicativas

«¿A que es increíble? ¡Me encaaaaaanta!»

Si hay algo que caracteriza el comportamiento de los amarillos es un optimismo y un entusiasmo a prueba de bombas. Pocas cosas pueden despojarlos de su buen humor. Los amarillos están dedicados en cuerpo y alma a una sola cosa: encontrar oportunidades y soluciones.

En su época, Hipócrates llamó a los amarillos «sanguíneos», lo que significa «optimistas». Nada es un problema para ellos. Todo se solucionará por sí solo. Qué importa que el mundo esté lleno de preocupaciones y dificultades. Con su visión incorregiblemente positiva de la vida, los individuos amarillos alegran a todos los que los rodean con sus alegres aclamaciones y sus bromas.

No sé de dónde sacan los amarillos su enorme energía, pero toda ella está dirigida a divertirse y a entregarse a la vida social. Todo el mundo debe participar, y un amarillo no permitirá que nadie esté triste.

Micke, un buen amigo mío, es amarillo. La vida no se lo ha puesto fácil. Su mujer lo dejó, sus hijos han sufrido problemas en la escuela y se ha quedado sin trabajo en varias ocasiones por problemas económicos en las empresas en las que trabajaba. No soy capaz de recordar la cantidad de veces que ha tenido un accidente de coche, han entrado a su casa o le han robado objetos de valor. A veces no me atrevo a contestar al teléfono cuando veo que me está llamando. A decir verdad, tiene la peor suerte del mundo.

Pero lo curioso es que nada de eso parece afectarle. Claro que lo pasa mal cuando le ocurren todas esas cosas, pero no sabe estar enojado mucho tiempo. Por dentro, la mayor parte de las veces, Micke rebosa felicidad.

Recuerdo que, en una ocasión, siendo los dos bastante jóvenes, se compró un Alfa Romeo. Se trataba de un biplaza de dos puertas. Estaba horriblemente oxidado y era un milagro que funcionara. Cuando hacía solo una semana que Micke tenía el coche, lo estampó contra un farol y no pudo salir por el lado del conductor. Cuando me enteré del accidente lo llamé, preocupado por si estaba bien. ¿Su respuesta? «¡No ha pasado nada! ¡He salido por la otra puerta!».

La consultora optimista golpea de nuevo

Los individuos amarillos son tan positivos y alegres que reparten alegría y afecto a su alrededor. Con su incontrolable optimismo, derriban cualquier oposición con bastante eficacia.

¿Quién puede enojarse cuando hay una persona que no para de señalar las cosas buenas? ¿Cómo podría alguien no sentir entusiasmo por alguien que se niega a ver el vaso medio vacío? ¿Que siempre ve lo positivo?

Tengo como clienta a la jefa de ventas de una empresa farmacéutica. Marianne fue ascendiendo en la compañía por lo que llamamos «el camino largo». Sus jefes y compañeros de trabajo coinciden en que su éxito se debe a un solo motivo: su increíble capacidad para contagiar entusiasmo a los que la rodean.

La he visto dirigir en varias ocasiones reuniones de ventas. Me considero a mí mismo un buen motivador, pero cuando Marianne lo hace, tienes que quitarte el sombrero. A los dos minutos la habitación respira tanto entusiasmo que si les pidiera a los vendedores que saltaran por la ventana lo harían, y eso que están en un quinto piso. Marianne hace que todo parezca muy fácil: «¡Es una gran idea saltar por la ventana! Podemos hacerlo. ¡Saltemos!».

Y el grupo salta tras ella. Con su optimismo y su visión positiva de la vida, se le da de fábula que la gente consiga grandes logros por el método de cerrar los ojos ante todo lo negativo. A golpe de puro entusiasmo, es capaz de hacer que los demás crean en sí mismos hasta niveles inconcebibles.

La vi una vez lidiando con un cliente enojado que se sentía maltratado por la empresa de la consultora. ¡No es una situación en la que a nadie le apetezca verse! Resultó no ser ningún problema para Marianne. Con solo sonreír al cliente y negarse a escuchar sus comentarios negativos, lo hizo pasar de un rostro iracundo a una sonrisa amable y, finalmente, a una risa bulliciosa. ¿Cómo lo había hecho? Creo que ni siquiera Marianne sería capaz de explicar el proceso subyacente. Le salió de manera natural.

¿Qué pasa si lo ponemos todo del revés?

No encontrarás a nadie tan ingenioso como los amarillos. Si hay algo que se les da bien es ver soluciones donde otros no saben hacerlo. Tienen la capacidad extraordinaria de darles la vuelta a las cosas. Por decirlo sin rodeos: lo ponen todo del revés y se salen de lo convencional. Llámalo como quieras, pero su línea de pensamiento no siempre sigue un patrón establecido.

Se mueven muy rápido: el intelecto amarillo es muy ágil, lo que significa que puede no ser fácil seguirles el ritmo. A veces hasta les cuesta explicar sus descabelladas ideas.

A un buen amigo mío le gusta hacer reformas en su casa. Todo lo que tiene que ver con el diseño de interiores y el paisajismo le fascina. Sospecho que Robban, en el fondo, preferiría dedicarse a tiempo completo al diseño, más que a su profesión real. Lo he comprobado por mí mismo, pero también he oído hablar a su mujer de cómo es su forma de actuar. Robban pasea por el jardín y ella empieza a contar hacia atrás desde diez. Al llegar al siete, él dice: «Cariño, tengo una idea».

La creatividad de Robban tiene varias explicaciones. Para él es fácil pensar en imágenes. Es capaz de «ver» algo frente a él mucho antes de que ese algo exista. Y es valiente: no teme probar cosas nuevas o hablar de ellas. Su lengua suele trabajar en paralelo a su mente a medida que descubre esas ideas.

He trabajado con un amarillo que no era capaz de cruzar la calle sin que se le ocurrieran varias ideas de negocio realmente sugerentes, solo mirando a su alrededor. ¿Cómo es posible? La verdad es que no lo sé. Durante mucho tiempo, le pedimos que pusiera por escrito sus propuestas. Sabrás más sobre cómo reacciona un amarillo a ese tipo de propuesta cuando empecemos a hablar de puntos débiles.

A los amarillos los ayuda también el hecho de que raras veces se ponen límites. Un amarillo se atreve a ir más allá de las convenciones habituales cuando está en modo creativo. Por lo general, la estructura y la jerarquía en una empresa son un tipo de límite, por supuesto, pero a los amarillos pocas veces les preocupan esas cosas. De hecho, a menudo parecen no saber que esas líneas existen.

¿Necesitas nuevas sugerencias o ideas? Busca a la persona más amarilla que conozcas. ¿Estás estancado en una misma forma de pensar? ¿Necesitas una perspectiva nueva sobre un viejo problema? Habla con un amarillo. Puede que no puedas utilizar ninguna de las ideas que se le ocurran —el realismo, de hecho, no es algo que suela tener en cuenta un amarillo—, pero una cosa puede llevar a otra y de repente podrías llegar a una solución que te funcione.

Venderle nieve a un pingüino

La energía y optimismo que desprenden hacen que los amarillos sean muy persuasivos. Les resulta fácil dejarse llevar y ver oportunidades y soluciones donde los demás solo ven un callejón sin salida.

Se dice a menudo que existe una diferencia entre convencer y persuadir, y muchos amarillos cruzan esa línea. Pero suena tan bien lo que dicen... Con la ayuda del lenguaje, dominan de verdad el arte de poner a la gente de su lado.

En relación con el lenguaje: como describo en el capítulo sobre el lenguaje corporal (página 132), la mayoría de los amarillos tienen una forma rica y variada de gesticular, y pueden convencerte no solo con sus palabras, sino con todo su cuerpo.

Pero no solo se trata de energía y ganas. Los amarillos tienen una forma única de expresarse que persuade a sus interlocutores. Suelen utilizar imágenes vívidas y coloridas al hablar, lo que apela a los cinco sentidos y genera un impacto que se nota en todo el cuerpo.

Sin ser conscientes de ello, muchos amarillos son hábiles oradores. Saben de forma instintiva que la persona que comunica, y su credibilidad, es tan importante como el propio mensaje. Así que se preocupan por llegar a ti como individuo, por lo general siendo agradables y estrechándote la mano, a través de pequeños comentarios personales y haciendo que te sientas importante.

La mayoría de los políticos saben hacer eso mejor que nadie. Piensa en Bill Clinton, por ejemplo. Posee el tipo de carisma que está presente de forma natural en muchos amarillos: un interés evidente en la otra persona y la habilidad de hacer exactamente las preguntas adecuadas para que los demás se sientan importantes.

«Conozco a mucha gente. A todo el mundo, de hecho»

Si a los amarillos no se les deja cultivar sus relaciones personales, se marchitarán y morirán lentamente. Vale, puede que exagere un poco, pero la definición misma del comportamiento amarillo gira en torno a su capacidad para entablar relaciones.

Los rasgos amarillos son estimulantes: estimulan a quienes los rodean. La mejor manera de conseguirlo es a través de las relaciones personales. Un amarillo sabe que lo más importante, por ejemplo, en los negocios son, con diferencia, las relaciones. Si tu cliente no tiene una buena imagen de ti, será muy difícil llegar a ninguna parte.

Los amarillos conocen a todo el mundo. Tienen más conocidos que nadie. Todo el mundo les cae bien. Un amarillo no necesita conocer a alguien a fondo para llamarlo «amigo». A cualquier persona que no le tenga una manía evidente lo considera un colega. Recuerda que mientras los rojos preguntan qué es lo que se va a hacer, los amarillos quieren saber de inmediato quién va a hacerlo. Eso es lo fundamental para los amarillos. Si el equipo o el grupo no está bien cohesionado, un amarillo no estará a gusto. Necesita relaciones que funcionen para sentirse bien.

Conclusiones sobre el comportamiento amarillo

¿Qué te parece? ¿Has conocido alguna vez a un verdadero amarillo? Entre los famosos que muestran rasgos claramente amarillos están Oprah Winfrey, Robin Williams, Ellen DeGeneres y, en el ámbito de la ficción, Pippin, de *El señor de los anillos*, y Han Solo, de *La guerra de las galaxias*.

6

Comportamiento verde

Por qué el cambio es tan difícil y cómo evitarlo

«¿Cómo vamos a hacer esto?
No es urgente, ¿verdad?»

La persona verde es la más común. Te la encontrarás casi en todas partes. ¿Cuál es la forma más fácil de explicar quién es? Bueno, me gustaría describirla como un promedio de todos los demás colores. Pero, por favor, no lo interpretes como algo negativo; ten en cuenta lo que eso implica en realidad. Mientras que los rojos se estresan en su búsqueda del mayor rendimiento, los amarillos son vividores creativos y los azules son paladines perfeccionistas de las hojas de cálculo de Excel (véase las páginas 30 y 31), los verdes son los más equilibrados. Contrarrestan con elegancia los rasgos de comportamiento más extremos. Hipócrates los llamaba «flemáticos». Los aztecas, «personas tierra». «Tranquilos», «sosegados» y «de buen trato» son algunas de las palabras que también podrían aplicárseles.

Es un hecho: no todo el mundo puede o debe tener un temperamento extremo; de lo contrario, no podría hacerse nada nunca. Si todo el mundo fuera un líder motivado, no habría nadie a quien liderar. Si todo el mundo fuera un animador entusiasta, no habría nadie a quien animar. Y si todo el mundo fuera un perfeccionista obsesionado por los detalles, no habría nada que mantener en orden.

Eso significa que los verdes no destacan del mismo modo que los demás, aunque a menudo son los que aportan serenidad a una situación. A diferencia de los rojos y los amarillos, que empiezan siempre a todo trapo, los verdes se mantienen considerablemente más tranquilos. Y a diferencia de los azules, esclavos de los detalles, los verdes tratan de descubrir la manera de llegar a la solución adecuada.

Si tienes un amigo verde, jamás olvidará tu cumpleaños. No envidiará tus éxitos y no intentará arrebatarte el protagonismo contando sus propias historias. No intentará ser mejor que tú y no te perseguirá con nuevas y drásticas exigencias. Tampoco te verá como un competidor si alguna vez te vieras en esa situación. No asumirá el mando al menos que se lo pidan. Y no...

«A ver, un momento —debes de estar pensando—: Esa no es más que una lista de las cosas que el verde no hace. ¿Qué es lo que sí hace?».

No puede ignorarse el hecho de que los verdes son más pasivos que otros colores. No están tan motivados como los rojos, no son tan ingeniosos como los amarillos y no tienen la capacidad de organización de los azules. Eso describe a la mayoría de la población.

Por esa misma razón, es fácil tratar con ellos. Te dejan ser tú mismo. No exigen demasiado y no montan ningún numerito innecesario. A los niños con características verdes se les suele describir como «angelitos». Comen cuando hay que comer, duermen cuando hay que dormir y hacen los deberes cuando deben hacerlos.

Pero no solo es eso. Los verdes no molestan a los demás si pueden evitarlo. Preferirían, de hecho, no ofender a nadie en absoluto, por lo que no abrirán la boca por más que su jefe tome decisiones extrañas. (Al menos estando él presente, claro. Durante la pausa para el café puede que sea distinto, pero de eso hablaremos más adelante.) Suelen esforzarse por encajar, lo que los convierte en personas equilibradas. Se les da muy bien calmar a amarillos confusos, por ejemplo. Y son buenísimos haciendo que los azules —que, en ocasiones, pueden ser un poco fríos— muestren cierta calidez.

Solemos quedar a menudo con una familia en la que el marido es amarillo y le encanta hacer el tonto y ser el centro de atención. Se inventa juegos muy divertidos y contesta siempre a todo tipo de preguntas. Los demás somos su público, y él nunca se apea del escenario. Su mujer es verde. Es calmada, serena y de lo más tranquila. Mientras él salta y retoza (estamos hablando de personas de mediana edad), ella se sienta en silencio en el sofá y sonríe. Las payasadas de su marido la divierten tanto como a los demás. Cuando le pregunto si alguna vez se cansa de sus gracias, contesta a veces en voz baja: «Pero es que se la pasa tan bien».

Ese es un rasgo típicamente verde. Son muy tolerantes con el comportamiento más singular de los demás. ¿Se va viendo más clara la imagen? Los verdes son las personas en las que puede que no pienses nunca: es decir, la mayoría de nosotros.

Algunos conceptos básicos

Los verdes son la amabilidad personificada. Te ayudarán siempre que lo necesites. Son personas marcadamente relacionales que harán todo lo que esté en su mano para preservar su relación. Y es una inversión para toda la vida. Recordarán tu cumpleaños, el cumpleaños de tu pareja, los de tus hijos, etc. No me sorprendería que supieran cuándo vio la luz tu gato por primera vez.

A menudo se dice que los verdes son quienes mejor saben escuchar, y es cierto. Un verde estará siempre más interesado en ti que en sí mismo, y si por casualidad estuviera interesado en sí mismo ni se le ocurriría demostrarlo. Suele haber muchos verdes trabajando en el sector público, ayudando a los demás, sin la menor intención de obtener un beneficio personal.

Los verdes también son buenos jugadores de equipo. El grupo y la familia están siempre antes que el individuo, e incluso me atrevería a decir que las sociedades formadas por verdes siempre se harán cargo de los enfermos y los desfavorecidos. Nunca dejarán solo a un amigo en apuros, y se los puede llamar a cualquier hora. Siempre te ofrecerán un hombro sobre el que llorar.

El cambio no es su fuerte, pese a que no les resulta del todo ajeno. Con tiempo suficiente, y justificándolo, hasta un verde estará preparado para probar cosas nuevas, aunque no dejará de recordarte que siempre sabes lo que tienes pero nunca sabes con lo que acabarás. La hierba no siempre es más verde al otro lado, por así decirlo.

Las personas **VERDES** suelen verse a sí mismas como:

Amables	Tranquilas	Fiables
Atentas	Agradables	Pacientes
Previsibles	Estables	Saben jugar en equipo
Discretas	Reflexivas	Saben escuchar

El mejor amigo del mundo

Como ya he dicho, los verdes son personas cordiales por naturaleza. Si te dicen que les preocupa de verdad saber cómo te va, puedes estar seguro de que se desviven por tu bien. Como los amarillos, los verdes son personas orientadas a las relaciones y su interés por los demás es genuino y auténtico.

Si le preguntas a un grupo de personas si alguien puede echar una mano y nadie se ofrece, un verde saltará y dirá: «¡Yo!». ¿Por qué? Pues porque no quiere dejarte en la estacada. Sabe que hará que te sientas mal que nadie se ofrezca a ayudarte y, aunque un verde puede ser muy pasivo, siempre está dispuesto a ayudar a un amigo.

Aún me acuerdo de una chica con la que trabajé en una consultoría hace años. Sin duda, Maja tenía también algo de azul, pero, por encima de todo, era verde. Su problema era evidente: cuando alguien le pedía ayuda, ella siempre decía que sí. Todas y cada una de las veces.

Costaba ver su mesa debido a la cantidad de trabajo que la cubría, pero al final podía con todo. Siempre era posible contar con su ayuda y se ocupaba de las cosas que los demás sencillamente olvidábamos. Tenía una sonrisa cálida y amable, así que le pedimos que trabajara en la recepción y fuera la primera persona que vieran los clientes. Era infatigable sirviendo café, arreglando los cojines o controlando cuánto tiempo llevaba esperando alguien.

Maja nunca olvidaba el cumpleaños o el aniversario de ningún compañero (ni el de sus mujeres e hijos, en realidad). Solía enviarnos *e-mails* breves a los consultores, siempre estresados, en los que nos recordaba que teníamos familias a las que también debíamos cuidar. Éramos todos mayorcitos y no necesitábamos que lo hiciera, desde luego, pero es que Maja era tan buena y considerada que se desvivía por ayudar. Le nacía de forma natural, hasta el

COMPORTAMIENTO VERDE

punto de que casi se ofendía cuando le pedíamos que se lo tomara con calma y se preocupara de su propio bienestar para variar. Ella quería cuidarnos: era lo que la hacía sentirse bien. Por supuesto, con unos límites, ya que Maja constantemente corría el riesgo de que alguien se aprovechara de su enorme corazón. Pero si se da con el equilibrio adecuado, esa abnegación es una virtud maravillosa.

Hay cosas que los verdes hacen de forma natural. Cuando vas por un café, es habitual preguntarles a los demás si también quieren uno. El resto de colores probablemente se levantarían para hacérselo ellos mismos, pero los verdes llevarían por iniciativa propia café para todos.

Los verdes quieren estar de buenas con todo el mundo, así que ayudarán incluso a quienes no les caen muy bien. Menudo lío, si no. Por suerte, a los verdes les cae bien casi todo el mundo y tienen mucha fe en las capacidades de los demás. Cuando esa fe es muy intensa, a veces acaba mal, pero por lo general por culpa de la otra persona, no del propio verde. Tiene tan buen corazón que de vez en cuando hay personas que se aprovechan.

Tengo un amigo, Lasse, que es un colega de verdad. No importa el trabajo que tenga: si alguien necesita ayuda, allí está Lasse, dispuesto a prestársela. A veces, en su afán por ayudar a los demás en su trabajo hasta se olvida de hacer el suyo.

Los fines de semana lleva en coche a sus hijos y a los de los demás a donde sea que tengan que ir. Echa una mano en las mudanzas, presta sus herramientas sin que se lo pidan y escucha a cualquiera que lo llame para quejarse de algo. Todo ello le consume un montón de tiempo, pero él lo disfruta.

Si dicen que van a hacer algo, puedes estar seguro de que lo harán

Si un verde se compromete a hacer algo, no te preocupes, que lo hará. Si está en su mano cumplir con lo prometido, cumplirá. No lo hará en la menor cantidad de tiempo posible, pero aparecerá en tu bandeja de entrada más o menos en torno a la fecha pactada. A los verdes no les gusta que les pillen en falta, porque no quieren causarle ningún problema a nadie. Y como son buenos trabajando en equipo, no quieren hacer nada que perjudique al resto. El grupo va antes que el individuo, ya se trate de la empresa, los demás empleados, el equipo de fútbol o la familia. Para un verde, es natural cuidar de todos los que lo rodean.

La razón por la que trabajar con los verdes es tan fácil es objeto de debate. En algunas situaciones, se debe sencillamente a que rehúyen el conflicto. En la mayoría de los casos, sin embargo, la razón es su deseo de hacer felices a los que los rodean. Si pueden agradarte con un trabajo bien hecho, lo harán. El anhelo de complacer a los demás es prácticamente una fuerza motriz para los verdes. Es lo natural en ellos y no les supone ningún esfuerzo. Y esa abnegación viene acompañada de una serenidad exaltada que hace descender el nivel de estrés de los que están a su alrededor.

«No queremos sorpresas desagradables. Es bueno saber lo que va a pasar. Siempre»

Un verde es alguien con quien siempre se puede contar. Algunas empresas necesitan empleados de confianza. La creatividad y el ingenio no están en lo más alto de la lista de requisitos para ese puesto. Lo que hace falta, en realidad, es a personas que entiendan en qué consiste el trabajo y lo hagan sin demasiados aspavientos ni dramas.

COMPORTAMIENTO VERDE

En una situación así, lo mejor es contratar a verdes. Forman un núcleo estable que hará bien el trabajo. No tienen problemas aceptando órdenes, siempre que se formulen de una forma atractiva. A los verdes les gusta la estabilidad y que las cosas sean en cierto modo predecibles en el lugar de trabajo. O en casa. O en familia. Casi en cualquier circunstancia, en suma.

Cuando se cuece algún problema —ya sea por una recesión económica o por la llegada de un nuevo equipo directivo— se observan todo tipo de comportamientos interesantes en un grupo. Los rojos, que nunca escuchan todo el mensaje, corren a hacer lo que creen que debe hacerse. A menos, claro, que estén ocupados gritándole a la dirección porque no están de acuerdo con las decisiones que han tomado. Los amarillos inician discusiones disparatadas y hacen saber absolutamente a todo el mundo su opinión sobre lo ocurrido. En lugar de trabajar, hablan de lo que está pasando hasta que llega la hora de irse a casa. Los azules se quedan sentados a su mesa y se encargan del papeleo burocrático, mientras formulan medio millón de preguntas para las que nadie tiene aún una respuesta.

¿Y los verdes? Ellos solo murmuran. Si el equipo directivo ha conseguido no sabotear del todo su sensación de seguridad, se adaptarán a los cambios sin protestar. No tiene sentido armar ningún alboroto ni preocuparse. Más vale seguir trabajando como siempre. De hecho, eso facilita mucho las cosas. Más adelante hablaremos de cómo ayudar a los verdes a cambiar de dirección, pero la cuestión es que se les da muy bien mantener la calma y seguir adelante.

Siempre sabrás cómo responderá un verde a determinadas preguntas porque no cambia de opinión con frecuencia.

Greger es alguien a quien estuve haciéndole de *coach* hace unos años. Durante un tiempo fue consejero delegado de una empresa en la que todos los cargos medios de su equipo eran verdes. Le gustaba probar un pequeño juego cuando lanzaba una idea nueva: escribía notitas con las respuestas que le daría cada persona. Un «no» de Anna. Un «sí» de Stefan. Un «quizá» de Bertil. ¡Acertaba siempre! Greger los conocía muy bien y sabía cómo reaccionarían a sus propuestas.

Con los amarillos no habría funcionado: ni siquiera ellos mismos tienen ni idea de cómo van a responder en el momento en el que surjan las oportunidades. Es emocionante, sin duda, pero agotador para los que los rodean. Con colaboradores verdes, en cambio, no hay de qué preocuparse.

«¿Quién? ¿Yo? Yo no soy importante. Haz como que no me has visto»

Para todos los verdes, el grupo será siempre lo primero. El equipo antes que ellos mismos. Recuérdalo. Es una verdad fundamental para ellos y no debería cuestionarse demasiado. El equipo de trabajo, el club y la familia les resultan tan importantes que a menudo dejan de lado sus propias necesidades si eso ayuda al conjunto.

Puede que estés pensando que los grupos están formados por personas y que, si cada una de esas personas está satisfecha, todo el grupo lo estará. Eso podría ocurrir, pero entonces el enfoque sería individual, más que colectivo. Desde el punto de vista de un verde, si el grupo está bien, cada uno de sus miembros también está bien.

Aquí es donde se hace evidente la abnegación del verde: tiene una consideración infinita hacia aquellos que lo rodean. Esa es en parte la razón por la que es difícil conseguir una respuesta clara de un verde: está siempre intentando quedar bien con todo el mundo.

Deja que te cuente una anécdota bastante ilustrativa. Un domingo de hace unos años, me llamó por teléfono un compañero de trabajo al que no conocía bien. Solo llevaba trabajando con Kristoffer unos pocos meses y aún no sabía muy bien cómo era.

Así que cuando vi una llamada suya un domingo por la mañana me sorprendí. Vi quién era, pero no tenía ni idea de qué podía querer de mí. Kristoffer me saludó con amabilidad y me preguntó qué estaba haciendo. Yo acababa de comprarme una casa en aquella época y estaba ocupado con las reformas. Él me preguntó qué tenía previsto hacer ese domingo en concreto y recuerdo que le dije que estaba preocupado por la caldera. Se acercaba el invierno. Las temperaturas estaban por debajo de cero y una de las bombas de circulación no funcionaba como debía. Con el frío intenso a la vuelta de la esquina, me preguntaba si la bomba podría aguantar un descenso drástico de los termómetros.

Como buen verde, Kristoffer me hizo una serie de preguntas y me dio un montón de buenos consejos. Él había tenido una caldera similar y, además, conocía a un fontanero al que podía pedirle que se pasara y echara un vistazo, si a mí me parecía bien, claro. Kristoffer y yo estuvimos hablando un rato, mientras que yo cada vez entendía menos cuál podía ser el motivo real de su llamada.

Me preguntó dónde vivía. Yo le di la dirección y él prometió tomar nota y dársela a su amigo fontanero. Luego, casi como de pasada, me preguntó si tenía previsto bajar a la ciudad. Yo vivía a unos cuarenta kilómetros de la oficina y no tenía intención de ir a trabajar ese domingo. Se lo expliqué tal cual a Kristoffer.

Estuvimos charlando un rato más y al final le pregunté qué era lo que quería. Entonces me reveló que estaba en el exterior de la oficina en camiseta, porque había salido por algo de comer y había dejado las llaves dentro. Miré el termómetro: estábamos bajo cero y caía una ligera nevada. ¡Llevábamos quince minutos hablando! Me subí al coche y lo salvé de congelarse hasta los huesos.

«Sé muy bien de lo que hablas»

Se dice que los verdes son introvertidos, es decir, que son activos pero en su mundo interior. Eso significa que no hablan así porque sí. Y cuando alguien habla menos que los que lo rodean, es natural que escuche. Y los verdes escuchan. Les interesas tú y tus ideas.

A diferencia de los rojos, que solo escuchan cuando tienen algo que ganar con ello, o los amarillos, que no escuchan en absoluto (aunque suelen negar que sea así), los verdes escuchan lo que estás diciendo. Sienten un interés genuino por los problemas humanos. Puede que no den consejos ni soluciones, pero entienden lo que les has dicho. No significa que estén de acuerdo contigo. Pero saben escuchar.

Hasta aquí, es probable que hayas intentando unir todas las piezas del puzle. ¿Dónde encajan los distintos colores? ¿Qué tipo de trabajo sería mejor para cada uno de ellos? Son buenas preguntas, aunque no tengan respuestas fáciles. Un comentario que suelo oír en las empresas a las que acudo a trabajar estas cuestiones es que los rojos y los amarillos —estos en particular— deben de ser buenos en el comercio minorista y en ventas. Eso es cierto, sin duda. Pero no habría que pasar por alto a los verdes. Siempre les enseñamos a los comerciales a hablar menos y escuchar más, algo que los verdes ya hacen de forma natural.

Helena era una comercial a la que le estuve haciendo de *coach* hace unos años. Era verde y una persona muy dulce. La mayoría de la gente no entendía cómo podía sobrevivir en un sector tan complicado. Pero yo tengo una teoría. Una vez me habló de un ejecutivo muy duro al que todo el mundo le tenía mucho respeto. Nadie en la empresa había conseguido venderle nada, pero, tras varias sesiones conmigo, Helena estaba decidida a intentarlo. Concertó una cita.

Se encontraron por casualidad en el estacionamiento del restaurante en que habían quedado para comer. El serio ejecutivo entró en él conduciendo un coche antiguo de finales de los sesenta. Precioso, reluciente y claramente muy especial. Helena dijo lo único que se le ocurrió: «¡Uau!».

«¿Te gustan los coches?», le preguntó el ejecutivo, antes incluso de saludarse. Helena asintió. A continuación, él le habló del coche, del dinero que le había costado restaurarlo, de la pintura y las aleaciones, del motor. Le enseñó lo que había debajo del capó. Helena asintió, lanzó murmullos de aprobación y rezó por que el ejecutivo no le hiciera ninguna pregunta, porque no habría podido diferenciar un Ford de un Chevrolet. Pero no lo interrumpió: se limitó a escuchar. Después de aquello, fue de lo más fácil. Se sentaron y él le pidió ver el contrato de venta. ¿Cómo lo logró Helena? Escuchando. El ejecutivo firmó antes de que les sirvieran la comida.

Conclusiones sobre el comportamiento verde

¿Hay verdes en tu familia? Es muy probable.

Mr. Rogers, Gandhi, Michelle Obama y Jimmy Carter son algunos de los famosos con rasgos verdes. Y Jesús, claro. He ahí un tipo que sabía cómo ayudar a los demás.

7

Comportamiento azul

En busca de la perfección

«¿Por qué lo estamos haciendo?
¿Qué evidencia científica lo apoya?»

El último de los cuatro colores es un tipo interesante. Es probable que conozcas a alguien azul. No le gusta hacerse notar, pero está pendiente de todo lo que ocurre a su alrededor. Donde un verde se deja llevar por la corriente, un azul tiene todas las respuestas correctas. Al fondo de la escena, se dedica a analizar: clasifica, evalúa, valora.

Sabes que has conocido a un azul si vas a su casa y todo está organizado de un modo muy concreto. Hay etiquetas y nombres en todos los colgadores para que los niños sepan exactamente dónde poner los abrigos. En el refrigerador están los menús de las cenas, divididos en intervalos de seis semanas para garantizar una dieta equilibrada. Si te fijas en sus herramientas, verás que todo tiene su lugar y no hay nada fuera de su sitio. ¿Por qué? Porque un azul que se dedica a las manualidades siempre vuelve a poner las cosas donde les corresponde.

Es también un pesimista. Perdón: un realista. Ve errores y ve riesgos. Es el melancólico que cierra el círculo de comportamiento. «Reservado», «analítico» y «orientado a los detalles» son algunas de las palabras que podrías relacionar con un azul.

«Perdón, pero eso no es del todo cierto»

Todos conocemos a alguien así. Imagina que estás en un restaurante con tus amigos, hablando de gatos, futbol o naves espaciales, y alguien suelta un comentario al azar. Tal vez tu amigo rojo diga que el astronauta sueco Christer Fuglesang ha estado tres veces en el espacio o tu amigo amarillo proclame entusiasmado que de niño vivía en su mismo barrio de la ciudad de Växjö.

En ese momento, tu amigo azul se aclara la garganta y sin alzar la voz matiza que Christer Fuglesang en realidad solo ha viajado al espacio dos veces, que en la segunda levantó el objeto más pesado jamás manipulado en un ambiente de gravedad (unos ochocientos kilos) y que lo más probable es que no se criara en Växjö, sino en Nacka, a las afueras de la capital sueca. Añade a continuación, sin pestañear, que dado que Christer tenía cincuenta y dos años cuando realizó su segundo viaje espacial en 2009, difícilmente emprenderá un tercero. De hecho, la posibilidad de que ocurra es bastante limitada, concretamente de menos del 5,74 por ciento.

Más vale que se rindan, chicos. No hay nada que ese tipo no sepa. No presume de ello, pero su forma de presentar los hechos hace difícil cuestionarlos. Sabe dónde encontró la información y puede ir a buscar el libro que lo demuestra.

Así son los azules. Conocen cómo está la situación antes de abrir la boca. Lo han buscado en Google, han leído el manual de instrucciones y han consultado el diccionario. Y luego presentan un informe completo.

Pero hay algo importante que tener en cuenta: si no surge el tema, es improbable que tu colega azul diga algo al respecto. No siente la necesidad de contarle a todo el mundo lo que sabe. Por supuesto, un azul no lo sabe todo: nadie puede. Pero, por lo general, puedes contar con que lo que dice es correcto.

Las personas AZULES suelen verse a sí mismas como:

Cautas	Correctas	Disciplinadas
Lógicas	Metódicas	Modestas
Orientadas a la calidad	Orientadas a los detalles	Precisas
Reflexivas	Rigurosas	Sistemáticas

¿Has notado algo en el cuadro de arriba? Claro que sí. Esta vez he enumerado las distintas características en orden alfabético, algo que sin duda un azul apreciaría. Aunque ahora puede que me meta en problemas, porque no hablaré de todas y cada una de esas características por separado en las páginas siguientes. A las personas azules que estén leyendo esto —y que probablemente se hayan recordado, con una notita al margen, ir a mi página web y buscar posibles explicaciones para este error garrafal— solo quiero decirles que no pretendía que fuera motivo de conflicto.

«No es para tanto, solo hacía mi trabajo»

¿Cómo puede ser que un sabelotodo sea modesto? Es una señal de enorme humildad no armar ningún revuelo pese a saberlo todo.

Es raro que una persona totalmente azul sienta la necesidad de anunciar a los cuatro vientos todo lo que sabe o que alardee de ser el verdadero experto en la materia. Con saberlo él, suele bastarle.

Esa modestia tiene sus inconvenientes. Me he visto más de una vez en medio de un grupo de personas que intentaban resolver un problema de forma conjunta. En una de esas ocasiones, un azul se acercó cuando llevábamos dos horas allí y señaló la respuesta como quien no quería la cosa. Para él, no había ningún problema: sabía bastante de aquel asunto. Pero, como los azules a menudo carecen de visión de conjunto, no siempre actúan de inmediato. Le pregunté por qué no había dicho nada dos horas antes y, como buen azul que era, contestó: «Bueno, no has preguntado».

Habría sido fácil perder los nervios ante un comentario así. Pero, al mismo tiempo, lo entendí. Era más problema mío que suyo no haberlo invitado a unirse a la discusión. Él sabía que sabía la respuesta, y con eso le bastaba.

Tampoco hay ninguna necesidad de vitorear, aplaudir o llamar al podio a un azul cuando ha hecho algo increíble de forma asombrosa. A ver, tampoco pasa nada por felicitarlo. Asentirá con la cabeza, aceptará los elogios y el cheque con el premio y volverá a su mesa, donde seguirá trabajando en el siguiente proyecto. Pero puede que se pregunte a qué viene tanto drama: él solo hacía su trabajo.

«Perdón, pero ¿dónde has leído eso? ¿Y en qué edición?»

Un azul raras veces tendrá demasiada información o demasiadas páginas de letra pequeña. Siempre se dice que lo importante está en los detalles e imagino que fue un azul el primero que lo dijo.

No hay detalle tan insignificante que no valga la pena tenerlo en cuenta. Los atajos, para un azul, sencillamente no son una opción.

«Un momento —podrías decir—. No estar al tanto de cada detallito no es lo mismo que tomar un atajo». Pero para un azul sí es lo mismo: «No tener el control total es lo mismo que no tener ningún tipo de control. ¿Qué conseguimos con los atajos? ¿Cómo es posible que los justifiques?».

Para él no es así como funcionan las cosas. Dile a un azul que puede ignorar los detalles del nuevo contrato y saltarse los últimos treinta párrafos —porque no hay nada importante en ese apartado— y se te quedará mirando con mucha atención, preguntándose por tus capacidades mentales. Como de costumbre, no necesariamente dirá algo al respecto. Solo pasará por completo de lo que has dicho. Preferirá quedarse hasta las tantas comprobando todos los datos del caso antes que dejar escapar el más pequeño detalle.

Hace unos años traté de venderle un programa de liderazgo al consejero delegado de una empresa del sector del empaquetado. Era un azul, de eso no cabía ninguna duda. Escribía unos *e-mails* interminables y un poco secos, y para nuestra primera reunión reservó cincuenta minutos. No una hora ni tres cuartos de hora, sino cincuenta minutos. (Había una razón para ello: después de la reunión iba a comer, y el comedor estaba a ocho minutos de distancia, a lo que había que sumarle una visita a los servicios de caballeros de dos minutos. Con una reunión de cincuenta minutos llegaría justo a tiempo).

COMPORTAMIENTO AZUL

La primera vez que nos vimos, hizo que me sentara en una silla concreta de un rincón concreto de la mesa destinada a las visitas. No me preguntó si me había sido fácil llegar hasta allí —no lo había sido: la dirección era imposible— y no me ofreció ni café ni té. No sonrió al saludarme. Examinó mi tarjeta de visita con mucho detenimiento.

Tras pasar revista a las necesidades de su empresa, le expliqué que volvería a mi oficina y elaboraría un presupuesto. De nuevo en mi mesa, le di muchas vueltas a cómo hacerlo. Yo solía enviar propuestas de entre diez y doce páginas, pero sabía que aquello no sería suficiente en ese caso. Así que me puse manos a la obra y escribí más de treinta y cinco páginas.

Le envié por correo una versión en papel del presupuesto, porque para un azul la letra escrita e impresa tiene mucho más peso que lo que se dice de palabra o que un archivo digital. Al cabo de aproximadamente una semana hice una llamada de seguimiento. Había ideas interesantes, dijo el consejero delegado, pero estaba preparado para ir más allá. ¿Por qué no le enviaba yo una propuesta completa? Lo que en realidad estaba diciendo era: «¿HAY MÁS MATERIAL?».

Recuerdo rascarme la cabeza. A mí me parecía que había descrito el programa más que bien en mi propuesta. Cada fase tenía un orden, un objetivo claro y un propósito definido. Había proporcionado información de contexto, referencias y citas.

Cuando trabajas de comercial, no puedes rendirte, así que volví a la carga, añadiéndole a la propuesta todos los detalles que se me ocurrieron. Esta segunda versión tenía al menos ochenta y cinco páginas, con cada punto del programa desglosado en intervalos de dos horas, aún más información de contexto, ejemplos de ejercicios, herramientas de análisis, plantillas y demás. El nivel de detalle habría hecho vomitar a un amarillo.

Complacido conmigo mismo, le envié todo aquel tocho.

Tardé varias semanas en volver a tener noticias del consejero delegado. Le pregunté si estaba listo para tomar una decisión y él dijo: «¿HAY MÁS MATERIAL?».

En fin, esta vez quiso venir a mi despacho. Durante noventa minutos, sentados en el mismo lado de la mesa en la sala de reuniones de mi oficina, repasamos juntos nada menos que el sumario de contenidos de mi propuesta. Él había redactado los términos y condiciones generales (es decir: la letra pequeña) y cada sección estaba repleta de preguntas y anotaciones. Al acabar, y con rostro impávido, dijo que aquella era la mejor reunión en la que había participado en mucho tiempo. Pero lo que de verdad se preguntaba era: «¿HAY MÁS MATERIAL?».

Me despedí de él y me senté a ponderar la cuestión. ¿Más material? Ningún problema. Le pasé la carpeta entera de la formación (aquello era antes de que existieran la formación a distancia y las clases virtuales): al menos trescientas páginas, con toda la información de todas las sesiones de quince minutos, durante los quince días de formación, para las cinco distintas etapas del liderazgo.

Aquel era todo el material que había, con la información incluso de cuándo debían programarse las pausas para el café, qué preguntas debían hacerse los participantes durante la formación, cómo debía prepararse la sala y todo lo demás. Puedo dar fe de que no dejaba nada al azar.

Pensé que si tomaba todo aquello y se lo hacía tragar al fin estaría satisfecho.

Al cabo de un mes preguntó si había más material.

No había más material.

Suele cometerse el error de pensar que los azules no son capaces de tomar decisiones, cuando no es así. Aquel consejero delegado no es que estuviera postergando la resolución o que no pudiera decidirse: lo que pasaba era que no necesitaba hacerlo. Para él, el proceso que llevaba a la decisión era mucho más interesante. Y además quería saber si había más material.

Por qué hay personas que necesitan pensarse tanto las cosas que te preguntas si han entrado en hibernación

El ejemplo precedente ilustra también otro comportamiento característico de los azules, que es que, por lo general, son muy precavidos. Suelen poner la seguridad por encima de todo. A diferencia de los rojos y los amarillos, que no temen arriesgarse, los azules tienden a echar el freno y pensárselo dos veces. Podría haber más factores que tener en cuenta, ¿eh? Mejor llegar hasta el fondo del asunto antes de hacer nada.

Eso es algo puede manifestarse de distintas maneras. Es un hecho que, para el azul, el viaje es más importante que el destino, justo al contrario que para un rojo. Desde luego, tanta cautela puede llevar a no tomar ninguna decisión, lo cual también significa que los azules raras veces asumen grandes riesgos. No arriesgarse garantiza una vida previsible. Seguramente estaremos de acuerdo en eso. No digo nada de lo emocionante y estimulante que sería: me limito a exponer los hechos.

En ocasiones, un azul puede incluso abstenerse por completo de hacer algo porque no puede evaluar los riesgos. Conocí una vez a un comercial azul que había estudiado ingeniería. Su lema era que a menudo el mejor trato es el que no se hace. La evaluación de riesgos es un asunto complejo, ¿y quién sabe qué peligros acechan ahí fuera? Un azul suele resolverlo todo creando sistemas avanzados que se encargan de los posibles riesgos que puedan surgir. Ponen tres despertadores. Salen de casa dos horas antes cuando con una habría suficiente. Revisan y vuelven a revisar las mochilas de los niños antes de ir al colegio por las mañanas, aunque las dejaran preparadas la noche anterior y nadie las haya tocado por la noche. Comprueban tres veces que llevan las llaves en el bolsillo y, por supuesto, allí están. ¿Dónde si no?

Las ventajas son evidentes. A los azules los acontecimientos inesperados no los tomarán por sorpresa de la misma forma que a otros. Y, a la larga, ahorran mucho tiempo.

«Da igual si es más fácil. Sigue sin estar bien»

Las cosas no pueden salir mal. Y punto. La calidad es lo más importante. Cuando un individuo azul cree que existe el riesgo de que su trabajo acabe siendo deficiente o de baja calidad, echa el freno. Hay que comprobarlo todo. ¿Por qué ha disminuido la calidad?

A riesgo de generalizar, diría que un buen número de ingenieros presentan rasgos claramente azules. Son precisos, sistemáticos, orientados a los hechos y les preocupa la calidad. No puedo saberlo con certeza, pero imagino que Toyota, el fabricante japonés de coches, posiblemente cuente con un buen porcentaje de ingenieros azules entre sus empleados. Tienen por norma preguntarse siempre «por qué» cinco veces para garantizar la calidad y llegar a la raíz del problema. Yo diría que ese es un enfoque típicamente azul (sumado a la mentalidad japonesa, que es muy a largo plazo y de expresión bastante azul).

Así que digamos que alguien descubre un derrame de aceite en el suelo. Un rojo arremetería contra la persona que tuviera más cerca y luego la obligaría a fregar la mancha. Un amarillo vería la mancha y luego la olvidaría, y dos días después se sorprendería al resbalarse en ella. Un verde también vería la mancha y se sentiría un poco culpable, porque plantearía un problema y todo el mundo lo estaría ignorando.

Un azul se preguntaría: «¿Por qué hay un charco de aceite?». La respuesta podría ser que hay un escape en una junta. Esa respuesta, desde luego, resulta insatisfactoria para un azul. «¿Por qué hay un escape en una junta?». «Porque es de mala calidad». «¿Por qué hay juntas de mala calidad en la fábrica?». «Porque al departamento de compras le dijeron que ahorrara dinero. Así que compramos juntas baratas en lugar de juntas herméticas». «Pero ¿quién nos pidió que ahorráramos dinero y pusiéramos en peligro la calidad?». Y sigue y sigue. Tal vez el problema se resuelva solo. Tal vez recibamos un informe sobre lo ocurrido. Pero no se hará nada que solucione el problema.

Al final, la solución azul podría ser revisar nuestras estrategias de compra, en lugar de simplemente fregar el aceite del suelo.

Lo que quiero decir es que un azul está dispuesto a llegar hasta el fondo para que todo esté como tiene que estar al cien por ciento.

Los azules sostienen que, si van a hacer algo, tienen que hacerlo bien. Y viceversa: si una tarea no vale la pena hacerla como es debido, es que no vale la pena hacerla en absoluto. Es más, como a los azules suele costarles mentir, señalarán siempre los fallos que descubran, incluso los fallos que pueden dejarlos a ellos en mal lugar.

Recuerdo con claridad las discusiones que tenían mis padres cuando yo era niño. Nos mudábamos de vez en cuando y solíamos tener que vender nuestra casa, con todo lo que eso entrañaba. Mi padre, el ingeniero, lo hacía, por supuesto, todo él mismo, encargándose también personalmente de las visitas.

Mi madre siempre se enojaba porque mi padre empezaba las visitas señalando todos los defectos y deficiencias de la casa. Había goteras aquí y allí y la pintura se había desconchado detrás del sofá. «¿Por qué les dices eso?», preguntaba mi madre. «Porque esto y aquello está mal», respondía mi padre. «Sí, pero ¿hace falta que se lo digas a los posibles compradores? ¡Puede que ahora ya no quieran comprar la casa!».

Él no entendía cuál era el problema. Honrado y honesto como era, no podía esconder los defectos que sabía que tenía la vivienda. Mi padre podía vivir con el hecho de que pocas veces saliéramos ganando con esos acuerdos. Había sido sincero sobre la casa porque era lo que debía hacerse.

«Si el camino no está donde dice el mapa es que el camino está mal»

El pensamiento lógico y racional es fundamental para un azul. Abajo los sentimientos (tanto como sea posible) y arriba la lógica. Los azules no pueden prescindir de los sentimientos del todo, claro —nadie puede—, pero les gusta decir que parten de argumentos racionales para tomar sus decisiones. Tienen en alta estima el pensamiento lógico; sin embargo, es muy fácil que se depriman cuando las cosas no salen como ellos quieren. Y la depresión no tiene nada que ver con la lógica, mientras que sí que tiene todo que ver con los sentimientos.

Pocas personas pueden repetir una misma tarea un número infinito de veces exactamente de la misma manera tan bien como los azules. Poseen una capacidad única para seguir instrucciones al pie de la letra, sin cuestionarlas, siempre que las hayan entendido y aprobado de entrada.

¿Cómo consiguen hacerlo sin aburrirse y sin volverse poco cuidadosos? Bueno, por lógica. Si un método determinado funciona, ¿por qué cambiarlo? Mientras que un amarillo o un rojo encontrarían nuevas formas de hacer algo por puro aburrimiento, un azul repite lo mismo una y otra vez.

Piensa en cómo montaría un azul un mueble de IKEA. Si hay un manual, desde luego habrá que leerlo de cabo a rabo antes de empezar. Los rojos, seguros de que podrán hacerlo sin problemas, empezarán a atornillar y ensamblar las diferentes piezas sin mirar siquiera lo que hay en el resto de la caja. Los amarillos lo destrozarán todo entre proclamaciones de que será muy divertido colocar el mueble en su sitio. Viven en el futuro y ya tienen una imagen muy clara de cómo quedará el nuevo aparador en la pared de la derecha del dormitorio, con el mantel de la abuela y un precioso jarrón de tulipanes encima. Ensamblarán las piezas un poco de cualquier manera, sin ponerle demasiadas ganas. Pondrán unos tornillos donde parece lógico hacerlo y luego pasarán a otra parte del mueble. Un verde aficionado a las manualidades apoyará la enorme caja contra la pared y hará una pausa para tomarse un café. No hay ninguna prisa.

¿Qué hará un azul? Leerá las instrucciones dos veces, examinará todos los componentes y confirmará que las distintas piezas del nuevo armario coinciden con las imágenes de las instrucciones. Con un paño húmedo —pero no demasiado— limpiará todas las piezas, porque es probable que hayan acumulado polvo. Contará el número de tornillos de la caja, para no tener sorpresas al final si falta algo (si sobraran demasiadas piezas sería capaz de desmontar todo el mueble).

Puede que a un azul le lleve algo más de tiempo montar el aparador, pero una vez montado puedes tener por seguro que aguantará para siempre.

«Lo importante está en los detalles»

Hace unos años quise hacer obras en el patio de mi casa. Como me gusta trabajar con las manos, porque me paso el día hablando por trabajo, decidí hacerlo yo mismo. Al menos en parte. Mi padre, que por aquel entonces ya había cumplido los setenta, iba a echarme una mano, porque sabía que yo disponía de poco tiempo.

Decirlo fue más fácil que hacerlo, claro. Para que hubiera una base sólida, íbamos a poner grava. Mi padre llegó justo antes de que lo hiciera el camión con la grava. Había traído su propia carretilla, diseñada especialmente para transportar grava, y una pala especial que usaba siempre para fines similares. No entendía qué hacía yo allí con mi pala normal. Como todo el mundo sabe, hay que usar palas especiales para ese tipo de cosas.

El camión llegó y depositó una considerable pila de grava en el camino de acceso. Pensé que tenía por delante unos cuantos días de trabajo con la pala y, para ser sinceros, la idea hizo que me sintiera un poco cansado. Aun así, estaba preparado para aquel reto.

¿Mi anciano padre? Tomó un poco de grava entre los dedos, la olió, la palpó y evaluó su calidad. Tras emitir unos gruñidos que me parecieron de aprobación, empezó a examinar la pila en sí.

Midió la altura del montículo con la mano; caminó a su alrededor para calcular su circunferencia. Le pregunté qué estaba haciendo. En lugar de contestar, murmuró números en voz baja.

—Un metro ochenta de alto, cinco metros de circunferencia, la inclinación... mmm.

Al cabo de treinta segundos dijo que había entre 8,75 y 9,25 metros cúbicos de grava en el camino de acceso. Le confirmé que eran, de hecho, nueve metros cúbicos exactos.

Mi padre me preguntó con escepticismo cómo lo sabía. «Dice en el camión», dije señalándolo.

Se quedó ligeramente impresionado. Le pregunté si quería contar los pedacitos de grava uno a uno. No le pareció necesario.

Estuvo caminando durante horas alrededor del montículo, compactando, comprimiendo y rastrillando la grava, alisándola hasta que le pareció que estaba todo en orden. Utilizó un nivel, plomada, agua y todos los medios a su alcance para que nada fallara.

La grava debía colocarse con una inclinación de exactamente un centímetro por metro. ¿Por qué, te preguntarás? «Lo dice en el libro.» Siendo ingeniero de caminos, se sabía el libro de memoria. Un centímetro por metro. Exactamente. A saber qué terribles consecuencias podría tener no hacerlo así.

Piensa en la diferencia entre un centímetro y más o menos un centímetro. Lo primero es concreto; lo segundo no. Más o menos un centímetro podrían ser hasta dos centímetros, si todo fuera mal. De una inclinación de un centímetro a otra de dos centímetros hay una diferencia de nada menos que del cien por cien, ¡es una desviación enorme!

(Lo gracioso de esta historia no es la anécdota en sí, sino lo que pasó cuando mi padre la leyó en la primera edición de este libro. Dijo que no era así cómo había ocurrido en realidad. Me corrigió en varios puntos y alegó que el camión llevaba doce metros cúbicos de grava, no nueve. Sostiene además que él no es puramente azul, y puede que tenga algo de razón en eso).

Es así con todo. En casa, si hay alguna duda técnica sobre un televisor, un coche, un microondas o un teléfono, saca a pasear el manual de instrucciones. «Aquí dice que... ¿Por qué creen que escriben estas cosas si no es porque tiene que hacerse así?».

¿Cómo contestas a eso? ¿Cómo discutes con el manual de instrucciones? Es imposible encontrar argumentos que un verdadero azul vaya a aceptar. (Mi padre también se detendrá ante un semáforo rojo en plena noche, aunque no haya nadie en quince kilómetros a la redonda. Porque es lo que hay que hacer).

El valor de ese enfoque es evidente. A mi padre no lo engañarán nunca; siempre obtendrá aquello por lo que ha pagado. Le proporciona una gran paz interior, porque sabe que lo ha comprobado todo detenidamente.

Si conoces a algún azul, estoy seguro de que estarás de acuerdo conmigo. En circunstancias normales, son muy tranquilos y equilibrados. Quizá porque lo controlan todo.

«El silencio es oro»

Introvertido. Con eso lo digo todo. Podría dejarlo ahí. Muchos de los azules que conozco no dicen una sola palabra si no es necesario. Es así. ¿Significa eso que no tienen nada que decir? ¿Que no opinan nada? No, claro que no. Solo son muy muy introvertidos. Los azules son esas personas tranquilas y estables que los aztecas comparaban con el mar, el elemento del agua.

Por fuera todo es paz, pero bajo la superficie podría estar pasando cualquier cosa. «Introvertido» no significa callado: significa activo por dentro. Pero el resultado suele ser el silencio.

Por lo general, mi consejo es escuchar atentamente cuando un azul habla, porque suelen haber pensado bien lo que dicen.

¿Por qué son tan callados entonces? Entre otras cosas porque, a diferencia de los amarillos, los azules no necesitan que los escuchen. Sentarse en un rincón y que no los vean ni los escuchen les parece bien. Son observadores y espectadores, más que protagonistas. En un grupo, son los que están a un ladito, observando y tomando nota de todo lo que se dice.

Y no lo olvides: según los valores azules, el silencio es algo positivo. Si no tienes nada que decir, cállate.

Conclusiones sobre el comportamiento azul

¿Lo sabes todo sobre los azules? ¿Has identificado a algún azul en tu vida? Tanto Bill Gates como Albert Einstein utilizaron su atención por el detalle y su naturaleza minuciosa para llegar al éxito. Tenemos también a la jueza Sandra Day O'Connor y a Condoleezza Rice. En el ámbito de la ficción, Spock, de *Star Trek*, es el perfecto azul: todo lógica, racionalidad e intelecto, aunque no entienda algunas bromas.

8

Nadie es perfecto del todo

Fortalezas y debilidades

Como sugiere el título de este libro, hay personas a nuestro alrededor a las que, en circunstancias poco favorables, puede que nos cueste entender. Hay otras a las que no entendemos en absoluto, sea cual sea la situación. Y con las que nos es más difícil relacionarnos son aquellas que no son como nosotros, porque se comportan, por supuesto, «de forma inadecuada».

Las diferencias empiezan a estar claras

Las diferencias generales entre los distintos colores están claras. La ilustración de la página 85 muestra un ejemplo de cómo difieren. Hay colores orientados a solucionar problemas y otros orientados a las relaciones. Mientras que dos de ellos (rojo y amarillo) son de reacciones rápidas, los verdes y azules son reflexivos. Esa suele ser una fuente de malentendidos cotidianos, tanto grandes como pequeños. Volveré a ello en la página 226, pero quiero aprovechar esta oportunidad para aportar varios matices a la ilustración de los distintos patrones de comportamiento básicos que representa cada color.

No estoy diciendo que puedas llamar idiota a la gente como hacía Sture, que fue quien me abrió los ojos al principio de este libro. Aun así, si somos sinceros, todos nosotros, en algún momento, hemos sido incapaces de comprender un comentario que hemos oído y que nos ha dejado perplejos, o hemos visto a alguien comportarse de un modo diametralmente opuesto a como lo habríamos hecho nosotros. Así que creemos que son idiotas.

Ese razonamiento supone que «yo siempre tengo razón», lo que por supuesto significa que la otra persona no, y que además actúa mal. Se trata de una cuestión delicada. Una persona sabia dijo una vez: «Solo porque tú tengas razón no significa que yo tenga que estar equivocado». Tendemos a fijarnos en exceso en los fallos y los defectos de los demás. Hay psicólogos infantiles que aseguran que las cosas que más nos horrorizan del comportamiento de nuestros hijos son las que reconocemos en nosotros mismos, y que preferiríamos no hacer. Así que ¿quién decide qué tipo de comportamiento está bien o mal?

Llega la hora del cliché

Por un lado, nadie es perfecto. Ahí queda esa perogrullada. No, pero, en serio, no hay seres humanos perfectos; nadie está libre de fallos y defectos. De joven, durante años, busqué un modelo a seguir que pudiera ser mi mentor en la vida —alguien, hombre o mujer, que careciera de defectos—, pero no encontré ninguno. Sigo sin haber hallado ningún rastro de ese esquivo ser humano perfecto. Porque, por supuesto, así son las cosas. Convivimos con nuestros defectos y lo hacemos lo mejor que sabemos.

Por otro lado, cuando pensamos que alguien es idiota, ¿es por sus fallos y sus defectos o es que no hemos logrado entender a esa persona? Una cualidad que puede ser útil en según qué situaciones quizá no lo sea en otras. Es importante recordar que la comunicación suele producirse en los términos del receptor. Sea cual sea la opinión de los demás sobre mí, esa es la forma en que me perciben, más allá de lo que yo quiera decir o pretenda. Como siempre, todo tiene que ver con la conciencia de uno mismo. Las buenas cualidades pueden convertirse en desventajas en las circunstancias equivocadas, al margen de cuál sea esa cualidad.

Un rápido repaso a los patrones de comportamiento básicos

Los **rojos** son rápidos y están más que dispuestos a asumir el mando en caso de ser necesario. Consiguen que las cosas se hagan. Sin embargo, cuando se ponen manos a la obra, se convierten en

NADIE ES PERFECTO DEL TODO

controladores compulsivos y puede ser desesperante tratar con ellos. Y pisotean una y otra vez a los demás.

Los **amarillos** pueden ser graciosos, creativos y crear buen ambiente estén con quién estén. Sin embargo, si se les da un espacio ilimitado, consumirán todo el oxígeno de la habitación, no dejarán que nadie participe en la conversación y las anécdotas que cuenten estarán cada vez más lejos de la realidad.

Con los simpáticos **verdes** es fácil llevarse bien porque son muy agradables y se preocupan de verdad por los demás. Por desgracia, también pueden ser personas muy indecisas, que no se sabe si vienen o van. Cualquiera que nunca tome una posición firme a la larga acaba siendo difícil de tratar. No sabes qué opina, y esa indecisión acaba con la energía de los demás.

Los analíticos **azules** son tranquilos, sensatos y piensan antes de hablar. Su capacidad para mantener la cabeza fría es sin duda una cualidad que muchos les envidian. Sin embargo, el pensamiento crítico de los azules puede convertirse muy deprisa en suspicacia y en cuestionamiento de quienes los rodean. Todo puede volverse sospechoso y siniestro.

En los siguientes apartados abordo el modo en que los demás podrían percibir las debilidades de determinados patrones de conducta. Se trata, por supuesto, de un tema delicado y que puede malinterpretarse con facilidad. En mis sesiones como *coach*, aquí es donde las cosas pueden complicarse. Así que, a medida que vayas leyendo, ten en cuenta que mucho depende de los ojos de quien mira. ¿Quién tiene razón y quién se equivoca? Los patrones de comportamiento de los que hablo se describen tal como los demás los perciben, pese a que la intención de la persona que ha hecho el ridículo pueda haber sido del todo diferente.

Algo que sé seguro en relación con los distintos colores es que cada uno se evalúa a sí mismo de maneras diferentes. Los rojos y amarillos tienden a exagerar sus puntos fuertes y creen que no tienen verdaderos puntos débiles. Su ego es muy poderoso y gran parte de su éxito seguramente se deba a que no se obsesionan con sus fallos y defectos, sino que buscan oportunidades y buenas noticias. Desde luego no es algo que pueda mantenerse a lo largo del tiempo.

En cambio, los verdes y azules suelen exagerar sus puntos débiles y, en determinados casos, incluso ignorar sus puntos fuertes. Las consecuencias son evidentes. Cuando le dices a un verde o a un azul lo mucho que te ha gustado algo que ha hecho, a veces parece que le da igual y cambia de tema para hablar de algo que ha salido muy mal. Eso, desde luego, no tiene nada de productivo.

En fin: ¿vamos a ello?

Cómo se percibe a los rojos

Si preguntas por un rojo a otras personas, puede que obtengas una imagen distinta de la que el rojo tiene de sí mismo. ¡Menuda sorpresa! Lo que sí he podido comprobar por mi cuenta es que los rojos están rodeados de más idiotas que el resto de nosotros. Mucha gente estará de acuerdo con lo que has leído hasta ahora sobre los rojos, pero también he oído otras opiniones. Salen a la luz cuando el rojo en cuestión no está en la sala, por miedo a su temperamento exaltado. A un rojo le has oído decir que quiere oír la verdad. A lo largo de los años, te ha bramado al oído: «¡Di lo que piensas!». Pero, en cuanto lo haces, te ves en medio de una acalorada discusión con un rojo muy enojado. Lo que significa que lo que vas a leer a continuación en muchos casos será completamente nuevo para muchos rojos. Pocos hemos sido capaces de plantearle nada de esto a una persona de ese color. Requiere demasiada energía.

Hay quien dice que los rojos son beligerantes, arrogantes y egocéntricos. Se los percibe como inflexibles, impacientes, agresivos y controladores.

No creo que sea necesariamente cierto, pero he oído llamar dictatoriales y tiránicas a las personas con ese tipo de comportamiento. La imagen, de repente, ya no es tan halagüeña. El líder nato revela su lado oscuro.

Antes de seguir, déjame aclarar una cosa: nada de lo que acabo de decir molestaría forzosamente a un rojo, porque está más orientado a solucionar problemas que a las relaciones. Además, según ellos, todos los demás se equivocan. Pero veamos lo que los demás opinan al respecto.

«¿Por qué todo tarda tanto? ¿No podrías hacer que fuera más rápido?»

En fin, ¿qué decir? De una persona dispuesta a saltarse cualquier marco normativo para avanzar no puede decirse que no sea impaciente. Cuando los canales oficiales tardan demasiado, un rojo ignorará la jerarquía e irá a buscar de forma expeditiva a la persona que de verdad manda.

El primer ejemplo que me viene a la cabeza tiene que ver con el tráfico de mi maravillosa ciudad, Estocolmo. Sin duda, muchos conductores de esta urbe tienen más prisa que la media nacional cuando se ponen detrás del volante —hay estadísticas al respecto—, pero, como estamos en el apartado sobre el comportamiento rojo, quiero hablarte de Björn, un compañero de trabajo de hace unos años. Él y yo utilizábamos principalmente el coche para movernos por la ciudad, porque con el transporte público tardábamos demasiado. La liberalidad con la que Björn contemplaba los límites de velocidad hacía que de vez en cuando se quedara sin carné de conducir.

Björn vivía lejos de la ciudad y el trayecto hasta la oficina, de algo más de treinta kilómetros, podía llevarle unos cuarenta minutos. Eso en un buen día; también podía llevarle una hora y media.

Él pocas veces sentía la necesidad de adaptar su forma de conducir al tráfico. Creía que no había ninguna razón por la que tuviera que respetar todas y cada una de las normas de circulación. Los límites de velocidad señalados —ochenta, cien, etc.— no eran más que recomendaciones. No iban dirigidos a él. ¡Eran para esas personas que en realidad no sabían conducir!

En una ocasión, estando en la oficina con varios compañeros mientras tomábamos un café, nos pusimos a hablar del colapso circulatorio. La ciudad parecía estar al borde de un infarto de tráfico. Björn no sabía de qué estábamos hablando. No era consciente de que hubiera ningún problema. Al contrario: le parecía que últimamente no había tanto tráfico. Cuando indagamos un poco más, resultó que solía circular por el carril del autobús. Durante todo el trayecto. Más de treinta kilómetros. Era mucho más rápido así. Björn incluso nos aseguró que no pasaba nada. Podías conseguir un permiso para circular por el carril del autobús. Eso era lo que él hacía, y le costaba unos ciento treinta euros al mes.

Más o menos cada cuatro semanas la policía lo paraba, pero valía la pena. ¡Piensa en todo el tiempo que se ahorraba! Y lo único que tenía que hacer era pagar las multas. A él le parecía un buen negocio.

Esta anécdota ilustra con bastante claridad cómo funciona el comportamiento rojo. Saben tan bien como cualquiera que está mal saltarse las reglas; sin embargo, como así es más rápido, lo hacen igualmente. Los rojos son famosos por infringir las normas. De nuevo, te recuerdo con qué propósito: conseguir que las cosas se hagan.

A los rojos les gusta tomar atajos, siempre y cuando ayuden a que las cosas acaben haciéndose. Desde luego, con un enfoque tan generoso de las regulaciones y las normas se avanza más rápido. Diría incluso que un rojo suele ser tan rápido que, aunque algo saliera mal, conseguiría rehacer el proyecto. Al mismo tiempo, nadie —aparte de él— sabe nunca lo que va a pasar.

«¡No estoy gritando! ¡No estoy enojado! ¡Aaarrrghhh!»

Como la forma de comunicarse de los rojos es franca y directa, a muchos les parecen personas agresivas. Es lógico, pero al mismo tiempo esa percepción varía según quién sea la víctima de los contundentes puntos de vista del rojo. Por ejemplo, en Suecia no es habitual comportarse con la beligerancia que sería aceptable en Alemania o en Francia. No estoy diciendo que la gente se pelee más en esos países, pero sí que tienen una forma un poco distinta de abordar los conflictos.

Pensemos que en muchos lugares de trabajo se anima a los empleados a decir lo que piensan y a «tener una comunicación abierta». ¿Qué significa eso en realidad? Es fácil interpretar que quiere decir que debemos ser honestos con los demás y decir lo que pensamos, ¿verdad? Queremos que haya un diálogo abierto y sincero. Es estupendo; para que una empresa sea eficaz, la comunicación sobre las cosas importantes debe ser muy directa.

¿Y a quién se le da bien decir las cosas a la cara y aceptar las críticas sin enojarse? Respuesta: a nadie.

Salvo a los rojos, claro. Para ellos no es ningún problema. «¿Se puede saber por qué estamos hablando de comunicación? ¡Es obvio que todo el mundo dice lo que piensa!». A muchas personas esto les resulta estresante: que te digan la verdad a la cara a todas horas puede no ser fácil si te cuesta aceptarla.

Mi objetivo aquí no es definir lo que está bien o mal: solo quiero que quede claro que todos somos diferentes.

Así que ¿por qué a veces el comportamiento de los rojos nos resulta amenazador y beligerante? ¿Tal vez porque no se dan por vencidos a la primera? ¿Porque les gusta pelearse y debatir incluso sobre menudencias, si para ellos son importantes? ¿Porque levantarán la voz, lanzarán miradas asesinas a la gente y golpearán la mesa con el puño si les conviene? ¿Porque a veces se expresan de forma considerablemente grosera?

Imagina lo siguiente:

Estás trabajando en un proyecto, algo a lo que has dedicado varios días, puede que incluso varias semanas. Empiezas a dudar de ti mismo... ¿Estará quedando bien? ¿Es tan bueno como querías que fuera? ¿Te atreves a enseñárselo al cliente tal como está o mejor le pides que le eche un vistazo a alguien que sabes que te dirá la verdad?

Justo en ese momento pasa por allí un rojo y pruebas suerte. Sabes muy bien que ese compañero de trabajo —marido, amigo, primo, vecino— te dirá lo que piensa sin ambages. Le pides una opinión sincera. Con cierto orgullo en la voz, le enseñas el trabajo que has hecho y le explicas el proceso que has seguido paso a paso. Sin que te des cuenta, el rojo empieza a impacientarse, porque ya ha decidido cuál es su opinión y tú te estás alargando demasiado.

Con un gesto de su mano que te hace callar, el rojo te interrumpe:

—Podría estar mejor. No me gusta demasiado lo que has hecho aquí. Parece una versión preliminar, la verdad. Me sorprende que esto sea todo lo que tengas. Creo que deberías rehacerlo todo desde el principio.

Y se va sin pensárselo dos veces. Y tú te quedas sintiéndote triste y abatido, seas del color que seas.

¿Exagero? ¿Podría pasar algo así en la vida real? Si crees que no hay personas capaces de ser desagradables hasta ese punto es que no has conocido nunca a un verdadero rojo. O que los rojos que has conocido básicamente han aprendido a mentir.

Piensa en ello. ¿Qué objetivo tiene desmoralizar a alguien hasta ese extremo? ¿Qué intentaba el rojo? Él solo pretendía cumplir con lo que le habías pedido. ¡Querías una opinión sincera!

«Dime la verdad», le has dicho. Puede que incluso hayas añadido: «No me enojaré/no me pondré triste/no me frustraré/no me tiraré por el balcón». «Prepárate», ha respondido el rojo, «porque ahí va». Al pedir una opinión sincera, has abierto las compuertas de un torrente de sinceridad brutal. Pero sobrevivirás, aunque puede que con la autoestima un poco empapada y el ego del todo inundado.

Como consultor, he explicado infinidad de veces que cuando un rojo va por todo en un asunto que es importante para él, en el que no tiene intención de rendirse, la tormenta, en fin..., puede ser brutal. Si temes el conflicto no deberías ponerte en esa situación. Un rojo no tiene ningún problema con el conflicto. Los rojos no buscan el conflicto de forma consciente, pero una disputa de vez en cuando puede ser buena, ¿no? No es más que otra forma de comunicarse.

Un consejo: lo peor que puedes hacer cuando te enfrentas a un rojo es dar un paso atrás. Esa estrategia puede causarte serios problemas. Hablaremos de ello más adelante.

«¿Qué haces ahí? ¡Puedo ver lo que (no) estás haciendo!»

¿Qué hay detrás de la necesidad de control? Dicho en pocas palabras, el deseo de control es un fenómeno por el que un individuo necesita tener poder sobre una situación en la que hay personas presentes. A quienes sienten esa necesidad suele incomodarles enormemente tener que adaptarse a un grupo o una situación, y desarrollarán una serie de estrategias para evitarlo. Un comportamiento habitual es hablar sin parar, interrumpiendo e ignorando a los demás, para no perder el control sobre la conversación.

A los rojos es posible que se los perciba como extremadamente autoritarios, pero es importante señalar que lo que les interesa es controlar a quienes los rodean, no controlar todos los detalles concretos de una situación. (La atención al detalle o el control de los detalles no es algo de lo que se pueda acusar a los rojos). Para un rojo, es importante sentir que puede influir en lo que hacen los demás y en cómo pretenden actuar ante determinadas cuestiones.

En el centro de esa necesidad de control está el hecho de que creen que saben más que nadie. Y puesto que un rojo cree que nadie sabe más que él, estará pendiente de todos los que lo rodean para asegurarse de que hacen lo correcto. La ventaja, para un rojo, es que consigue que todo se haga a su manera. La desventaja es obvia: todos los demás se sienten controlados. Hay personas a las que les parece bien que otro tome las decisiones y lleve la batuta, pero otras se sienten limitadas y solo quieren escapar.

Trabajé, hace muchos años, para una empresa en la que había una mujer con un cargo intermedio bastante roja. (Era también un poco azul: véase el apartado sobre el comportamiento de este color). Cuando delegaba tareas a los trabajadores, el resultado era bastante divertido. Por lo general, no le importaba renunciar a ciertas cosas; incluso se le daba bien delegar tareas entretenidas, algo que a muchos directivos les cuesta. Sin embargo, como era roja, era muy rápida de pensamiento y acción. En la práctica, eso quería decir que, después de delegar una tarea específica, se quedaba merodeando por allí y, si no se hacía de inmediato, iba y la hacía ella misma. Cuando el empleado llegaba a ese punto de su lista de tareas pendientes, a menudo descubría que ya estaba hecha. Vale la pena señalar que, en ese momento, aún no se había cumplido el plazo límite para realizarla.

Puesto que hablamos de una persona roja-azul, hacía el trabajo mejor de lo que lo habría hecho el empleado en caso de haber tenido ocasión de ponerse a ello. Rojo equivale a rápido; azul, a que el resultado será de la máxima calidad. Por desgracia, las críticas a la lentitud del empleado tampoco se hacían esperar. Como a la parte azul de esta encargada se le daban bien los detalles y la parte roja tenía siempre una crítica a punto, los demás la veían como a una persona bastante rígida. Lo que nos lleva al siguiente apartado.

«Intento que me importes, pero ayudaría que fueras un poco más interesante»

¿Has conocido alguna vez a alguien sin sentimientos de ningún tipo? No, ya me imagino. Vuelvo a insistir en que los rojos no son personas típicamente relacionales. No hay nada de malo en ello, siempre que la persona con la que esté tratando sea también así. Pero si un rojo habla con una persona muy orientada a las relaciones, como un amarillo o un verde, puede que se la perciba como insensible y cruel.

Permíteme que lo ilustre con un ejemplo de mi propia experiencia personal.

Yo tenía un compañero de trabajo muy querido (nótese que empiezo por lo positivo, para evitar herir sensibilidades: muy sueco por mi parte) por el que sigo teniendo un gran respeto como profesional y al que aprecio también como amigo. Sí, hablo de nuevo del famoso Björn.

La empresa en la que estábamos atravesó, hace unos años, un mal momento. El otoño había sido difícil y arduo, con jornadas que comenzaban muy pronto y acababan muy tarde, y muchas semanas en las que trabajábamos también los fines de semana. Estábamos agotados, nos teníamos agotados unos a otros y teníamos agotadas a nuestras familias. No podíamos más. Nos merecíamos unas vacaciones de Navidad tranquilas y reposadas.

Para la cena de la empresa, fuimos a un restaurante japonés. Nos quitamos los zapatos y nos sentamos sobre cojines con un vaso de sake en la mano. Nos pusimos a mirar el menú mientras, al mismo tiempo, y como buenos suecos, controlábamos lo que los demás anunciaban que iban a pedir. La mayoría de nosotros no quería pedirse algo que nadie más hubiera elegido.

No era el caso de Björn. Le echó un vistazo rápido al menú y dijo en voz alta lo que quería. Como él ya se había decidido empezó a impacientarse con quienes aún no lo habíamos hecho. Para entretenerse, se puso a hablar conmigo. En aquella época, mi hija acababa de cambiar de escuela y Björn mostró curiosidad por cómo le iba.

—¿Cómo va todo en el nuevo colegio? ¿Cómo le va a tu chica?

Agradablemente sorprendido por su preocupación por mi hija, empecé a contarle cómo le estaba yendo. Veinte segundos después noté que tenía la mirada perdida. Sus ojos vagaban por el restaurante y su expresión facial decía: «¿Por qué me está contando todo esto?».

Me miró con una sonrisa que interpreté como: «Tú me conoces. Sabes cómo soy. ¡No quiero seguir hablando de esto!». Y sacó de inmediato un tema completamente distinto.

Si se hubiera tratado de otra persona, me habría sentido un poco ofendido, puede que incluso insultado. ¿Cómo podía ser tan insensible, sobre todo cuando yo estaba hablando de algo por lo que él mismo había preguntado?

¿Significa eso que Björn no tiene sentimientos o que no le importan los demás? En absoluto. Le importan los demás tanto como a cualquiera. Pero cuando supo que a mi hija le iba bien sencillamente perdió todo interés. Anunció, de la manera habitual, que el canal de comunicación se había cerrado. En lugar de quedarse allí emitiendo gruñidos de aprobación y fingiendo estar interesado en detalles más o menos insignificantes, dijo exactamente lo que sentía.

Recuerda que estamos hablando de interpretaciones y percepciones. Una cosa es la intención que hay tras un determinado comportamiento y otra cómo lo percibimos nosotros como receptores. En aquel caso, solo pude reírme, porque conocía muy bien a Björn. Sabía que ni se le pasaría por la cabeza hacerle daño a nadie deliberadamente. Si de vez en cuando arrolla a los demás nunca es a propósito: lo hace sin darse cuenta. En realidad, es una de las personas más cálidas y generosas que he conocido nunca. Es solo que tienes que conocerlo bien para entenderlo.

¿Cuál habría sido la respuesta adecuada a la pregunta de Björn sobre mi hija?

«Genial».

No habría hecho falta más.

«Hace falta ser fuerte para estar solo, y no hay nadie más fuerte que yo»

La palabra «egocéntrico» procede del término latino *ego*, que significa «yo». Mi yo es, por lo tanto, mi ego. Eso significa que, desde el punto de vista lingüístico, hemos optado por poner algo así como un signo de igualdad entre las personas con un ego fuerte y el egoísmo. Por supuesto, en el mundo hay muchas personas que son egoístas y egocéntricas. Las hay hasta decir basta. Pero, una vez más, quiero recordar que de lo que hablamos es del comportamiento percibido.

Si nos fijamos en cómo se comunican los rojos, entenderemos por qué hay tantas personas a las que les parecen egocéntricos:

- «Creo que debemos aceptar esa propuesta».
- «Quiero ese encargo».
- «Esto es lo que pienso al respecto».
- «Tengo una buena idea».
- «¿Lo haremos a mi manera o lo haremos mal?».

Añádase una vista de lince y un lenguaje corporal distintivo, y verás a alguien que no dudará en apropiarse de lo que necesite. Que luchará por sus intereses. Que le dirá a todo el que quiera escucharle que es capaz de hacer cualquier cosa que se proponga. A algunas personas, sobre todo verdes, les resulta desconcertante esa forma de hablar desde el «yo». El mensaje del «yo» a un rojo le ocupa la mente. (Comparten esa característica con los amarillos, que también tienen un fuerte ego).

Pero hemos aprendido a cuidarnos unos a otros. Sabemos que ser una persona solitaria no es lo mismo que ser una persona fuerte, que necesitamos a los demás para sobrevivir. La cooperación es el modelo a seguir, y es algo que llevo predicando desde hace más de dos décadas. Por eso que los rojos hablen solo de sí mismos nos resulta egocéntrico. Se ayudan primero a sí mismos antes de ayudar al resto. Suelen estar dispuestos a pasar por encima de los demás si existe la posibilidad de que eso vaya a hacerles avanzar a ellos. Puede que no lo hagan de forma consciente, pero el efecto es el mismo.

Los rojos suelen salir ganando en las discusiones. Lo ven como una parte natural de la conversación. Siempre saben más que nadie y proclamarán que todos los demás se equivocan. Va con su ego comportarse así. La contrapartida es que pierden amigos, pueden caer mal a la gente y se les deja al margen de ciertos asuntos porque nadie los quiere en el grupo. Al darse cuenta de que eso ocurre, es posible que decidan que todos los demás son idiotas.

Fui hace unos años a una cena en la que había otras cinco personas. Una de ellas, un hombre verde-azul, me contó, un poco angustiado, que no estaba bien. No se sentía a la altura de lo que su empresa le exigía. Su pesada carga de trabajo le hacía pasársela muy mal y tenía dificultades para dormir por las noches. Eso le provocaba aún más estrés, porque sabía que, si no dormía lo suficiente, le sería todavía más difícil rendir en el trabajo. Su mujer, sentada junto a él, intentó disimular su incomodidad. La situación desde luego no era agradable para ninguno de los presentes. Todos pronunciamos palabras de ánimo, hicimos preguntas cautelosas acerca de cómo creía que podría darle la vuelta a esa situación tan difícil y le mostramos nuestro apoyo en la medida de nuestras posibilidades.

Todos menos el único rojo de la mesa. A los diez minutos, se hartó y se ensañó con aquel pobre diablo estresado y desesperado.

El análisis del rojo no pudo ser más claro:

—Creo que te quejas demasiado. No haces más que ganarte el sueldo. La gente se preocupa demasiado; yo nunca he estado enfermo y nunca acabaría en tu situación. De verdad que creo que deberías tranquilizarte.

¡Menuda cena! A decir verdad, los rojos son los que siempre creen que están rodeados de idiotas.

Cómo se percibe a los amarillos

Graciosos, divertidos y casi sobrenaturalmente positivos. Sin duda. Esa, claro, es su propia interpretación. Si les preguntas a los demás por los amarillos, puede que la imagen que te transmitan sea un poco distinta. Muchos estarán de acuerdo con lo que has leído hasta ahora, pero oirás también otro tipo de comentarios. Es especialmente entretenido preguntar a los azules. Dirán que los amarillos son egoístas, superficiales y confían demasiado en sí mismos. Alguien más podría añadir que hablan demasiado y no escuchan. Si le añadimos que pueden ser distraídos y descuidados, la imagen, de repente, ya no es tan halagüeña.

Cuando un amarillo escucha esos comentarios, pueden pasar dos cosas: o que le afecten mucho y hieran de verdad sus sentimientos o que se embarque en una defensa feroz. Depende. Lo llamativo es que, a la larga, ninguna de esas críticas atormentará de verdad a un amarillo. Por un lado, no se le da bien escuchar y, por el otro, tiene lo que algunos psicólogos llamarían «memoria selectiva». Lo que no le gusta lo olvida, sin más, y gracias a su actitud positiva le resulta fácil decirse a sí mismo que no tiene ni fallos ni defectos.

Echemos un vistazo a las cosas que más les cuestan a los amarillos, aunque ellos no siempre lo sepan.

«Hola, ¿hay alguien ahí? Voy a contarte lo que me ha pasado. Quieres saberlo, ¿verdad?»

Los amarillos son muy buenos comunicadores. Ya lo he dicho antes, pero voy a repetirlo de nuevo.

Los amarillos comunican muy bien. Subrayado el «muy». Ningún otro color puede compararse con los amarillos a la hora de expresarse, encontrar las palabras adecuadas y contar una historia. Les resulta tan fácil, tan simple, tan natural, que cuesta no sentirse impresionado. A la mayoría de las personas, ya se sabe, no les gusta hablar en público. Les entran palpitaciones y les sudan las manos por temor a quedar en ridículo. Eso es algo que a los amarillos no puede resultarles más ajeno. Quedar en ridículo no entra dentro del ámbito de lo posible y, si ocurriera, siempre existiría la opción de reírse de la situación con otra anécdota divertida.

Pero ya se sabe que lo bueno, si breve, dos veces bueno. No importa lo que sea que se te dé bien: siempre hay un límite, un momento de parar. Los amarillos, sobre todo aquellos con poca conciencia de sí mismos, no ven ese límite. No se les ocurre jamás que quizá haya llegado el momento de cerrar la boca; si tienen algo que decir, lo dicen. Que a nadie más parezca importarle es algo que a ellos les da igual.

Los amarillos actúan como la mayoría de la gente: hacen aquello que se les da bien hacer. Y se les da bien hablar. Hay infinidad de ejemplos de amarillos dominando una conversación por completo. Añádase una buena dosis de su pésima capacidad de escucha, y el resultado es una situación comunicativa interesante (léase «unilateral»).

A muchas personas esa verborrea sin límites les produce una enorme frustración. Suele verse como egocentrismo. Los términos «parlanchín», «diarrea verbal» y «cotorra» se acuñaron más que probablemente pensando en un amarillo.

Hay una situación que he vivido en incontables ocasiones: un grupo de personas, sentadas alrededor de una mesa de reuniones, escuchan a quien preside el encuentro expresar una idea. Puede ser sobre cualquier cosa. En el momento de los comentarios, todos los amarillos refuerzan la idea repitiendo lo mismo, quizá con sus propias palabras. (Quiero decirles a las mujeres que lean esto que soy consciente de que se trata de un comportamiento más masculino que femenino). ¿Por qué lo hacen? Bueno, en primer lugar, es importante hacer notar que estás de acuerdo con lo que se ha dicho y, en segundo lugar, ellos pueden expresarlo mucho mejor.

Analicé hace unos años las dinámicas de grupo con un equipo directivo. Acababa de comprarme un teléfono con cronómetro. Con él podía tomar nota de quién había hablado en el grupo y durante cuánto tiempo.

En la sala estaban el consejero delegado y sus siete colaboradores más cercanos. Pater, el jefe de ventas, era un amarillo auténtico y solo uno de los diecinueve puntos del orden del día era suyo. Fíjate bien en la proporción: uno de diecinueve. Es el 5,3 por ciento de los temas de la reunión.

El consejero delegado habló en primer lugar, pero muy pronto se vio que había un patrón claro: Peter tenía algo que decir sobre todos los asuntos del orden del día. Lo que observé con mi cronómetro me fascinó: Peter habló el 69 por ciento del tiempo. Sí, de verdad. El 31 por ciento restante fue para los otros siete participantes, incluido el propio consejero delegado.

Si eres amarillo, puede que hayas decidido pasar a otro apartado de este libro. Tal vez te hayas reconocido y hayas pensado que se trata de un ejemplo muy injusto. Los demás se están preguntando cómo es posible. ¿Cómo puede una persona dominar la conversación hasta ese punto? Pues porque los amarillos no tienen ningún problema a la hora de expresar opiniones y puntos de vista y dar consejos, sepan o no algo del tema del que se está hablando. Un amarillo tiene una visión generosa de su propia capacidad y, cuando le viene una idea a la cabeza, sencillamente abre la boca.

Se dice que, para los rojos, pensamiento y acción son lo mismo. En el caso de los amarillos, yo diría que pensamiento y discurso están interrelacionados. Lo que dicen los amarillos suele ser material en bruto que sale disparado de la enorme abertura de su cara. En ocasiones puede ser un pensamiento bien meditado, sí, pero no suele ser el caso. Lo que resulta engañoso es que casi siempre suena muy bien. Los amarillos saben cómo presentar una idea para que suene estupenda. Si no conoces a esa persona en particular es posible que creas que todo lo que dice es verdad, lo que sería un grave error.

A menudo un amarillo es tan entretenido como estimulante y, como he dicho, puede animar a otras personas a tener nuevas ideas. Pero, si hablas con un amarillo, no te despistes y aprovecha el momento en el que se detenga para recobrar el aliento para introducir a toda prisa un comentario o, simplemente, dar por acabado el encuentro.

«¡Sé que parece un caos, pero hay un método en mi locura!»

Un amarillo difícilmente admitirá que es descuidado. Pero no dispone de una forma natural de hacer seguimiento de las cosas. Trabajar siguiendo una estructura le resulta aburrido. Lo siguiente es encajar en el molde y rellenar la plantilla. Y si hay algo que los amarillos evitan es sentirse controlados por un sistema fijo.

La solución es tenerlo todo siempre en la cabeza, lo cual no funciona. No es posible recordarlo todo. Así que, inevitablemente, los amarillos se olvidan de las cosas y los que los rodean acaban viéndolos como personas poco cuidadosas. Hay citas a las que no se presentan, plazos de los que se olvidan y proyectos que se quedan a medias solo porque, una vez que su cerebro ha finalizado con esa tarea, no vuelve atrás. Va hacia delante. Salta al proyecto siguiente. Se ocupa de otras cosas.

Ah, los detalles. Para completar un proyecto, suele ser necesario cuidar los detalles. A los amarillos no les gusta tener que estar pendientes de los detalles. Me atrevería a decir que no les interesan los detalles. Ellos pintan a brochazo limpio.

Por lo general, a los amarillos se les dan muy bien los principios. Tienen mucho ingenio y, gracias a su creatividad sin fondo, son capaces de poner en marcha varios tipos de proyectos. Pero no se les da tan bien finalizarlos. Dar algo por acabado al cien por cien requiere de una capacidad de concentración que un amarillo raras veces posee. Se cansa y pasa a otra cosa. Por eso nos parece que es descuidado. Él, en cambio, opina que su trabajo no está tan mal. ¡Por Dios, por qué preocuparse por tonterías! ¿O es que no ha salido todo lo bastante bien? Que cuelguen hilos de la camisa o que el documento esté lleno de faltas de ortografía no importa tanto como pensar en nuevos proyectos.

Es algo que se repite en muchas esferas distintas. Tengo unos cuantos conocidos incapaces de ser puntuales. La idea de pensar en nuevos planes les complace y les entusiasma, pero tienen una visión del tiempo optimista. Da igual la hora que propongas: llegarán tarde. Siete en punto, siete y media u ocho. Es irrelevante. No llegarán a tiempo. Y, al hablar de ello, siempre regatean a la baja los minutos que han llegado tarde, de cuarenta y cinco a poco más de quince. Acaban creyendo de verdad que es así como ha sido. Pero no importa: los demás los esperaremos pacientemente porque su presencia será lo mejor de la velada.

«¡Mira, puedo hacer malabarismos con todas las pelotas a la vez!»

Tenemos que hablar un poco de la incapacidad de los amarillos para concentrarse. Es el inconveniente de estar tan increíblemente abiertos a nuevas ideas e impactos. Siempre están dispuestos a emprender una nueva aventura. ¡Hay tantas cosas que no conocen!

Y como «nuevo», para ellos, es sinónimo de «bueno», es preferible que haya siempre algo nuevo en marcha. Si no, nuestro amigo amarillo perderá la concentración. No le interesa conocer toda la historia, el contexto y todos los detalles y hechos que podrían ser relevantes. No le dicen nada, y harán que deje de prestar atención.

¿Qué hace el amarillo en ese caso? Muy sencillo: otra cosa. Lanza otra pelota al aire. El problema es que quizá sea capaz de hacer malabarismos con todas esas pelotas durante un tiempo, pero no de colocarlas en la casilla adecuada en el momento oportuno. En lugar de eso, abandonará la habitación y las pelotas acabarán cayéndole en el regazo a otra persona. Si está en una reunión, quizá se ponga a jugar con el teléfono o la computadora o charle con la persona sentada a su lado. Al principio en voz baja, pensando que nadie se dará cuenta. No es cierto, claro: molesta a todo el mundo. Pero si nadie dice nada, él seguirá. En ese sentido, los amarillos son como niños pequeños. Se les da bien poner a prueba los límites. Seguirán hasta que alguien se enoje y les ponga un alto. Y entonces, por supuesto, el amarillo se sentirá ofendido. Él solo quería...

Que los amarillos se aburran enseguida puede tener consecuencias mucho peores que un conato de mal comportamiento en las reuniones. No se les dan bien las situaciones cotidianas más triviales, como la burocracia o seguir un tema. Por supuesto, la mayoría de los amarillos no estarán de acuerdo con lo que acabo de escribir. A sus ojos, se les da bien incluso eso. Pero, si nos referimos a la capacidad de seguir un tema, podría constituir una seria amenaza para la ejecución efectiva de un proyecto.

Un nuevo proyecto: ¡genial! Reunir un equipo nuevo y dinámico de personas interesantes: ¡ningún problema! Ponerlo en marcha y desarrollar ideas y conceptos: ¿lo dices en serio?, ¡ya está hecho! Darlo todo al principio para que avance a máxima velocidad: ¡claro que sí! Pero ¿luego? Hacer un seguimiento de lo que está o no está haciéndose en un proyecto es un rollo. Supone mirar hacia atrás: es un aburrimiento, y no va a pasar. Un amarillo no puede mantener la concentración el tiempo necesario para acabar lo que ha empezado. Prefiere convencerse a sí mismo de que es importante creer en los demás y confiar en que el proyecto se llevará a cabo.

Tengo un ejemplo gracioso. Fui *coach* durante un tiempo de los representantes de ventas de una gran cadena comercial de televisión. Una de las comerciales era una mujer joven e inteligente que había cerrado tratos muy importantes. Habíamos identificado algunos puntos débiles en su perfil de comportamiento —después de que ella hubiera intentando convencerme de que incluso los rasgos negativos podían ser buenos— y estábamos esbozando un plan sobre cómo procedería en su desarrollo personal.

Todo fue mal desde el primer punto: ¿cuándo iba a empezar?

No podía comenzar ese mismo día porque ya eran más de las tres de la tarde. Y el día siguiente lo tenía lleno de reuniones. Iba a tener que ser la semana siguiente. Pero estaría de viaje entonces. Puede que la otra semana; miraría su agenda y ya vería.

Había perdido el partido antes de empezarlo.

«¡Yo! ¡Yo! ¡Yo!»

Los amarillos no son necesariamente más egoístas que el resto de colores, pero sí parecen serlo. ¿Por qué? Sobre todo por su forma de hablar, ya que sobre todo hablan de sí mismos. Y si los demás no son lo bastante interesantes, un amarillo interrumpirá y desviará el tema hacia algo que sí lo sea; muchas veces, él mismo.

Recuerdo a un comercial al que conocí hace unos años en una charla en una empresa farmacéutica. Gustav exhibía todos los peores rasgos del comportamiento amarillo, y el problema residía en que no era en absoluto consciente de ello. Raras veces hablaba de nada que no fuera de él mismo y de las cosas que había hecho, y actuaba como si fuera él quien dirigiera la charla y no yo. Tengo mis métodos para lidiar con ese tipo de personas, pero es interesante estudiarlas durante un rato antes de ajustar su comportamiento con unas pocas palabras bien seleccionadas durante la primera pausa para el café.

Por poner un ejemplo: cada vez que yo planteaba una pregunta al grupo, Gustav respondía. Sus rápidas respuestas podrían haber sido una señal de que estaba atento a lo que se decía, si no fuera porque a menudo soltaba tonterías. Se limitaba a decir lo que le pasaba por la cabeza. No sabía contener sus pensamientos, que salían disparados. En un momento dado dirigí mi atención a uno de sus compañeros de trabajo en lugar de a él; lejos de darse por enterado, inclinó el cuerpo para entrar en mi campo de visión y siguió hablando.

Cuando yo dirigía preguntas a personas concretas de la sala —las llamaba por su nombre para hacerlo— también contestaba él. Fuerte, ¿eh? Hablaba él un rato y luego le preguntaba, por ejemplo, a Sven: «Eso es lo que ibas a decir, ¿a que sí?». Sven se limitaba a sacudir la cabeza: estaba acostumbrado a que lo hiciera. Gustav se pasó así toda la mañana, antes de que pudiera frenarlo. Pasaba a la carga siempre que había un hueco o unos pocos segundos de silencio.

No dejaba hablar a nadie y todo lo que decía debía aceptarse como verdad revelada. Se apoderó de la sala sin pensar ni por un momento en las otras diecinueve personas presentes. Lo gracioso es que todo el mundo era consciente de lo que estaba pasando, pero nadie tenía energía para enfrentarse a Gustav. Lo único que hacían era mirarme con un atisbo de desesperación en la mirada, esperando que yo conociera alguna forma de hacerlo callar.

Durante la comida, proclamó a los cuatro vientos, para que todo el mundo pudiera oírlo, que pensaba que la charla estaba yendo muy bien. A esas alturas, la mayoría de los presentes ya odiaba hasta el sonido de su voz. Estaban al límite. Para ahorrarles más sufrimiento, mantuve un breve intercambio de impresiones con él durante el descanso. Aprenderás cómo hacerlo más adelante, cuando hablemos de cómo transmitir nuestras sensaciones a los demás.

«¡Eso no me lo has dicho nunca, lo recordaría!»

Los amarillos no saben escuchar. Se les da fatal, de hecho. Muchos de los que conozco aseguran que ellos sí saben —y, por supuesto, proporcionan ejemplos muy entretenidos de este hecho innegable—, pero que igual lo que les falla es la memoria. En resumidas cuentas, creen que saben escuchar, pero que en algún punto de camino hacia los estantes de almacenamiento del cerebro lo que han oído... se pierde. ¡Chas!

Pero no, no es un problema de memoria. Lo que pasa es que a un amarillo a menudo no le interesa lo que dicen los demás, porque sabe que él podría estar diciéndolo mucho mejor. No es capaz de mantener la concentración; empieza a pensar en otras cosas y empieza a hacer otras cosas. No quiere escuchar: quiere hablar.

Los amarillos son también bastante infantiles, en el sentido de que solo les gusta hacer cosas divertidas. Si una declaración o una anécdota o una simple conversación normal les aburre, dejan de escuchar. Desde luego hay un remedio para eso: hacer un curso de comunicación retórica. Puede que entonces seas capaz de retener la atención de tu amigo, pareja o compañero de trabajo amarillo. Si sabes transmitir tu mensaje con más gracia, al menos conseguirás que tu amarillo siga sentado un rato más. La retórica no es tanto el arte de hablar como el arte de conseguir que los demás escuchen.

Si tienes un buen amigo al que, llegados a este punto, hayas identificado como amarillo, sabes muy bien de lo que estoy hablando. Estás a media frase y él abre la boca y empieza a hablar sobre algo completamente diferente. ¿Mala memoria? No, lo que pasa es que lo que le contabas le estaba resultando tedioso. Aunque, la verdad, añade una mala memoria a la ecuación y ahí sí que estamos en un buen lío.

Muchas de las personas de éxito en la sociedad son a menudo individuos que saben escuchar mejor que la media de la población. Hablan menos de lo que escuchan. Lo que saben ya lo saben, y para aprender más lo que tienen que hacer es callarse y escuchar lo que otros dicen. Es una forma de absorber nuevos conocimientos.

Eso es algo que los amarillos tienen que entender mejor si no quieren que se los considere personas sin remedio o estancadas en su desarrollo personal. Deberían, por ejemplo, tomarse en serio el mensaje de este último apartado. Si se niegan a aceptarlo solo porque es un mensaje difícil y posiblemente aburrido, no aprenderán nunca nada.

Cómo se percibe a los verdes

¿Qué piensan los demás colores de los verdes? La suya es una imagen ambivalente. Más allá de considerarlos agradables, simpáticos y cariñosos, hay otras opiniones. ¿Qué haces con una persona que, por miedo al conflicto, dice que sí pero quiere decir que no? ¿Cómo saber lo que piensa de verdad?

Los rojos y los amarillos son los que más problemas tienen con lo que yo llamo «la resistencia silenciosa», ese callar en lugar de decir lo que se piensa. Algunos verdes, no obstante, tienden a decir la verdad a espaldas de la persona interesada, lo que hace que a los demás puedan parecerles personas deshonestas, aunque el suyo no sea más que un intento de evitar el conflicto. En general, los verdes siempre esperan lo peor y, por lo tanto, prefieren pasar desapercibidos.

Luego está la incapacidad de los verdes para el cambio. Cuando un verde entiende que el cambio es necesario pero aun así dice «no, gracias», eso lleva a sus allegados a pensar que tiene miedo al cambio, que es terco, que pasa de todo y que le da todo igual. Como siempre, hablamos de interpretaciones. Si le preguntamos a un rojo lo que piensa de un verde, las opiniones pueden ser duras.

La cabezonería no será nunca una virtud

¿Qué haces con alguien que nunca cambia de opinión, jamás, ni siquiera cuando los hechos indican que ha llegado el momento de tomar un camino distinto? ¿Cómo hablas con alguien cuya determinación a no desviarse del rumbo actual parece imponerse por encima de todo?

La diferencia entre los verdes y los azules es que mientras que los azules están a la espera de tener más datos sobre un asunto, los verdes solo aguardan a que las cosas se calmen, puesto que se niegan a cambiar de opinión. Ya han tomado una decisión y no van a darse por vencidos. ¿Por qué? Porque eso no es lo que suelen hacer.

Piénsalo: puede que le haya llevado toda la vida llegar a formarse una opinión determinada sobre el colesterol malo en la alimentación, sobre los viajes espaciales o sobre Britney Spears. Y de repente viene alguien y le dice que debería cambiar la opinión que tiene por la suya.

No va a pasar. Los verdes necesitan que les sobrevenga el sentimiento adecuado antes de realizar ningún cambio. Si no ocurre, en fin..., suelen ser muy pacientes.

Te pondré el ejemplo de un chico, hijo de una familia que conozco de cerca desde hace muchos años. Al chico le va bastante bien en la escuela; saca unas notas decentes. Tiene muchos amigos.

De entrada, me gustaría señalar que cuando hablamos de personas jóvenes, en este caso de un adolescente, debemos ser prudentes. No estamos ante un perfil de comportamiento o carácter totalmente desarrollado. Las personas jóvenes aún tienen cosas que aprender de la vida en general. No todas las impresiones son definitivas.

Bueno, pero ¿cuál es el problema?

Este chico tiene sus propias ideas sobre lo que es verdad y es mentira. Y nada ni nadie puede hacerle cambiar de opinión. Puede ser algo que le haya oído decir a un amigo, que haya visto en televisión o que haya aprendido en la escuela. Cuando ese conocimiento o idea, sea cual sea su origen, ha arraigado en su conciencia, de allí no hay quien lo saque. Da igual las veces que sus padres le señalen los hechos o la contundencia con la que presenten las pruebas: el punto de vista del chico está claro. Ni siquiera importa que le señalen los peligros de una u otra forma de pensar: él persiste en su creencia.

Date cuenta: se le proporcionan todos los datos disponibles y el chico dice que entiende lo que se le quiere decir. Está de acuerdo en que suena lógico. Otras personas ven viable hacerlo de ese modo, con buenos resultados. Pero, aun así, él no está dispuesto a cambiar de opinión. Hay quien a eso lo llamaría cabezonería.

¿Qué hay detrás de algo así? Es una gran pregunta. Puede tener que ver con de dónde ha sacado la información. Si un amigo te dice que puedes ganar el mismo sueldo como basurero que un médico recién licenciado, da igual si es verdad o no. Si el mismo amigo sugiere que no pueden detenerte por conducir ebrio por tres cervezas, entonces eso se convierte en la verdad, aunque nosotros, con todos los datos a nuestra disposición, sepamos que las cosas no son así.

Si a ese chico le dicen que conseguirá un trabajo estupendo si se esfuerza un poco más en matemáticas, se volverá cierto. Si quien se lo ha dicho es su mejor amigo, no puede ser más que verdad. Si un verde confía en una persona determinada, la palabra de esa persona se convierte en ley. Eso hace que sea fácil abusar de los verdes, porque pueden ser un poco ingenuos y crédulos. Y, por desgracia, hay individuos que se aprovechan de ello.

A veces esa tozudez se convierte en un punto fuerte, sin duda. Pero cuando quienes rodean a ese verde la ven como pura cabezonería, puede dar problemas.

«¿Para qué molestarse? Nada merece la pena»

Como los verdes raras veces dan el primer paso y casi siempre dejan esa responsabilidad en manos de los demás, es fácil llevarse la impresión de que no están demasiado interesados o entregados a nada. Y a menudo es así. Los verdes son más pasivos que activos, y eso repercute en su comportamiento. Con ellos nunca pasa gran cosa.

¿Qué importa esto, en realidad? Si te quedas en casa, nada malo puede pasar, ¿verdad? Lo que los verdes no son capaces de ver es que la mayoría de la gente quiere hacer cosas. Suponen que todo el mundo piensa como ellos y se queda en el sofá. Les basta con no hacer nada. Todo lo que pone en riesgo esa perspectiva pasa a ser una amenaza. ¿El resultado? Aún más pasividad.

Oí en una ocasión a un jefe rojo-amarillo decir que sus empleados eran personas anodinas y poco interesadas en su trabajo. Era algo que lo atormentaba, porque por más que se esforzaba en cautivarlos e instarlos a actuar, nunca abandonaban la casilla de salida. Les presentaba muchas ideas —algunas muy interesantes—, pero no reaccionaban. Con los verdes eso es algo que puede pasar. Reconocen una buena idea tan rápido como cualquiera. Pero mientras que sus compañeros rojos, por ejemplo, salen corriendo con la batuta, los verdes se sientan y esperan. A menudo esperan a que la sensación adecuada los convenza del valor de una idea, y si eso no ocurre, bueno... Tampoco harían nada de todas formas, así que al final consiguen lo que quieren. ¿Por qué no esperar y ver si el impulso de actuar desaparece?

Este jefe en particular convocó a sus empleados para preguntarles qué opinaban de la empresa. Le preocupaba la evidente falta de compromiso que demostraban. Dos de ellos, dos hombres de cuarenta y pocos años, dijeron ya de entrada que no eran capaces de pensar en nada en lo que mereciera la pena involucrarse. Aquello frustró mucho al jefe. Lo intentó todo, pero apenas consiguió ninguna reacción.

Es algo que también puede pasar en un matrimonio. Hay estereotipos para todo. Como el de que algunas mujeres se sienten atraídas por los tipos fuertes y silenciosos, por ejemplo. No tiene nada de malo. Pero cuando, tras casarse, ella se dé cuenta de que eso es todo lo que él es —fuerte y silencioso— puede que no esté tan contenta. Y cuando ella haga planes y él diga que no quiere saber nada del tema, quizá se frustre. Así que hará planes aún más grandes. Y él se aferrará aún con más fuerza a los reposabrazos de su butaca reclinable favorita.

Esa es la paradoja. Cuanto más grandes sean los planes, menos probable será que un verde se comprometa a hacerlos. Él solo quiere paz y tranquilidad.

Pondré un ejemplo. Llevo veinte años escribiendo ficción, y esperaba de todo corazón convertirme en un autor publicado algún día. Mi familia entera lo sabía. No es que hablara de ello a todas horas, pero tampoco lo escondía. Había un verde de mi entorno que era consciente de lo importante que era para mí conseguirlo. Había hablado con él en repetidas ocasiones de mis aspiraciones y le había explicado lo que sentiría en caso de triunfar como autor de ficción. Y, pese a ello, ese verde no me preguntó jamás por lo que escribía. Puede que soltara un comentario cada cinco años en la línea de que no debería tomarme las cosas tan en serio para no acabar teniendo una decepción. Y cuando yo decía cosas como «De este año no pasa. Ha llegado el momento, joder. ¡Tengo que esforzarme más para conseguirlo!», la respuesta era: «Bueno, eso es mucho trabajo». Mucho trabajo es el mayor enemigo de un verde, porque es exactamente lo que es: trabajo. Un verde vive pensando que todo debería ser fácil.

Esa forma de indiferencia y falta de compromiso puede acabar con el entusiasmo hasta de la persona más inspirada. Tuve que aprender a apoyarme en otras personas para encontrar la energía necesaria para seguir escribiendo. Pero un verde eso no lo entiende. No quiere que nadie se implique demasiado, porque le resulta molesto. No, mejor sentémonos aquí y pongámonos a hacer... nada.

Lo que se piensa en secreto se dice en secreto

Los verdes son reacios a tomar partido en cuestiones delicadas. Tienen tantos puntos de vista y opiniones como cualquiera, pero no les gusta ir gritándolas a los cuatro vientos. La razón es muy sencilla: no quieren armar jaleo.

Esa tendencia conlleva una manera un tanto abstrusa de expresarse. En lugar de decir «Eso es imposible», son capaces de responder con algo como «Parece que podría no ser fácil conseguirlo». Desde luego, ambas declaraciones quieren decir lo mismo: «No conseguiremos entregarlo a tiempo». Pero al utilizar una manera de expresarse menos directa, se asume un riesgo menor. Si adoptas una postura clara sobre algo, luego tienes que defenderla.

Para un verde, es mejor prevenir que curar. Al expresarse de una forma ambigua, evita asumir cualquier responsabilidad sobre el asunto en cuestión. No tiene que arriesgar su buen nombre si no lo tiene claro. Si no se posiciona a favor de algo, tampoco se posiciona en contra. Suena ilógico, ¿verdad? Pero, si eres verde, sabes muy bien de lo que hablo. Una mujer que conocí una vez me dijo que creía lo que creían todos los demás.

¿Tienen los verdes fama de poco claros solo porque ponen por encima de todo la relación con su interlocutor? No, en absoluto. Los verdes simplemente no son tan explícitos como los otros colores. Donde un rojo dice que odia con todas sus fuerzas escuchar a Eminem, un verde dice que recuerda a mejores cantantes. Donde un azul dice que ha perdido dos kilos y medio desde el pasado martes por la mañana a las 10.03, un verde dice que ha perdido un poco de peso últimamente.

Eso es porque los verdes no están tan orientados al trabajo como los rojos y los azules. No hablan de hechos de la misma manera. Prefieren hablar de relaciones y sentimientos, algo en lo que es más difícil ser preciso. ¿Cómo mides un sentimiento? No tiene sentido decir: «Te quiero exactamente un 12 por ciento más que el mes pasado».

«Sé que debería cambiar esto ahora mismo, pero voy a pensármelo un rato»

He aquí el principal escollo. Si quieres hacer cambios en un grupo formado por muchos verdes, te deseo suerte. En el caso de que se trate de un cambio importante, puede que valga la pena que te plantees si merece la pena el esfuerzo. Si es urgente, olvídate. Esto es lo que pasa por la mente de un verde:

- Sé lo que tengo, pero no lo que conseguiré.
- Era mejor antes.
- Esto no lo he hecho nunca.
- La hierba no siempre es más verde al otro lado.

¿Te resulta familiar? No todos los cambios son para bien, está claro, pero, en fin, seamos razonables. No digo que siempre esté mal expresar esos sentimientos, pero cuando los cambios son de verdad necesarios puede ser muy peligroso.

Hay un cliché —un poco gastado, lo sé— que consiste en pensar en si cambias a menudo de lugar en el que te sientas para desayunar. Es una pregunta que solía hacerles a los grupos a los que impartía charlas. Muchos de sus integrantes sonreían y declaraban que solían sentarse siempre en el mismo sitio sin pensarlo mucho. Y sí, yo también lo hago a veces. Pero si alguien me señalara que he caído en una manía (o en una mala costumbre), haría algo al respecto. Un verde, sin embargo, no.

La reacción de un verde a la pregunta hará que entiendas que nos enfrentamos a un problema. He visto a adultos palidecer y secarse el sudor de la frente ante la mera idea de sentarse en el otro lado de la mesa. Incluso he trabajado con un hombre, Sune, con una rutina tan estricta para las comidas que, si no podía cumplirla hasta el último detalle, le arruinaba el día. A Sune le gustaba sentarse a comer en un lugar concreto, debajo de un cuadro. Comía allí cada mediodía, semana tras semana, año tras año. Siempre en la misma silla.

Si entraba en el comedor y su silla estaba ocupada, frenaba en seco. Si lo veía a tiempo, cambiaba de rumbo y se dirigía hacia su segundo lugar preferido, un asiento no tan bueno pero aun así aceptable, junto a una ventana. Cuando se veía obligado a tomarse allí su sopa, se pasaba toda la comida fulminando con la mirada a la persona que le había robado «su» sitio. Por supuesto, jamás decía una palabra. Pero no había forma de levantarle el ánimo en todo el resto del día. Eso es algo que los verdes suelen hacer: interiorizar la frustración y sentirse tan mal que acaba siendo evidente para todo el mundo. Si el sitio de reserva también estaba ocupado, Sune volvía a la cocina y se pasaba el resto del día enfurruñado.

Deja que te dé otro ejemplo. Mi muy verde madre —que ya no está entre nosotros, pero a la que no olvidamos; te querremos siempre, mamá— estaba siempre dispuesta a ayudar y a ocuparse de sus nietos cuando lo necesitábamos, sobre todo cuando eran pequeños. En una ocasión, a mi mujer y a mí nos invitaron a una cena un viernes por la noche. Le pedí a mi madre que cuidara de los niños con semanas de antelación, porque sabía que necesitaba tiempo para mentalizarse.

El día en que debía celebrarse la cena, la anfitriona se puso en contacto con nosotros: su marido estaba enfermo y se posponía el encuentro. Llamé a mi madre y le expliqué lo sucedido. Aquella noche nos quedaríamos en casa. Se quedó en silencio. Le dije que seguía queriendo que viniera porque los niños tenían muchas ganas de ver a su abuela.

Mi madre estaba indecisa.

—¿Y ahora qué pasará? —preguntó.

Le dije que lo haríamos como lo habíamos planeado desde un principio. Ella ya tenía la bolsa hecha y nosotros la habitación de invitados preparada, de modo que sería la ocasión perfecta para pasar un rato juntos.

—Será completamente diferente —dudó mi madre—. Estarán en casa.

El cambio la ponía nerviosa y necesitaba tiempo para pensar. Prometió que volvería a llamar.

¿Cuál era en realidad el problema de mi madre? Nuestro cambio de planes no suponía ningún cambio para ella. Vendría igualmente a pasar la noche del viernes al sábado a mi casa. Podría ver a sus nietos. No tendría, sin embargo, ninguna responsabilidad con ellos. Intenté convencerla de que podríamos cuidar nosotros de ella, para variar, en lugar de que ella cuidara de nosotros.

Aquella era una situación completamente nueva para ella. Nosotros nos quedaríamos en casa. Y ese era el problema. Mi mujer y yo estaríamos allí. Puede que mi madre tuviera previsto ver un programa de televisión concreto. Puede que pensara preparar una comida especial para los niños. Tal vez, no lo sé. Nunca dijo nada al respecto, así que no puedo saberlo. Pero el cambio fue lo bastante importante como para necesitar un poco más de tiempo para pensarlo.

(Al final vino. Hubo una anécdota, seguramente muy propia de las personas de su generación, que es que fui a buscarla a las cuatro y media y ella me preguntó que por qué había ido tan tarde. Le contesté que le había prometido estar allí a las cinco en punto y

«Nunca me he enojado tanto, pero, por el amor de Dios, no le digas a nadie»

Este es el segundo gran dilema del comportamiento verde. Quienes exhiben los rasgos de este color aborrecen las peleas. Esa aversión al conflicto acaba teniendo también otras muchas consecuencias, como cabezonería, ambigüedad y resistencia al cambio. Dado que los verdes son personas marcadamente relacionales, nada es tan importante para ellos como preservar las relaciones. El problema es que su sistema no funciona.

Los conflictos es posible verlos de dos maneras. La primera es la llamada «perspectiva de la armonía», es decir, que busca la armonía. Según ella, todo depende de que nos llevemos bien con los demás. Llegar a un acuerdo es un fin en sí mismo. Eso significa que quienes provocan conflictos son personas alborotadoras y problemáticas. Los conflictos son señal de mal liderazgo, mala comunicación y discordancia. Así que sofocamos el conflicto y hacemos como si no existiera. Porque ¿quién quiere estar cerca de una persona problemática?

Conocí en una ocasión a una *coach* que utilizaba una metáfora interesante para ese tipo de comportamiento. Ella decía que es como sentarse a cenar a una mesa con un montón de basura descomponiéndose en el centro. Con moho, moscas y todo lo que puedas imaginar. Los comensales ven la montaña de desperdicios, pero nadie dice nada. Apartan las moscas y se pasan la comida por encima de las pieles de plátano licuándose sin darle más importancia. Puede que hacia el final alguno se pregunte si de verdad hay un montón de basura en la mesa. Finalmente, uno de los invitados dice: «¡Tenemos que hacer algo con esto!». Esa persona se convierte en un agitador, porque ahora hay que pensar en qué hacer con esa repugnante pila de basura. ¿No podría haberse callado?

Hoy en día sabemos que esa no es la mejor manera de hacer las cosas. Pretender que todo el mundo esté siempre de acuerdo es una utopía imposible que no vale la pena ni intentar. Alguien acabará levantando la tapa de toda esa discrepancia tan hermética y eficazmente sellada durante tanto tiempo. ¿Y qué pasará entonces? Que olerá desde lejos. Al final, la perspectiva de la armonía conduce de forma inevitable al conflicto.

La segunda perspectiva, que es la opuesta a la primera, es la llamada «perspectiva del conflicto». Consiste en aceptar que el conflicto existe, que es algo natural. No existe ningún grupo en el que todos sus miembros estén siempre de acuerdo en todo.

Lo que propone la perspectiva del conflicto es abordar los desacuerdos en cuanto asoman la cabeza. Los rojos, y también algunos amarillos, eso lo hacen de forma natural. Cuando ven algo que no funciona, lo dicen. Los problemas, de ese modo, pueden resolverse en una fase inicial. Lo importante es lidiar con ellos antes de que empiecen a oler.

La perspectiva del conflicto suele crear armonía.

Nada de eso le interesa a un verde. Él hará todo lo que esté en sus manos para que no se pierda la magia de creer que todo el mundo está de acuerdo. Es más bonito cuando todo el mundo está de acuerdo, ¿a que sí? ¿A que el mundo sería un lugar mucho mejor si no hubiera conflictos?

Hay una situación que todos hemos vivido en algún momento. Piensa en una reunión de trabajo con unas diez personas en la sala. Añade o resta asistentes hasta que la situación te parezca reconocible. Alguien —el jefe u otra persona— acaba de completar su presentación y les pide a los asistentes que digan qué les ha parecido.

Mira expectante a su alrededor, esperando oír las impresiones de todo el mundo.

Si hay rojos o amarillos en la sala, se pronunciarán sobre la propuesta que acaban de ver. A los rojos o les habrá encantado o la habrán odiado. Los amarillos intervendrán con sus propias ideas. Los azules quizá tengan unas cuantas preguntas.

¿Qué harán los verdes? Absolutamente nada. Se recostarán en su asiento y se dedicarán a asimilar la propuesta. No dirán nada a menos que alguien les haga una pregunta directa. Lanzarán miradas ansiosas a su alrededor esperando que alguien señale que la propuesta es, de hecho, un lío incomprensible. El grupo es demasiado numeroso y no quieren expresar una opinión discordante. Decir algo demasiado drástico o negativo atraería demasiadas miradas hacia ellos, y es lo último que quieren. Si dicen lo que de verdad piensan estallará un debate acalorado y, como los verdes no quieren participar en debates acalorados —ni siquiera quieren estar en la misma sala en la que se esté produciendo uno—, guardan silencio.

¿Qué pensará la persona que ha hecho la presentación? Supondrá que a todo el mundo le ha parecido bien, ¿verdad? Lo que no sabe es que la mitad de los asistentes creen que ha sido la mayor estupidez que han oído jamás. Cuando la verdad salga a la luz —y antes o después saldrá— adivina lo que pasará. Exacto: estallará un conflicto.

Puedes estar seguro de que cuando vayas a la máquina de café, y puede que incluso al lavabo, todo acabará sabiéndose. Cuando los verdes necesiten aliviar la presión de no estar diciendo lo que piensan, hablarán a tus espaldas. Se desahogarán a gusto en grupos pequeños, de dos o tres personas. Y se les da bien hacerlo. Mientras crean que pueden escapar a tu mirada, te criticarán de formas que nunca esperarías de un verde.

Cómo se percibe a los azules

También los azules, tan perfeccionistas, son objeto de críticas. Se les percibe como evasivos, a la defensiva, perfeccionistas, reservados, exigentes, meticulosos, indecisos, conservadores, dependientes, inquisitivos, suspicaces, aburridos, distantes e insensibles. ¡Uf! La lista de defectos de los que se les acusa a esos bastiones de la burocracia suele ser bastante larga.

Pero, sobre todo, a los azules les cuesta emprender algo nuevo porque quieren prepararse a conciencia. Todo entraña riesgos, y pueden llegar a obsesionarse con los detalles. No pongas nunca a demasiados azules en el mismo grupo. Harán planes para todo un siglo, pero jamás se pondrán manos a la obra.

A los azules, además, se los percibe como muy criticones y casi suspicaces. No se les escapa nada y tienden a comunicar sus impresiones de forma muy poco delicada. Hacen muy bien su trabajo, pero lo abordan todo con una actitud tan quisquillosa y crítica que hunden en la miseria a todos los que los rodean. Son personas que se consideran realistas, cuando a ojos de los demás son, de hecho, pesimistas.

«Noventa y nueve por ciento bien es, de hecho, cien por cien mal»

Digamos la verdad desde el principio: tanto control de todo lo que ocurre y tanta atención por los detalles puede resultar excesivo. Llega un momento en el que deja de ser razonable seguir investigando. ¿Te acuerdas del consejero delegado interesado en una formación sobre liderazgo? Nunca pasó del bloque inicial.

Los azules quieren saberlo todo sobre todo, y eso puede acarrearles problemas con su entorno. Quienes no tienen un grado de exigencia tan elevado llega un momento en el que no pueden soportar todas esas preguntas y todo ese incesante hurgar en los detalles. Un azul considera que algo que no está mal está, en realidad, mal.

A mí me gusta hacer pequeños arreglos en mi casa: cambiar la decoración, empapelar de vez en cuando... Reformamos la cocina hace unos años y, aunque mi familia me ayudó mucho, fui yo quien hizo gran parte del trabajo. Trabajé y me esforcé mucho, y quedé muy contento con el resultado. Para ser solo un aficionado a las manualidades, me pareció que me las había arreglado bastante bien.

Hans, un buen amigo mío, me visitó en mi casa. Hace muchos años que nos conocemos y lo tengo al corriente de mi vida. Sabía que yo había trabajado a fondo en aquella reforma y que estaba orgulloso del resultado. Cuando entró en la cocina, echó un vistazo alrededor.

—¿Cocina nueva? —dijo sin levantar la voz—. Me gusta. La puerta de ese armario está torcida.

Vale, es posible que no fuera muy agradable oírlo. Pero, para Hans, era la forma más elevada de lógica. Detectó un error y su sentido de la perfección le impidió ignorarlo. Además, él no es la típica persona relacional, así que no pudo evitar decir las cosas como eran. No me estaba criticando a mí directamente, sino algo que yo había hecho. Que era no encajar bien la puerta del armario.

El perfeccionismo puede manifestarse de muchas maneras: puede ser una persona que no soporte que un papel no esté perfectamente alineado en una mesa, que reescribe un *e-mail* unas quince veces para que quede perfecto o que se pasa horas dando los últimos retoques a una hoja de cálculo de Excel o una presentación de PowerPoint.

No acaban nunca nada. Siempre queda algo por hacer

Impartí en una ocasión un programa de formación en comunicación para un grupo de empleados que trabajaban todos en la misma sala. El grupo estaba formado por unas veinte personas. La primera tarde les repartí los resultados del análisis de comportamiento que cada uno de ellos había rellenado con anterioridad. Leyeron sobre sí mismos con creciente fascinación, y la mayoría parecían muy satisfechos.

La mayoría sí, pero una mujer no. A ella su análisis no le había gustado nada. Era, de hecho, del todo incorrecto. Tras asegurarme de que le parecía bien que lo habláramos delante de todo el grupo, le pregunté qué era lo que no le cuadraba.

«Hay muchas cosas incorrectas», nos dijo. Por ejemplo, el análisis revelaba que podía ser muy perfeccionista. Y no lo era en absoluto. Vi las sonrisitas que asomaron en los rostros de los demás. Al parecer, sus compañeros de trabajo sabían algo que ella ignoraba.

Le pregunté por qué pensaba que el análisis daba como resultado que ella era perfeccionista. La mujer no tenía ni idea. Todo aquello era un completo misterio. Aquella herramienta no servía para nada.

Viendo que la mujer era azul, opté por no discutir demasiado. No iba a creerme. No era más que un consultor que llevaba trabajando con esa herramienta unos míseros veinte años. ¿Qué podía saber yo?

En lugar de eso, le pedí que nos diera un ejemplo que demostrara que ella no era perfeccionista. Ningún problema, podía darnos muchos. Tenía tres hijos, y cada uno de ellos tenía tres mejores amigos. Cuando llegaba a casa por las tardes, había tantos zapatos amontonados al otro lado de puerta que tenía que hacer salto de altura para entrar. Lo primero que hacía era sacudir la suciedad del felpudo y poner los zapatos en orden. Me confesó que solía poner los más grandes al fondo, porque sus dueños serían los que se quedarían hasta más tarde, así que parecía lo más lógico. Colocaba los más pequeños cerca de la puerta, en hileras ordenadas.

Luego iba a la cocina. ¿Qué se encontraba allí? Migas por todas partes. Todos aquellos chicos habían estado comiendo bocadillos, y la cocina parecía un campo de batalla. Le llevaba veinte minutos desinfectarlo todo, poner las cosas en su sitio y barrer y fregar las mesas y las encimeras. Solo entonces podía quitarse el abrigo y relajarse un poco.

Sus compañeros de trabajo se troncharon de risa. La mujer miró a su alrededor, sin entender a qué venía tanto alboroto. Ni se le había pasado por la cabeza que nada de aquello pudiera ser ni remotamente obsesivo. Su casa estaba muy desordenada: eso era lo que quería decirnos.

Lo gracioso de esta historia es que pocos años después me encontré a la misma mujer en un contexto muy distinto. Me dio un fuerte abrazo y me dijo que el análisis de su comportamiento era correcto al cien por cien. Sorprendido, le pregunté cómo había llegado a esa conclusión.

Resultó que se había guardado el perfil de comportamiento en el bolso durante un tiempo. El análisis incluía una lista de actitudes y cualidades; cada vez que se descubría haciendo una, la marcaba en la hoja. Al final, las había marcado todas. Le gustaba el perfil. En términos generales, era una herramienta fantástica.

«No nos conocemos tanto, así que mantén las distancias»

Tú lo has hecho, yo lo he hecho, todos lo hemos hecho. Te acercas a una persona que parece simpática y empiezas a hablar de esto y de lo otro, pensando que tendrán una charla agradable. Pero, al cabo de un rato, te das cuenta de que solo hablas tú. Si tienes rasgos amarillos en tu comportamiento, quizá percibas unas pausas extrañas en el diálogo. Si es que hay diálogo. Notarás que la otra persona se mueve inquieta, señal de que no quiere seguir teniendo esta conversación.

«¿Pasa algo? Solo estamos hablando del partido de ayer o de lo que hicimos con nuestra familia en verano o de a dónde pensamos ir de vacaciones. ¿Hay algún problema?».

Y sí, lo hay, porque esa persona no habla de buen grado con desconocidos. «A ver, un momento —puede que pienses—. Llevamos tres meses trabajando juntos: a estas alturas no debería ser tan raro que le pregunte cómo se llama su perro». Pero esa persona necesita mucho espacio personal, tanto físico como psicológico. Necesita conocer muy bien a su interlocutor para abrirse. No como un rojo, que suelta todo lo que siente a la primera; ni como un amarillo, que revela sus secretos más oscuros porque cree que a todo el mundo le interesan; ni como un verde, que, cuando está en grupos pequeños y en un entorno seguro, es muy capaz de abrirse a temas personales.

Un azul no necesita charlas triviales. Como no cuida ninguna relación, puede parecer que no le importan los demás. Sí que le importan, pero sus necesidades están a un nivel distinto de las del resto del mundo. La compañía que más le gusta es la suya y la de su familia más cercana.

Las consecuencias están claras para los que rodean a los azules: acaban creyendo que son insensibles y distantes. Esa burbuja personal es evidente y puede provocar escalofríos, sobre todo entre los amarillos y los verdes, que acaban pensando que su amigo azul es un aburrimiento de persona. Es fácil que un azul nos haga sentir incómodos. «¿Por qué es tan distante y despectivo? ¿Es que no le importo nada?»

«Más vale prevenir que curar. Piénsalo; si puede ser, tres veces»
Una buena amiga de mi familia era incapaz de salir de casa sin antes comprobar si de verdad llevaba las llaves en el bolso, pese a que ponerlas allí era lo último que había hecho antes de dirigirse a la entrada.

En los ochenta trabajé de cajero en un banco. Había personas que hacían una cola de media hora solo para que yo les dijera si el saldo que aparecía impreso en el recibo del cajero automático era el correcto. Era mucho lo que estaba en juego. La misma computadora, el mismo saldo. Pero nunca se sabe. Mejor comprobarlo. Y comprobarlo de nuevo. Si comprobarlo tres veces hubiera sido posible, lo habrían hecho.

¿De dónde sale esa necesidad de control? ¿Por qué los azules no son capaces de confiar en lo que les dicen los demás o sencillamente de aceptar la información que les llega? La respuesta es que claro que son capaces. Pero si, además, ellos mismos hacen las comprobaciones necesarias, se eliminarán todos los riesgos, ¿no? Lo que no quita que en realidad no confían en los demás. Hay que comprobarlo todo. Y grabarlo, y documentarlo como es debido.

Recuerda que estamos hablando del comportamiento tal como lo perciben los demás. Un azul lo comprueba todo una vez más porque es posible comprobarlo todo una vez más. Una vez esté confirmado, solo faltará tomar una decisión.

Tengo un buen amigo que utiliza el Excel con esmero. Pero no como el resto de mortales. Él tiene un método especial. Introduce una fórmula y a continuación todos los datos. Y, antes de enviar cualquier archivo importante a sus responsables, comprueba que todos los cálculos estén bien utilizando una calculadora.

¡¿Por qué lo hace?! Si se lo contaras a un rojo, diría que este tipo es un completo idiota. Explícaselo a un amarillo y se morirá de la risa. Cualquier azul, en cambio, lo entenderá de inmediato. Existe la posibilidad teórica de que haya errores en el Excel. Aunque él mismo haya tecleado la fórmula, sigue siendo posible que algo salga mal. Mejor ir sobre seguro.

¿Cómo perciben ese comportamiento los demás? ¡Sigue leyendo!

«En lo único en lo que puedo confiar es en mí mismo y en mis propios ojos»

El tipo que no confía en el Excel tiene, por supuesto, un problema explicándose a sí mismo. Muchos a su alrededor tienen opiniones sobre su método de comprobar siempre dos veces e incluso tres veces todo lo que él mismo hace y todo lo que los demás hacen. Les saca de quicio que él, con sus acciones, les deje tan claro que no confía en ellos.

El otro problemilla es que todo lleva muchísimo tiempo. La solución puede ser trabajar más horas. Aunque lo que es más problemático es el modo en que ese hábito puede acabar perjudicando las relaciones personales. Es muy desmoralizante ir a contarle a alguien un posible avance y que lo primero que esa persona haga sea aislar los distintos componentes y cuestionar todos sus aspectos.

Desde luego, en cualquier cosa que mires el tiempo suficiente encontrarás errores.

Tampoco basta con tener razón. A un azul tienes que demostrarle tu valía. Si te considera una autoridad en un ámbito en particular, te escuchará con más atención. Aunque el camino puede no ser fácil.

He impartido muchos cursos de formación y he dado muchas charlas sobre este asunto, y las personas que hacen las preguntas más difíciles suelen ser los ingenieros, el personal técnico de ventas o los interventores financieros. Puede que también algunos abogados especializados en asuntos tributarios. Su color suele ser el azul, y yo no les impresiono en absoluto. Que lleve veinte años ganándome la vida con esto no significa que sepa de lo que estoy hablando. (Acuérdate de la mujer acusada de perfeccionismo).

Lo único que puedes hacer es aceptar que, para esas personas, el nivel de exigencia será muy superior. Los hechos son los que son: si me he preparado bien, podré demostrar que lo que digo es verdad. Con el tiempo, acabarán confiando en mí.

9

Aprender cosas nuevas

Cómo utilizar lo que has aprendido

Aprender algo nuevo puede ser difícil. Tal vez parezca sencillo, pero no lo es. Hay siempre tanto que hacer, tanto que leer, tanto que aprender... ¿Por dónde empezar? Eso es algo que casi siempre depende de tus intereses personales. Sin duda es más fácil consagrar tu tiempo a lo que te despierta curiosidad y a lo que te interesa. Es de lo más normal.

Para mí, fue el comentario de Sture sobre la gente —la idea de estar rodeado de idiotas que aparece al principio de este libro— lo que me empujó a querer aprender más sobre las personas y sobre cómo nos relacionamos unas con otras. Pero me ha llevado muchos años llegar a saber lo que sé. He leído libros, he asistido a formaciones y me he titulado en numerosos temas. Además, he impartido miles de cursos sobre la materia. Así que, ahora que soy un hombre de mediana edad, creo que tengo una idea bastante aproximada de cómo funciona la gente. Pese a que lo más probable es que solo haya arañado la superficie.

Si tuviéramos una cantidad de tiempo infinita, no habría ningún problema

Todo ese aprendizaje ha llevado su tiempo. Puede que yo no tenga el instinto natural que muchos otros tienen. No lo sé, en realidad. Pero sí sé un poco sobre métodos de enseñanza y sobre cómo aprendemos cosas nuevas. Y, para mí, es difícil pensar en un tema más importante que las personas. Da igual el trabajo que tengas o dónde te lleve la vida: vas a conocer a otras personas.

Tal vez seas:

- un asalariado con compañeros de trabajo,
- un vendedor con clientes,
- un jefe de proyecto que dirige a personas con habilidades distintas a las tuyas,
- un director general con empleados,
- un cargo medio con personas tanto por encima como por debajo en la empresa,
- un emprendedor en busca de tus propias ventas y pedidos,
- un progenitor con adolescentes en casa,
- un cónyuge,
- un entrenador de un equipo de futbol,
- un presidente de la asociación de familias de la escuela.

No hay límites a cómo aplicar estos conocimientos. Entender a los demás siempre será un factor crucial a la hora de alcanzar tus objetivos en la vida de la forma más fácil posible, sean cuales sean esos objetivos.

Echa un vistazo al esquema de la página siguiente. No es un modelo nuevo, pero dice mucho sobre cómo se transforman los conocimientos teóricos en competencias reales. Leer un libro es una cosa —me alegro de que estés leyendo este—, y es una buena forma de empezar a aprender, pero solo es el primer paso.

Un nuevo enfoque

Mi misión está clara: quiero que más personas entiendan este método de clasificación del comportamiento. Se evitarían muchos conflictos si supiéramos por qué las personas que nos rodean se comportan como lo hacen. No tengo nada en contra de los conflictos; no suelen molestarme, de hecho, porque sé cómo gestionarlos. Pero cuando las personas destrozan y destruyen más de lo que construyen, creo que deberíamos ser capaces de encontrar otras formas de avanzar. La vida es mucho más que aprender de tus errores. Algunos errores pueden evitarse del todo.

Un lenguaje como cualquier otro

El «lenguaje» del que habla este libro —el lenguaje DISC del IPD (Instituto para el Desarrollo Personal, por sus siglas en inglés), que es su nombre oficial— se aprende como cualquier otro idioma. Si alguna vez has estudiado francés o alemán en la escuela, sabrás de lo que hablo. Estudiar para el examen es una cosa; ser capaz de hablar con fluidez es otra. No basta con refrescar tus conocimientos una vez al año justo antes de viajar a Francia. Si de verdad quieres ser capaz de hablar francés (y no solo de pedir en un restaurante) siempre que te encuentres con alguien que hable ese idioma, tienes que practicar. Es una mercancía perecedera. No hay atajos.

Por supuesto, después de leer este libro podrás salir a la calle y ponerlo en práctica sin más con las personas a las que te encuentres. Te aconsejo que lo hagas. Al principio, el problema será que no sabrás acertar la personalidad de la gente, lo que puede suponerte un cierto bochorno. Pero cuando empieces a hablar «con más fluidez» el lenguaje del comportamiento, verás transformarse el modo en que interactúas con quienes te rodean.

10

Lenguaje corporal: por qué importa cómo te mueves

¿Qué imagen das en realidad?

Introducción

Los distintos colores exhiben distintos tipos de lenguaje corporal. Más allá de lo que decimos y hacemos, todos proyectamos un cierto tipo de lenguaje corporal a las personas que nos rodean, quienes lo detectan y lo utilizan para interpretar nuestro estado de ánimo. Así que analicemos más detenidamente cómo nos movemos.

Con «lenguaje corporal» nos referimos a todas las formas de comunicación no verbal, tanto conscientes como inconscientes. Las diferencias en el lenguaje corporal varían tanto entre individuos como entre distintos grupos de personas. Nuestro lenguaje corporal funciona también a modo de indicador social y cultural, aunque haya bases biológicas comunes.

Muchos de los principales idiomas modernos tienen más de cien mil palabras, de las que se utilizan con regularidad solo unos cuantos miles. En comparación, según algunos expertos, el lenguaje corporal tiene casi setecientas mil señales. Sí, podemos discutir la cifra exacta, pero eso no es lo importante. Baste con comprender que hay una enorme cantidad de señales, más de las que quizá sepamos.

No voy a analizar todas esas señales, pero, aun así, es interesante ver cuáles son las diferencias entre los distintos perfiles de comportamiento. Recuerda que nuestro estado de ánimo, nuestra situación y si nos sentimos seguros o inseguros son factores que pueden tener una influencia crucial en nuestro lenguaje corporal.

Postura

Si tu postura es relajada —natural, pero no descuidada— transmitirás confianza en ti mismo. En cambio, si vas encogido, lo que transmitirás será resignación y desilusión. Si caminas erguido, un poco rígido, los demás lo interpretarán como una señal de dominio, como si exigieras respeto a los que te rodean. Aunque también puede ser un indicio de que te has formado en una academia militar.

Mirada

Usamos los ojos para muchas cosas distintas. Una mirada huidiza suele indicar que la persona en cuestión preferiría estar en otro sitio. Hay individuos, en cambio, que miran fijamente, sin parpadear siquiera. La impresión que eso crea es muy distinta. Se dice que los mentirosos no son capaces de mirarte a los ojos y que suelen desviar la mirada hacia un lado. Pero como eso lo saben hasta los mentirosos, incluso los que peor lo hacen han aprendido a mirarte a los ojos cuando mienten. Así que nada es tan evidente. (Que alguien se toque sin cesar el cuello es un indicador más habitual de que está mintiendo.) Cuando algo es espantoso o desagradable, muchas personas se llevan las manos a la cara. Y cuando alguien necesita pensar, a menudo cierra los ojos un momento.

Cabeza y rostro

Cuando hablamos, solemos asentir o sacudir la cabeza, según estemos de acuerdo o no. Cuando escuchamos muy atentamente una discusión, a veces inclinamos la cabeza a un lado. Agachar la cabeza o arrugar la frente pueden indicar tristeza o depresión. Cuando algo nos sorprende, solemos levantar las cejas, y arrugamos la nariz ante lo que no nos gusta. Solo en tu rostro se esconden cuarenta y tres músculos diferentes, los cuales pueden combinarse de innumerables maneras.

Manos

Sí, es un clásico. Al saludar a una persona, ¿con cuánta fuerza tienes que estrecharle la mano? Un simple apretón puede revelar mucho sobre alguien. Los que son blandos y flojos suelen indicar un comportamiento sumiso, así que, si das así la mano, quizá te interese ejercer un poco más de fuerza. Si un apretón es firme probablemente sugiere que esa persona es muy resuelta. Cualquiera que apriete demasiado pertenece más que posiblemente a la primera categoría, pero preferiría pertenecer a la segunda. Los puños cerrados no suelen ser una buena señal y por lo general indican agresividad. Hay personas nerviosas que se palpan la ropa, quitándose pelos o hilos. Suele querer decir que preferirían centrar su atención en otras cosas. Sujetarse las manos entrelazadas a la espalda a menudo transmite poder y seguridad.

¿Recuerdas lo que he dicho de las mentiras? Una forma más eficaz de detectar a un mentiroso es fijarse en si se lleva la palma de la mano al pecho —sobre todo si es la mano derecha sobre el corazón— y suspira indignado cuando se lo acusa de mentir. «¿Mentir yo? ¿Cómo puedes decir eso de mí?» Ese gesto pretende subrayar sus buenas intenciones, pero pone en guardia de inmediato a los que lo rodean, por innecesario y excesivo. Ahí hay algo raro seguro.

Espacio personal

Es muy importante que todo el mundo tenga su espacio personal, porque todos necesitamos una esfera propia. Entre otras cosas, ese terreno puede ser la distancia que mantienes con tu interlocutor. La distancia personal se encuentra por debajo del metro, mientras que la distancia social oscila entre el metro y los tres metros. Cuando hablamos de distancia personal nos referimos al espacio en el que se comunican dos personas que se conocen. La distancia social, por otra parte, es la que se mantiene entre desconocidos que se comunican. Aunque esto es algo que depende mucho de la cultura de los hablantes. En el norte de Europa, por ejemplo, la distancia personal es sin duda más amplia que en el Mediterráneo.

¿Y qué hacemos con todo esto?

¿En qué se diferencian los diferentes tipos de comportamiento? Es evidente que hay hechos bien conocidos sobre el lenguaje corporal que no pueden aplicarse a todo el mundo. Alguien dedicado a sacarse una pelusa de la manga puede que esté aburrido o puede que esté nervioso. Otro ejemplo es la forma que tienen las personas de afrontar la incertidumbre. Un verde inseguro se inclina hacia atrás. Un rojo inseguro se inclina hacia delante, porque su forma de lidiar con esa incertidumbre es tratar de dominar la conversación. En las páginas siguientes encontrarás más ejemplos de esas diferencias. Prueba a observar a la gente en la vida real para ver si puedes detectar alguna de esas formas de comportamiento. Pero recuerda: el lenguaje corporal es muy personal. Hay expresiones generales que pueden verse en todo el mundo y en todo tipo de personas —una mirada despectiva, por ejemplo, es muy parecida en cualquier país—, pero existen tantas diferencias que tendrás que estudiar a tus semejantes para afinar tus capacidades. Los siguientes apartados breves están pensados para servir de guía.

El lenguaje corporal rojo

Algunos aspectos básicos que tener en cuenta sobre los rojos:

- Mantienen las distancias con los demás.
- Dan fuertes apretones de manos.
- Se inclinan hacia delante de forma agresiva.
- Utilizan el contacto visual directo.
- Emplean gestos controladores.

Como ya he mencionado, los rojos suelen tener un lenguaje corporal claro y distintivo. Suele ser posible reconocerlos desde lejos.

En una multitud de personas, las hay que revolotean, que están quietas, que hablan con otras o que se limitan a observar a qué viene tanto jaleo. Pongamos que estás mirando una plaza a rebosar de gente. Si te fijas bien, verás a un sujeto atravesarla a buen paso, ignorando por completo a quienes se cruzan en su camino. Con la mirada fija en un punto situado frente a él, el rojo aprieta el paso y cruza la plaza sin problemas. No se aparta ante nadie, sino que obliga a los demás a hacerse a un lado. Camina con decisión, con paso firme. Espera que seamos los demás quienes nos quitemos del medio.

Los rojos, al principio, suelen guardar una cierta distancia. Su apretón de manos no será cordial, pero sí poderoso. Un rojo —sea hombre o mujer— siempre apretará un poco más fuerte, para demostrar quién manda ahí. (Hay quien lo considera comportamiento

LENGUAJE CORPORAL: POR QUÉ IMPORTA CÓMO TE MUEVES 137

de macho alfa, pero también se da en las mujeres. Un rojo siente la necesidad de demostrar que es alguien a tener en cuenta).

Olvídate de sonrisas exuberantes. Su expresión puede ser directamente fúnebre, sobre todo si el encuentro se produce en una reunión de trabajo. Pero incluso en un contexto social, mantienen cierta reserva. Un rojo no te dará un gran abrazo de oso (al menos estando sobrio; bajo la influencia del alcohol todo puede pasar).

Cuando las cosas empiecen a tensarse —lo que no suele tardar en suceder cuando hay rojos de por medio—, el rojo se inclinará por encima de la mesa y defenderá su postura con contundencia. El contacto visual será muy directo: fijará en ti su mirada. Cuando se trata del lenguaje del poder, los rojos tienen el dedo en el gatillo desde el principio. Prepárate.

Prepárate también para un uso relativamente limitado de la gestualidad, aunque los gestos que sí realice puedan ser controladores y agresivos. Los rojos no tienen demasiados miramientos a la hora de apuntar a los demás con el dedo. La idea de que es de mala educación señalar a la gente no es algo que les preocupe demasiado. También es habitual que te señalen extendiendo la mano hacia ti con la palma hacia abajo. Si quieres hacer una prueba, pídele a alguien que te señale así y piensa luego en cómo te has sentido.

Tampoco te será difícil ver que los rojos —aunque, por supuesto, en esto no son los únicos— están más que dispuestos a interrumpirte. Acostumbran a respirar hondo una y otra vez, a la espera de encontrar un hueco en el que intervenir. Si tienen que esperar demasiado para hablar, se impondrán en la conversación con voz fuerte y se harán con el mando.

VOZ

¿Qué hay del tono de voz de un rojo? Suele ser fuerte. Oímos a esas personas con claridad porque no dudan en alzar la voz tanto como haga falta para hacerse oír. Desde luego, hasta los rojos pueden estar nerviosos y preocupados por algo, pero no suele notárseles. No suele temblarles la voz.

Ese es uno de sus secretos. No importa lo que esté pasando detrás de la fachada: los rojos sonarán convincentes. Ni tartamudeos ni vacilaciones. El dedo en el gatillo. Si no escuchamos, lo repetirán de nuevo, pero más alto. Al final, siempre consiguen transmitir lo que quieren.

VELOCIDAD DE PALABRA Y DE OBRA

Lo he dicho ya: los rojos siempre tienen prisa. Rápido es igual a bueno. Por lo general, eso suele aplicarse incluso a lo que dicen y hacen. Todo ocurre a un ritmo frenético. Como la velocidad es el factor por el que muchos rojos miden el éxito, irán por todo. Con un par de cambios bruscos si hay que ajustar el rumbo.

El lenguaje corporal amarillo

Algunos aspectos básicos que tener en cuenta sobre los amarillos:

- Son táctiles.
- Son relajados y alegres.
- Mantienen un contacto visual afable.
- Utilizan gestos expresivos.
- Suelen acercarse a su interlocutor.

El lenguaje corporal de este color suele ser muy abierto y acogedor. Los amarillos sonríen a todas horas, incluso cuando no hay mucho por lo que sonreír. Hacen bromas con frecuencia y pueden tener una actitud muy relajada. Un amarillo de visita en casa de un vecino es capaz de echarse en el sofá, aunque no lo conozca demasiado. Sería una actitud muy típica suya. Es fácil ver cuando un amarillo se siente seguro en una situación. Es como un libro abierto.

El parecido con el comportamiento rojo tiene que ver sobre todo con el ritmo. Los amarillos se mueven con rapidez y de forma bastante característica. Suelen irradiar una fuerte confianza en sí mismos.

El espacio personal es un concepto relativo para ellos. Mientras que a algunos colores no les gusta que nadie se les acerque demasiado, los amarillos se acercarán a ti por voluntad propia. Son capaces de empezar a abrazar de forma espontánea a todos los que los rodean. Hombre o mujer, no importa. Depende de su humor y su estado de ánimo ese día.

No es raro que haya personas que retrocedan cuando eso ocurre, lo que para los amarillos es muy duro. Pero no solo les gusta abrazar; también cualquier otra forma de contacto físico. Una mano en el brazo, una palmada en la pierna... Sin ningún motivo ulterior. El amarillo solo quiere reafirmar lo que ha dicho. Lo que él percibe como algo natural y espontáneo otros pueden verlo como una invitación. Y, por supuesto, puede acabar mal.

En general, con los amarillos las bromas se sucederán y habrá muchas risas. El contacto visual no supone un problema: es intenso, alegre y amistoso.

VOZ

El tono de voz de un amarillo denota un fuerte compromiso de principio a fin. Se oye desde lejos y transmite risas, diversión, intensidad, entusiasmo, alegría, energía...

En términos generales, en los amarillos la empatía se muestra de forma muy evidente. O están contigo al cien por cien o no lo están en absoluto. Y eso es algo que se nota en su voz. Sube y baja y cambia de ritmo, de vigor y de intensidad. Suele haber una poderosa melodía en su forma de hablar.

Sea cual sea la emoción que se ha apoderado del amarillo en el momento, se notará en su voz.

VELOCIDAD DE PALABRA Y DE OBRA

Ritmo. La suya no es la misma velocidad de acción que los rojos, pero sí es decididamente rápida. ¿Has conocido a alguien que, cuando tiene prisa por decir algo, se tropieza con las palabras? Solo la mitad salen como deberían. Puedes imaginarte lo que está diciendo, pero a veces resulta incomprensible. Son amarillos cuya boca no se da abasto para decir todo lo que quieren decir.

El lenguaje corporal verde

Algunos aspectos básicos que tener en cuenta sobre los verdes:

- Tienen una actitud relajada y se acercan a su interlocutor.
- Actúan de forma metódica.
- Tienden a inclinarse hacia atrás.
- Mantienen un contacto visual muy afable.
- Prefieren una gestualidad de pequeña escala.

Los verdes son a menudo —pero no siempre— personas de movimientos perezosos. Cuando están en completa armonía, tienen un lenguaje corporal relajado que irradia calma y confianza. Nada de movimientos impetuosos ni de sacudidas bruscas con la cabeza o las manos. Despacito y con calma.

Tienen una gestualidad poco llamativa y más adecuada para grupos pequeños. Cuando son grandes, los verdes no están tan cómodos y acaban encerrándose en sí mismos y pareciendo reservados. Suelen tener un lenguaje corporal que los delata. Intentan esconder sus verdaderos sentimientos, pero no siempre lo consiguen. Si están estresados o incómodos, será visible.

Al sentarse a una mesa, los verdes tenderán a inclinarse hacia atrás. Tiene algo de paradójico, porque acercarse a sus semejantes no les supone ningún problema. Como a los amarillos, les gusta tocar a los demás. No hay ningún problema mientras conozcan a la persona que tocan. Pero ten cuidado con tocar a un verde que no haya dado una señal clara de que te conoce lo suficiente. Es fácil cruzar la raya. Pueden mostrarse muy protectores con su espacio personal.

Un rojo que atraviesa una habitación suele llamar la atención. Como los verdes son lo opuesto a los rojos en muchas cosas, puedo decir que para ellos la discreción es una cuestión de honor. No es raro que traten de hacerse invisibles.

¿El motivo? No quieren ser el centro de atención.

Los verdes casi siempre tienen una expresión afable. Y, si no, bastante neutra. No esperes de ellos sonrisas exageradas ni saludos demasiado exuberantes. Más bien un aire un poco expectante. Pero la diferencia será enorme si un verde te conoce. Si te considera un buen amigo, puede ser muy cercano y amistoso. Si siente que acaban de conocerse, bueno, entonces tendrás que esperar.

Deja que los verdes se acerquen a ti. No les impongas tu presencia. Con el tiempo, cuando confíen en ti, se relajarán y actuarán de forma más natural.

VOZ

Un verde nunca tendrá un tono fuerte. No es probable que su voz ahogue las del resto del grupo. Tendrás que esforzarte un poco para oírlo. Incluso cuando los verdes tengan que hablar ante un grupo más amplio (puede que lo hagan si no tienen más remedio), lo harán como si solo fueran tres personas las que están sentadas a la mesa. Puede parecer a veces que los verdes no ven a las otras cien personas que hay en la sala. Suelen utilizar un volumen bajo y puede costar oír lo que dicen.

Pero su voz será siempre suave e irradiará calidez. El ritmo será más lento que el de un amarillo y no tendrá sus mismas variaciones.

VELOCIDAD DE PALABRA Y DE OBRA

Por lo general, los verdes hablan a un ritmo más lento que los rojos y los amarillos, pero no tanto como los azules. La rapidez no tiene valor en sí misma. Si un ritmo más rápido amenaza con destruir la cooperación en el grupo, los verdes reducirán la velocidad. No importa cuánta prisa haya. Lo más importante siempre va a ser cómo se sienten los demás.

El lenguaje corporal azul

Algunos aspectos básicos que tener en cuenta sobre los azules:

- Prefieren mantener a los demás a distancia.
- Permanecen de pie o sentados.
- Suelen tener un lenguaje corporal hermético.
- Utilizan un contacto visual directo.
- Hablan sin gesticular.

La forma más fácil de describir el lenguaje corporal de un azul es decir que no tiene lenguaje corporal. Vale, tal vez eso sea un poco simplista. Lo que quiero decir es que no hay gran cosa que interpretar en un azul. Ni su rostro ni su cuerpo revelan demasiado. Cuando doy charlas sobre lenguaje verbal a comerciales, suelen decirme que hay personas a las que es imposible interpretar. Cuando les pregunto si son personas que se sientan casi inmóviles y sin mover un músculo de la cara, suelen asentir. Les parece increíble.

Los clientes de los que hablan son casi con total seguridad azules. Una persona que no exhibe demasiado movimiento ni temperamento no revela nada. En ese caso, es la ausencia de un lenguaje corporal distintivo lo que nos dice lo que necesitamos saber.

Muchos azules son capaces de hacer declaraciones de un gran dramatismo con un rostro inexpresivo. Oí una vez a un directivo azul decir que el departamento iba a cerrar y que teníamos que acordar un plan de desmantelamiento para trescientos empleados. No se le movió ni un músculo de la cara que no fuera necesario.

Por cosas así es por lo que muchos creen que los azules no tienen sentimientos, pero eso, claro, no es verdad. Deja que te recuerde de nuevo que un azul es un introvertido, lo que significa que la mayoría de sus emociones discurren por debajo de la superficie.

También funciona en sentido contrario. Una vez, hace muchos años, vi a una mujer ganar medio millón de euros en televisión. Detrás de las cámaras, se oyó a su marido gritar de felicidad, pero ella permaneció sentada, muy quieta, con una sonrisa distante. El presentador sonreía y agitaba los brazos y, por un momento, tuve que preguntarme quién había ganado allí el premio. La mujer no dijo más que: «Gracias, ha estado muy bien». Apenas movió un músculo. No creo que fuera por ser ya millonaria; lo que pasaba es que era azul. Son así. Por dentro supongo que estaba encantada con lo que había ganado, pero por fuera no lo demostraba. Un día llamaré a la cadena y preguntaré si siguen teniendo la grabación, porque la imagen es muy gráfica.

Cuando un azul habla ante un grupo grande, esa tendencia se hace muy evidente. Al igual que los verdes, los azules no necesitan ser el centro de atención. La diferencia, no obstante, es que mientras que un verde querría que se lo tragara la tierra, un azul seguirá en pie. Intentará agitar a las masas quedándose completamente quieto y con el rostro inmóvil.

Otra pista es que los azules necesitan una cantidad relativamente grande de espacio personal a su alrededor. Suelen sentirse más cómodos manteniendo a los demás a distancia. Depende, claro, de lo bien que conozca a su interlocutor, pero esa zona es notablemente más grande que, por ejemplo, la de los amarillos.

Si los demás se acercan demasiado, su lenguaje corporal se vuelve hermético. Cruzan piernas y brazos, lo que indica que están manteniendo la distancia.

Como ya he mencionado, los azules se mueven menos que los demás colores. Cuando están de pie, permanecen quietos. No se balancean ni caminan. Pueden estar en el mismo sitio durante toda una hora dando una charla. Al sentarse, se quedan más o menos en la misma posición todo el tiempo.

En consecuencia, no gesticulan demasiado. Piensa en un amarillo, esa figura extrovertida y dinámica, y ahora piensa en su opuesto. Elimina todos los movimientos no necesarios (la mayoría, según los azules) y ya puedes empezar a hacerte a la idea. Oí que alguien los describía una vez como impávidos.

Aun así, los azules suelen mirar a los demás a los ojos. No tienen ningún problema con el contacto visual, incluso si incomoda a los demás.

VOZ

Aunque no exactamente débil, la voz de los azules es contenida y apagada. Son personas que no atraen demasiado la atención sobre ellas. Tienden a parecer muy controladas. Poseen un aire reflexivo, como si sopesaran cada palabra antes de sacarla a la luz.

Por lo general, la voz de un azul varía poco o nada. Suena más o menos igual todo el rato, ya esté leyendo la guía de televisión o dando un discurso de aceptación a la nación tras ganar las elecciones presidenciales. El azul se limita a decir lo que aparece en el guion, sin demasiado ritmo o melodía.

Los músicos suelen tener problemas con eso. Creen que lo que dice un azul no acaba de fluir.

VELOCIDAD DE PALABRA Y DE OBRA

Lenta. Al menos comparada con la de los demás. Un rojo o incluso un amarillo hablarán a la velocidad del sonido. Un azul tiene un ritmo completamente diferente. Se tomará el tiempo que necesite. La rapidez no le interesa.

11

Un ejemplo sacado de la vida real: la fiesta de la empresa

Cómo entender a cualquier persona que te encuentres

Trabajé hace muchos años en el sector bancario. Era un trabajo interesante en muchos sentidos, aunque en ocasiones podía ser un poco monótono. Aun así, aprendí mucho, porque conocí a diferentes tipos de personas, y tengo numerosas anécdotas de divertidas reuniones con clientes de esa época. Lo más interesante, sin embargo, lo aprendí entre bambalinas.

Una de las experiencias más sorprendentes la viví en una sucursal en la que trabajé en los noventa. Allí operaban toda una serie de estereotipos de comportamiento. Algunos de sus perfiles eran obvios. Teníamos azules increíblemente prototípicos y varios verdes y amarillos igual de evidentes. Y, claro, un jefe rojo.

Una primavera nos tocó trabajar muchísimo; había varios compañeros de baja y los clientes no paraban de presionarnos. Estábamos cansados, irritables y susceptibles. Necesitábamos una buena noticia. La primera persona que se hartó de tanto trabajo fue una de las asesoras amarillas. Apareció un día en el comedor y dijo que estaba cansada de ver caras enfurruñadas. Necesitábamos hacer algo divertido, y ella sabía exactamente el qué.

Había llegado el momento de encontrar un objetivo, algo que esperar con ganas. ¡Una fiesta de la empresa era la respuesta! Llena de entusiasmo, nos contó que había visto un centro de conferencias muy bonito allí cerca, un lugar al que podríamos ir un fin de semana a descansar. Disponía de un *spa* y un gimnasio impresionantes, elegantes habitaciones de hotel y un restaurante muy de moda. Además, conocía al propietario, a través del amigo de un amigo, y probablemente podría conseguir que nos hicieran un buen precio. Solo quería saber qué nos parecía la idea.

Al principio nos quedamos mirándola sin saber si todo aquello iba en serio, porque sospechábamos que era probable que no conociera en absoluto al propietario. Con una amplia sonrisa, ella siguió hablando de todo lo que podríamos hacer para divertirnos: organizar juegos y concursos, disfrutar de baños de espuma y, por supuesto, celebrar una gran fiesta por la noche.

Se inició un debate animado, y varios de nosotros consideramos que la idea sonaba muy bien. El rojo director del banco miró a su alrededor y vio que a sus empleados les gustaba la idea. Por suerte, a él también. Estábamos cansados y agotados, y quería darnos las gracias por nuestra implicación. Tomó la decisión en ese mismo momento. Cuando llevábamos cinco minutos hablándolo, anunció que habría una fiesta y se comprometió a correr con los gastos.

Dirigió la mirada a la mujer amarilla que había propuesto la idea y le preguntó si estaba dispuesta a organizarla. A hacer las llamadas necesarias y reservarlo todo. Ella empezó a soltar una larga perorata que no era más que una cortina de humo para ocultar el hecho de que pensaba que ya había hecho bastante trayendo la idea. El jefe rojo la hizo callar con un gesto. Había varios compañeros verdes sentados detrás de él en un rincón del sofá, el mismo rincón en la que se sentaban siempre. El jefe no tuvo ni que volverse para saber quiénes eran. Les preguntó si querrían ayudar. Todos aceptaron, sin saber muy bien lo que se les había pedido. El jefe rojo asintió brevemente y se marchó de allí. Su trabajo estaba hecho. En cuanto se puso de pie, se olvidó del asunto de inmediato.

La emoción fue en aumento y todos los que tenían algo de rojo y amarillo en sus perfiles de comportamiento empezaron a hablar a la vez, cada vez más emocionados, de la fiesta. La asesora amarilla estaba muy entusiasmada y seguía vendiendo la idea, pese a que la decisión ya estaba tomada. Sus propuestas sobre el tipo de fiesta que debíamos celebrar cada vez eran más descabelladas. Recuerdo que empezó con un baile de etiqueta y estaba ya en una fiesta de togas cuando alguien consiguió hacerla callar.

Solo un compañero permanecía sentado y en silencio en una esquina. Nuestro gestor de créditos, que era azul, estaba muy preocupado. Cuando todo el mundo se tranquilizó un poco, dijo en voz alta:

—Pero ¿cómo se supone que vamos a llegar hasta allí?

Lo único que había retenido de todo lo que se había dicho era que el centro de conferencias estaba a más de treinta kilómetros, a las afueras de la ciudad, y ahora no paraban de ocurrírsele inconvenientes. Nos enfrentábamos a un desafío logístico significativo. ¿Debíamos ir en coche? ¿En taxi? ¿O tenía previsto el banco fletar un autobús? ¿Cómo lo haríamos? Los obstáculos se sucedían. Se cruzó de brazos y apretó los dientes.

La mujer amarilla estalló y arremetió contra él de inmediato. ¿Cómo podía ser tan negativo? Después de aparecer ella con la mejor idea del mundo, venía él y acto seguido lo estropeaba todo con tropecientas mil preguntas imposibles. Igual podía tener él sus propias ideas, para variar. ¿Cómo creía que podíamos llegar hasta allí?

No tenía una respuesta; se limitaba a señalar que había montones de opciones. No era capaz de tomar una decisión o tener una opinión. Él solo sabía que la idea estaba mal planteada.

Los verdes acudieron al rescate diciendo que con mucho gusto llevarían en coche a todo el mundo. Con cinco vehículos bastaría; ellos lo organizarían todo. Ese anuncio tranquilizó un poco los ánimos, y la mujer amarilla pudo sentirse de nuevo como la ganadora. Su fiesta acababa de salvarse.

Todo el mundo esperaba con ganas la celebración, pero la asesora amarilla al final ni siquiera pudo ir: ya tenía otro compromiso ese día y no se había dado cuenta. Puede que hubiera una boda ese mismo fin de semana. O que un familiar cumpliera cincuenta años. De hecho, puede que fueran las dos cosas.

Lo que pasa en una fiesta de la empresa cuando nadie está mirando

Con la fiesta ya en marcha, empezaron a pasar cosas interesantes. Todos sabemos que el alcohol afecta a las personas. Sabemos también que a cada uno lo afecta de una forma diferente. Nada raro hasta aquí. Si prescindimos por un momento del hecho de que la cantidad de alcohol consumida es un factor importante y suponemos que estamos hablando de un consumo moderado y que nadie volverá a su casa conduciendo, podemos observar varios patrones interesantes.

Había varios amarillos en nuestra sucursal. Los cuatro comerciales de banca privada eran muy amarillos. Animaban cualquier situación de buen principio con su alegría y su actitud positiva. No necesitaban el alcohol para «soltarse» y volverse más accesibles. De hecho, era posible llevarse la impresión de que estaban siempre un poco ebrios, por ese aire juguetón que desprendían.

Veían la vida como una larga celebración en la que todo el mundo debía pasárselo siempre bien.

Pero lo interesante es que los amarillos que beben pueden perder un poco de esa energía. Durante la fiesta de la empresa, observé que tres de los cuatro comerciales amarillos iban volviéndose cada vez más silenciosos con el paso de las horas. A medida que se incrementaba el consumo de ciertas bebidas y la atmósfera se volvía más intensa, ellos se retraían. Recuerdo que uno de ellos se sentó en los escalones del exterior con una copa de vino en la mano. Le pregunté qué le ocurría. Estaba taciturno y filosófico. ¿Qué sentido tenía todo? ¿Para qué se había esforzado tanto? Nadie le había dado las gracias. Puede que lo mejor fuera dejar el trabajo. Mi alegre compañero se había transformado en un pesimista melancólico.

Lo más gracioso es que me encontré al gestor de créditos azul dentro del salón donde se celebraba la fiesta bailando encima de la mesa mientras contaba chistes verdes. Ni antes ni después he vuelto a oír bromas tan explícitas. Cuando les pregunté a sus compañeros qué había estado bebiendo, se encogieron de hombros y dijeron que siempre se comportaba así cuando bebía. Si lo hubiera conocido aquella noche, habría pensado que era un amarillo.

Era como si los amarillos y los azules se hubieran intercambiado. Podría llegarse a la conclusión de que una buena fiesta la componen amarillos sobrios y azules ligeramente borrachos.

Sin embargo, las cosas se pusieron de verdad interesantes cuando me encontré con nuestro director rojo, que por lo general era bastante serio. Sostenía un vaso de whisky en la mano y estaba hablando de pie con el grupo de administrativos verdes. Explicaba —de una forma un tanto ambigua, debo añadir— que en realidad él no era mala persona y que les tenía mucho aprecio a todos. No debían tomárselo como algo personal cuando perdía los nervios en la oficina; él no pretendía ofender a nadie, no tenían por qué tenerle miedo.

Los seis verdes, dos hombres y cuatro mujeres, que también habían estado bebiendo, no se cortaron: le dijeron lo que pensaban. Estaban molestos por su comportamiento y lo acusaron de ser el peor jefe que habían tenido. Todos llevaban al menos veinte años trabajando en la oficina y, cuando él se fuera, ellos seguirían allí, ¿qué opinaba de aquello? Lo arrinconaron y le echaron un buen sermón. El jefe rojo acabó batiéndose en retirada, y fue el primero en abandonar la fiesta.

¡Incluso los rojos y verdes habían intercambiado su forma de actuar de un modo muy extraño! Me fui de la fiesta con una visión extraordinaria: el alcohol cambia a las personas, pero el modo exacto en que lo hace es aún más interesante.

Aun así, el lunes, de vuelta a la oficina, todo volvió a la normalidad. Los amarillos contaron sus últimos chistes y el azul no abrió la boca. El jefe fulminó con la mirada a todo el mundo y los verdes se quedaron mirando a la pared cuando lo vieron aparecer. Se había restablecido el orden.

Una vez más, no puedo demostrarlo, así que tendrás que investigarlo por tu cuenta. Plantéales el desafío a tus amigos un viernes por la noche y entenderás muy bien a lo que me refiero. Eso sí, no se pasen con el alcohol.

12

Adaptación

Cómo tratar con idiotas
(es decir, con todos los que no son como tú)

Veamos ahora cómo podemos adaptarnos los unos a los otros para trabajar juntos. Un hombre dijo una vez (cierto que con una sonrisa irónica en la cara, pero aun así) que hay un test de inteligencia muy simple: «Si estás de acuerdo conmigo, es que eres listo. Si no, entonces sin duda alguna eres un idiota».

Voy a suponer que eres lo bastante inteligente para interpretar este mensaje correctamente. Pero ahora en serio: todos nos hemos preguntado alguna vez por qué hay personas que no entienden nada. Como he explicado en la introducción, de joven solía chocarme ver que sujetos que parecían muy inteligentes podían, al mismo tiempo, ser idiotas. No veían lo mismo que yo. Hay quienes, con mucha delicadeza, dicen que esos individuos carecen de la adecuada «elasticidad intelectual», pero solo porque su educación no les permite pronunciar la palabra «idiota».

Está claro que las personas son diferentes. ¿Qué hacemos al respecto?

¿Cómo debemos tratar a las personas que son diferentes a nosotros cuando reaccionan y actúan de formas completamente distintas? ¿Es posible asumir diferentes tipos de personalidades en distintas situaciones? Es una pregunta interesante. Si fuera posible comportarse al cien por cien como un camaleón —cambiando tu comportamiento del todo en función de con quién estés—, ¿sería buena idea intentarlo? Es natural para nosotros ser quienes somos, exhibir nuestro comportamiento básico. Pero, por una serie de razones, podemos sentir la necesidad de adaptarnos a quienes nos rodean. Se habla mucho de que debemos ser flexibles y amoldables para hacer frente a una amplia variedad de situaciones y responder ante distintos tipos de personas. Esa capacidad hasta tiene un nombre: inteligencia emocional (IE) o coeficiente emocional (CE). Para hacer frente a esa constante necesidad de adaptación, es importante que seamos conscientes de que exige un esfuerzo y requiere mucha energía.

Lo que nos sale de forma natural es mostrar nuestro comportamiento básico. Lo «antinatural» es adaptarnos continuamente a los demás, y es algo que requiere habilidad, práctica y energía. Si no estamos seguros de lo que es «correcto» en una situación, si no tenemos la práctica necesaria o carecemos de la energía suficiente para enfrentarnos con el papel que creemos que es el adecuado, tenderemos a estar asustados, indecisos y estresados. Como resultado, perderemos aún más energía y nuestro comportamiento básico se hará cada vez más visible, a menudo para sorpresa de los que nos rodean, acostumbrados a que nos comportemos de una determinada manera.

En un mundo perfecto

En un mundo ideal, todas las personas pueden ser ellas mismas y todo funciona a la perfección desde un buen principio. Todo el mundo está siempre de acuerdo y no existen los conflictos. Se dice que ese lugar existe y se llama Utopía. Pero no es tan fácil. Como he dicho al comienzo de este libro, si crees que puedes cambiar a los demás, te espera una decepción. Me sorprendería que pudieras cambiar a una sola persona.

Da igual lo que seas —rojo, amarillo, verde o azul, o una combinación de múltiples colores—: siempre estarás en minoría. La mayoría de las personas con las que te encuentres serán distintas a ti. Por muy equilibrado que estés, no puedes ser todos los tipos de persona al mismo tiempo. Así que tienes que amoldarte a quien tengas delante. La buena comunicación suele consistir en adaptarse a los demás.

«Pero espera un momento —debes de estar pensando—: Eso no es cierto. Puedo ser yo mismo. De hecho, nunca me adapto a nadie, en ningún momento, y me va muy bien. Me ha llevado hasta donde estoy en la vida».

Por supuesto.

Desde luego, todo el mundo puede empezar consigo mismo. No es ningún problema. Pero entonces no esperes que el mensaje que intentas transmitir llegue a los demás. Si puedes vivir sabiendo que la mayoría de las personas que conoces no se van a tragar lo que dices, en fin, entonces no tienes ningún problema.

Ya lo haces, aunque creas que no

Ya adaptas tu comportamiento, aunque no te des cuenta. Todos nos amoldamos unos a otros a todas horas. Forma parte del juego social, de la comunicación visible e invisible que está en marcha constantemente. Yo solo propongo un sistema más fiable. No hay que jugársela ni adivinar: puedes hacer el ajuste adecuado de entrada. Casi siempre, al menos. Ningún sistema es perfecto.

A veces me encuentro con personas a las que no les gusta la idea de adaptarse deliberadamente a los demás. Lo consideran deshonesto y manipulador. Pero, de nuevo, siempre puedes no hacerlo.

Un ejemplo de la vida real

Voy a contarte la anécdota real de un hombre al que conocí en una formación hace muchos años, un emprendedor simpático y muy popular que consiguió un gran éxito en su campo. Este hombre —al que llamaremos Adam— era muy amarillo, un auténtico visionario con planes ambiciosos que solo de vez en cuando se llevaban a cabo.

Adam no había reflexionado jamás sobre cómo se comportaba o cómo lo percibían los demás. Nunca había tenido ninguna razón para hacerlo. Alguien lo había convencido para asistir a la formación y no sabía en realidad en qué se estaba metiendo.

El tema ese día era el mismo que el de este libro: era un taller de jornada completa en el que se estudiaban los distintos perfiles de comportamiento. Tras la pausa para la comida, vi que algo preocupaba a Adam. Estaba serio y su lenguaje corporal se había vuelto muy hermético. Cuando retomé de nuevo los distintos perfiles, empezó a hundirse cada vez más en su asiento y me resultó obvio que estaba pensando en otras cosas.

Le pregunté qué le preocupaba.

Hubo un estallido.

—¡Hacer esto está mal! ¿Cómo voy a clasificar así a la gente? ¿Cómo podemos ponerla en una cuadrícula teórica? —exclamó.

Resultó que estaba en contra de la idea de adaptarse a otros tipos de personas, pero no porque pensara que todo el mundo debía adaptarse a él. No: lo que le preocupaba era que le parecía una forma de manipular a los demás y eso no le gustaba. No le gustaba en absoluto, de hecho.

Todo el mundo se preguntó dónde estaba el verdadero problema. Adam creía que no se podía clasificar a la gente así. Que utilizar un montón de modelos estaba mal. Pensaba que era muy peligroso no proceder solo a partir del instinto.

Alguien del grupo le hizo notar que él, más que nadie, debía prestar atención, porque era la fuente de muchos conflictos. El debate pronto alcanzó su pleno apogeo y media hora después tuve que pedir un tiempo muerto.

Puedo entender la preocupación de Adam, y me parece respetable poner el tema sobre la mesa. Lo que le preocupaba era que creía que no funcionaría: si todo el mundo se adaptaba a los demás, nadie estaría siendo él mismo. Según su forma de verlo, ese sería el mayor engaño: no ser uno mismo.

No estaba del todo equivocado. Al mismo tiempo, desde luego, tú decides hasta qué punto modulas tu comportamiento. Cuanto más aprendas sobre los demás, más fácil te resultará tomar decisiones. Tanto si participas en el juego como si vas por libre, la decisión siempre será tuya.

A Adam tampoco le gustó que yo, como especialista en el campo, pudiera describirle con bastante detalle y a través de ejemplos cómo pensaba que funcionaba su cerebro. Cuando echó un vistazo a la herramienta de evaluación que describe a un individuo, se quedó en silencio.

En última instancia, tras sentarnos y hablar del asunto, Adam llegó a entender el papel y las ventajas del diagnóstico de comportamiento. Pero su reacción me enseñó a tener cuidado con la forma en la que lo utilizo.

¿Cuántas veces aplicamos un sistema sin saber si funciona?

Ningún sistema es perfecto. Siempre hay excepciones. Esta es solo una pieza del puzle de la vida humana. Es sin duda una pieza grande e importante, pero está lejos de ser la imagen completa.

He dividido los apartados sobre la adaptación de cada color en dos partes. La primera habla de lo que debes hacer para tener una interacción positiva con otra persona (cuando quieres transmitirle algo, ponerla de buen humor y que sienta que la entiendes). La segunda parte habla de cómo conseguir que los demás se pongan de tu parte. Lo que quiere cada perfil en una situación no es necesariamente lo mejor que puede hacerse para avanzar.

Puedes hacer mucho bien si así lo decides.

Adaptarse al comportamiento rojo

Lo que un rojo espera de ti

«HAZ LO QUE TE HE PEDIDO LO MÁS RÁPIDO QUE PUEDAS; A SER POSIBLE, INCLUSO MÁS RÁPIDO»

Un rojo siempre te dirá que la mayoría de las personas son demasiado lentas. Hablan demasiado despacio, les cuesta ir al grano y trabajan de forma ineficaz. En el mundo de los rojos, está claro que todo tarda demasiado en hacerse.

Acuérdate de lo que te he dicho de la impaciencia en el comportamiento rojo y de su búsqueda constante de resultados (rápidos). A un rojo le vuelve loco que alguien le dé vueltas a algo en su cabeza de la mañana a la noche.

Pensamiento y acción son uno. Todo debe hacerse rápido. Si hay algo que los rojos detestan son las discusiones inacabables. Los sacan de sus casillas.

Conclusión: Si quieres adaptarte al ritmo de un rojo, ¡acelera! Habla y actúa con más celeridad. Mira el reloj con frecuencia, porque eso es lo que hace un rojo. Si puedes dar por acabada una reunión en la mitad del tiempo previsto, hazlo. Si vas con un rojo en el coche, no le molestará que superes un poco el límite de velocidad. (Si vas demasiado despacio, puede que insista en ponerse él al volante).

«¿QUIERES ALGO? ¡DILO!»

Como a estas alturas ya sabes, los rojos son muy directos y les gusta estar con personas que también sepan decirles lo que quieren (de nuevo, mejor si es rápido). Si tiendes a irte por las ramas antes de llegar al meollo del asunto, te costará transmitirle nada a un rojo. Le cansará ver que malgastas palabras sin motivo. Y es consciente de cuando tiene delante a una persona a la que le encanta parlotear.

Es muy común proporcionar cierta cantidad de información de contexto sobre un problema antes de describir el problema en cuestión. Y puede que incluso también sobre la solución del problema.

Olvídate. No va a funcionar.

Conclusión: Si quieres que un rojo te preste toda su atención, déjate de cháchara. Es vital que seas claro y directo. Determina qué es lo más importante que quieres transmitir y empieza por ahí. Pongamos que vas a presentar el último informe financiero. Di primero lo que está escrito en la última línea de la diapositiva, porque, de todas formas, para eso está ahí el rojo que tienes sentado delante. Luego puedes pasar a los detalles.

No utilices una sola palabra innecesaria. Pero asegúrate de haber hecho los deberes en lo que se refiere a la información de contexto, porque podrían surgir preguntas. Si un rojo nota que vacilas, te someterá a un interrogatorio.

Los materiales escritos deben ser concisos y, sobre todo, estar bien estructurados. Nada de disertaciones interminables desarrolladas por alguien enamorado del sonido de su propia voz. Con una frase de una línea anotada en el reverso de la servilleta bastará.

«NO PODRÍA IMPORTARME MENOS A DÓNDE TE HAS IDO DE VACACIONES»

Los rojos viven en el presente. Todo lo que pasa está ocurriendo aquí y ahora. Tienen una capacidad singular para centrarse en lo que se encuentra en el orden del día. Cíñete por lo tanto al tema a tratar cuando hables con un rojo. No tiene nada en contra de la creatividad y las nuevas ideas: le parecerán bien mientras te hagan avanzar. Pero si tiene la sensación de que te has desviado del todo de la cuestión o de que estás empezando a perderte en circunloquios, el conflicto estará servido.

Para un rojo, el método más eficaz es determinar cuál es el problema y luego ponerse manos a la obra. Sencillo, ¿verdad?

Conclusión: ¡Cíñete al tema! Para ello, lo mejor es que te prepares muy bien antes de una reunión con un rojo. Si, en medio de una discusión interesante, te viene otra idea a la cabeza, anótala y pregunta, al final del encuentro, si le parece bien que plantees el tema. Si no, convoca otra reunión.

Si alguien con mucho rojo en su comportamiento pregunta qué hora es, responde con la hora exacta. No digas que hay tiempo de sobra. Eso ya lo decidirá él. Y, de nuevo, no olvides mantener el ritmo. Para un rojo, «rápido» será sinónimo de «eficaz».

A la hora de hablar de negocios, recuerda siempre que es por eso por lo que estás ahí. Por más que parezca una perogrullada, en un entorno profesional hay que actuar de forma profesional. No lo olvides. Si eres un comercial, es posible que hayas asistido a toda una serie de cursos de formación en ventas, donde habrás aprendido que tienes que entablar una relación con el cliente. Conocerlo. Ganártelo.

Es un buen consejo. Síguelo. Trabájate a tus clientes tanto como creas necesario. Pero no lo hagas con los rojos. Por ejemplo, en una reunión con un rojo al que no has visto nunca antes, lo peor que podrías hacer sería empezar preguntándole dónde vive, a dónde se ha ido de vacaciones o qué le pareció el partido de anoche. Nada podría resultarle más irrelevante. Él no está aquí para hacer amigos. Está aquí para hacer negocios. Los individuos más rojos entran en cólera y se vuelven directamente agresivos cuando se dan cuenta de que alguien intenta ser su amigo.

Un rojo no está aquí para ser tu colega. Está aquí por una sola razón: trabajar. Puede que te eche —en sentido figurado— si cree que estás siendo agradable en un esfuerzo por congraciarte con él o adularle. Es algo que a él ni se le pasaría por la imaginación hacer, así que tú tampoco deberías intentarlo.

Y no halagues a un rojo si no lo conoces bien. Deja los cumplidos en casa.

Conclusión: Paradójicamente, no hay nadie a quien sea tan fácil venderle algo como a un rojo. Si quieres hacer negocios con él, lo único que tienes que hacer es ir a su despacho, presentarle tus propuestas y preguntarle si quiere cerrar un trato. Déjate del partido de futbol de ayer. Da igual que te cruzaras con él la semana pasada en el supermercado. Él no te vio. Si un rojo ya confía en ti y ha decidido que eres una persona decente que puede serle beneficiosa, bueno, entonces es muy posible que empiece a hablar de coches, barcos o la actualidad política. Dale bola. Pero únicamente en ese caso. Y no te sorprendas si la reunión acaba a media frase. Cuando un rojo está satisfecho con su socialización, acaba con ella de inmediato. No es nada personal. Es solo que ya ha tenido bastante.

«¿DE VERDAD QUE NO LO SABES? ENTONCES, ¿POR QUÉ PIERDO EL TIEMPO CONTIGO?»

Puede parecer contradictorio, pero un rojo quiere que tú también seas decidido y directo. Aunque a menudo exige tomar él mismo todas las decisiones importantes, detesta verse frente a personas indecisas. Bailar el vals del titubeo no inspira confianza. Comentarios como «Es difícil asegurarlo», «Depende» o «No sé muy bien qué decir» son frustrantes para los de este color.

Si tienes una opinión, suéltala. Los rojos te juzgan por tu capacidad de decisión. Debes escucharlos, claro, pero también debes tener una opinión propia. Si no, eres débil, y esa no es una cualidad que vaya a hacerte ganar puntos.

Ten en cuenta que a todos nos gustan las personas en las que podemos reconocernos. Un rojo no tropieza con otro rojo cada día, así que cuando ocurre se lleva una grata sorpresa. «¡Un igual! ¡Maravilloso!». He conocido a rojos que se han frotado las manos con satisfacción antes de iniciar un debate acalorado.

Conclusión: Di lo que piensas sin pestañear. Puede que al final tengas que ceder, pero no te vendas barato. Un rojo puede ponerse nervioso y gruñir, patalear, levantar la voz y agitar el puño. Muchas personas dan marcha atrás ante ese comportamiento. A nadie le gusta que le griten, ¿a que no?

El caso es que lo peor que puedes hacer es dar marcha atrás y dejar que un rojo te pisotee. Al hacerlo, pierdes algo muy importante a sus ojos: el respeto. Si no te respeta, te comerá vivo. Y te pisoteará una y otra vez hasta marginarte del todo. No serás alguien que deba tener en cuenta en el futuro. Serás un felpudo.

Lo mejor que puedes hacer es situarte en el ojo del huracán y decirle que se equivoca. Cuando un rojo descubre que no vas a rendirte, cambiará al momento. Si sabes de lo que estás hablando, claro.

YA DORMIRÁS CUANDO ESTÉS MUERTO

Si tienes un jefe rojo, será un trabajador incansable, puede que más que cualquier otra persona que hayas conocido. Tendrá muchos proyectos en marcha a la vez y un control absoluto sobre todo lo que esté ocurriendo.

Un rojo puede vivir con el hecho de que no todo salga bien a la primera. Pero exigirá que te esfuerces al máximo. Debes ser concienzudo en todo; no dudes en echarle horas extra si puedes. Yo no te aconsejo que te conviertas en un adicto al trabajo —hay más cosas en la vida que trabajar—, pero, desde la perspectiva de un jefe rojo, esa sería una cualidad de primera. Te tendrá en alta estima si ve que tu compromiso tiene su reflejo en forma de duro trabajo.

Conclusión: Demuéstrale que eres capaz de esforzarte como el que más. No hace falta que vayas corriendo al despacho del rojo cada cinco minutos a contarle que la noche anterior te quedaste hasta las once y media trabajando. Puede que ni lo impresiones. Es posible que te pregunte si una tarea tan insignificante como esa merecía todo el tiempo que le has dedicado. Pero debes informarle con regularidad de lo que has hecho y presentarle —de forma sintética— el resultado de tu trabajo.

No temas tomar la iniciativa. Haz sugerencias que el rojo no te haya pedido. Prepárate, como siempre, para discutir, pero le gustará que estés motivado.

Fíjate por favor en cómo está formulada la frase precedente. No dice que vayas a gustarle tú por estar motivado. Dice: «Le gustará que estés motivado». Puede que a un jefe rojo le gustes —a veces se da el caso—, pero no esperes que te haga grandes elogios.

Cómo comportarse cuando conoces a un rojo

No tienes por qué adaptarte completamente a cómo quieren los rojos que te comportes: eso sería rendirse. Hay otras cosas a las que debes estar atento para conseguir los resultados deseados. Como los rojos tienen sus defectos y carencias pero a menudo hacen la vista gorda ante ellos, puedes ayudarlos a conseguir un mejor resultado si sabes cómo. He aquí algunas de las cosas que debes tener en cuenta.

«Detalles... Me aburroooo...»

A los rojos no les gusta entrar en detalles. Son aburridos y llevan tiempo. Así que tienden a ser poco cuidadosos con los asuntos de menor importancia. Puede acusarse a los rojos de muchas cosas, pero no de quisquillosos. Para ellos el destino siempre será más importante que el viaje, así que harán casi cualquier cosa para conseguir los resultados deseados. No forma parte de su naturaleza tener en cuenta los pequeños detalles o analizar su método.

Conclusión: Si de verdad quieres ayudar a los rojos a hacer un mejor trabajo, intenta demostrarles los beneficios de cuidar los detalles. Explícales que los resultados serán mejores y los beneficios mayores si se tienen en cuenta un par de pequeños pero cruciales elementos del proyecto.

Prepárate para los resoplidos y para que muestren pocas ganas de hacer lo que le pides. Pero, si se te da bien argumentar, seguirán tu consejo. Como sabemos, los rojos están dispuestos a llevarse al límite, siempre y cuando suponga un progreso.

Rápido pero a menudo rematadamente mal

Como ya he dicho varias veces, en el mundo de los rojos todo suele ser muy urgente. Puedes imaginarte los riesgos que eso conlleva. Pisar el pedal a fondo podría parecer una buena idea, pero solo si todo lo demás —y, especialmente, todos los demás— va a una. Por lo general, los rojos van corriendo delante del grupo, y encima les molesta cuando los demás no consiguen seguirles el ritmo.

Un rojo necesita a alguien que lo obligue a detenerse y a darse cuenta de que no todo el mundo ha entendido la situación tan rápido como él. No será nunca capaz de llevar a cabo todas las fases de un proyecto él solo. Él cree que sí y es probable que lo intente, pero lo cierto es que necesita a su equipo.

Seguramente esto te recuerde a la expresión «rápido y mal».

Conclusión: Proporciónale ejemplos de situaciones en las que se perdió una cantidad preciosa de tiempo por precipitarse. Señala los riesgos que entraña correr demasiado. Explícale que los demás no pueden seguir el ritmo y que sería estupendo que todo el mundo supiera de qué va el proyecto. No cedas. Recuérdale que ni siquiera él puede controlarlo todo en solitario. Obliga al rojo a esperar al resto.

Habla con él de lo ocurrido a posteriori y demuéstrale de forma clara e inequívoca lo que se ha ganado y lo provechoso que ha sido tomarse las cosas con más calma.

«Probemos unas cuantas ideas que jamás nadie ha intentado y veamos qué tal va»

¿Seguro que deberíamos hacerlo? A los rojos no les preocupan los riesgos. Muchos van a propósito en busca de situaciones arriesgadas solo por la adrenalina. De hecho, lo que otros podrían percibir como un comportamiento peligroso a un rojo puede que no le parezca ni arriesgado. «Ah, la vida es riesgo. ¡No saldrás de ella vivo!».

Aun así, los rojos necesitan a alguien que sepa sopesar ventajas y desventajas. Las desventajas son aburridas, desde luego, así que un rojo a menudo se limitará a ignorarlas. Puesto que la respuesta a los riesgos que se asumen suele estar en los detalles, tu enfoque debe ser parecido a la forma en que encaras hablar de detalles con un rojo.

Conclusión: Los rojos calculan los riesgos observando constantemente los hechos. Los hechos son algo que entienden. Puesto que prefieren no mirar atrás —es cansado y aburrido— y pensar solo en el presente y el futuro, puede ser necesario un intercambio de experiencias directo y sincero.

Ponle ejemplos de situaciones que históricamente hayan demostrado ser peligrosas. Pueden ser riesgos empresariales, lanzarse esquiando montaña abajo sin un casco o llamarle idiota a tu jefe. Demuéstraselo con hechos y exígele que se lo piense dos veces antes de asumir un proyecto nuevo sin haber comprobado las condiciones.

Lo de siempre: tienes razón, así que mantente firme y no cedas.

«No estoy aquí para ser tu amigo. Ni el de nadie, en realidad»

Puesto que para muchos rojos las relaciones no son lo principal, suele criticárseles por insistir en que todas ellas deben darse en sus términos, incluso en su vida privada.

Las personas de su entorno se sienten a menudo arrolladas por sus amigos o compañeros de trabajo rojos. Raras veces es esa su intención; es solo algo que pasa. No puedes hacer una tortilla sin romper huevos, etc.

Los rojos quizá no entiendan que los demás los esquivan porque preferirían evitar un conflicto. Eso también significa que los rojos podrían quedar excluidos de información importante. Quizá no les moleste que no los inviten a tomar una cerveza el viernes por la noche, pero sí que les dejen de lado en decisiones importantes. En el peor de los casos, eso puede llevarles a sospechar que las personas que los rodean les están ocultando aposta información significativa. De ahí a la lucha de poder hay un paso.

Conclusión: Los rojos tienen que entender que el camino hacia la plena transparencia pasa por adaptarse a los demás. La idea puede que nunca se les haya pasado por la cabeza; están centrados sobre todo en sí mismos y en sus propios asuntos. Pero si son capaces de ver que nadie puede gestionarlo todo solo, es posible convencerlos para que hagan una pausa y se preocupen por los demás.

Cuando un rojo entiende que a muchas personas les parece importante hablar sobre el primer diente de su hijo, cómo estaba amueblada la cabaña que alquilaron por vacaciones y el barco que sueñan con comprarse, es capaz de escuchar activamente y contribuir a la conversación. En cuanto un rojo comprende de qué sirve toda esa charla mundana, la puerta está abierta. Puede que incluso aprendas algo sobre él.

«No lloren. Soluciónenlo»

Los rojos se enojan. No se puede decir más claro. Tienen un temperamento que estalla de vez en cuando, provocando migrañas a todos los que los rodean. Ellos no son conscientes de ello: gritar un poco es una forma como otra de comunicarse.

A nadie le gusta un abusón, pero no todo el mundo está dispuesto a declararlo. Cuando un rojo arrolla a otra persona, hay que decirle con cariño que las cosas no funcionan así. Se hará el inocente y fingirá que no sabe de qué le estás hablando. Por dentro pensará que si hay personas que le tienen miedo, en fin, pues qué pena.

Conclusión: Aféale el comportamiento de inmediato. No permitas excepciones: di en voz alta y clara que no tolerarás comentarios chabacanos, muestras de agresividad ni berrinches injustificados. Exígele que se comporte como un adulto y que, si pierde los nervios, abandone la sala. Es importante que no dejes que se salga con la suya solo porque se haya puesto a gritar.

Recuerda que esa es una estrategia —discutir y pelearse— que al rojo le ha funcionado durante muchos años. De niño, puede que consiguiera lo que quería a fuerza de pataletas. Es más que probable que su familia experimentara su temperamento explosivo en sus primeros años. Y puedes estar seguro de que cedieron para evitar la sirena antiaérea. Al rojo muy pocas personas le han plantado cara, lo que significa que exigirle una conversación tranquila podría desembocar en protestas aún más sonoras. Si hay algo que un rojo odia más que nada en el mundo es que le digan que tiene que bajar la voz.

Adaptarse al comportamiento amarillo

Lo que un amarillo espera de ti
«¿NO ES FANTÁSTICO ESTAR AQUÍ TODOS JUNTOS?»
Los amarillos no temen al conflicto. Si algo va mal, pueden estallar de furia, pero, siempre que sea posible, prefieren un ambiente agradable y acogedor. Los amarillos cuando mejor están es cuando todo el mundo se lleva bien y brilla el sol.

Un amarillo, no obstante, puede ser muy sensible al buen o mal humor de los demás. No le gustará nada que los miembros de un grupo se lleven mal y la tensión descargue sobre todo el mundo como un aguacero.

Conclusión: Un amarillo funciona mejor cuando es feliz. Es entonces cuando su creatividad está en su apogeo y toda su energía positiva fluye. Debes esforzarte por crear un ambiente cálido y agradable a su alrededor.

Sonríe mucho, diviértete y ríete. Escucha sus bromas disparatadas, sonríe ante sus tonterías y contribuye al ambiente relajado y despreocupado.

Si lo haces, el amarillo se sentirá más a gusto contigo y te hará más caso, lo que siempre es bueno. Estar con un amarillo malhumorado es de todo menos divertido.

«LE HE PEDIDO A ALGUIEN QUE ARREGLE ESE PEQUEÑO DETALLE, PERO NO RECUERDO A QUIÉN»

Mantener el interés de un amarillo no es, la verdad, lo más fácil del mundo. Hay muchas cosas que matan de aburrimiento a un empleado, cliente, amigo o vecino amarillo. Un método infalible para conseguir que se duerma rápida y eficazmente es sacar a relucir un montón de detalles.

No lo hagas. Un amarillo no es capaz de hacer frente a los pormenores. Le aburren. No solo olvidará de lo que estás hablando, sino que pensará que no necesita tanta concreción. Su punto fuerte son las pinceladas amplias. A un amarillo puedes pedirle que trace un panorama de los próximos diez años, pero no que explique cómo hacerlo realidad.

Conclusión: Si no quieres perder la atención de un amarillo, prescinde de las pequeñeces tanto como puedas. Empieza siempre con las grandes cuestiones. Está muy bien que sepas cómo instalar el último sistema de sonido envolvente, pero no canses a tu amigo amarillo con eso. No es para él. Él solo quiere saber cómo se pone la música.

Es igual que con los rojos, o peor. A los amarillos no les importa cómo funcionan las cosas, solo que funcionen. Así que guarda el manual de instrucciones: no lo abrirán nunca.

SIGUE TU INSTINTO: FUNCIONA SIEMPRE

Si me hubieran dado un euro por cada vez que he oído a un amarillo explicar una decisión absolutamente descabellada diciendo que sintió que era lo que tenía que hacer, estaría durmiendo en el Ritz. Hay un estudio que demuestra que algunas personas toman mejores decisiones cuando se guían solo por el instinto. Hagas lo que hagas, no se lo menciones nunca a tu amigo amarillo o no oirás hablar jamás de otra cosa.

Las sensaciones deben ser las adecuadas. Un amarillo es capaz de ignorar los hechos siempre y cuando las sensaciones sean las adecuadas. No me entiendas mal: un amarillo sabe muy bien que hay personas que atienden a los hechos y que eso es importante. No es tonto. Lo que pasa es que no le interesa. Él quiere seguir su instinto.

¿Quieres que un amarillo tome una decisión? Aparta las hojas de Excel, inclínate hacia delante y dile con una amplia sonrisa: «¿Qué sensación te da?».

Lo entenderá a la primera. Y obtendrás una respuesta.

Conclusión: Acéptalo, un amarillo sigue su instinto. Tiene una alta tolerancia a la incertidumbre y los riesgos no le preocupan demasiado. Adáptate a ello. Conseguirás conectar con él demostrándole que tú también sigues tu instinto. Da igual que a ti no te parezca el camino a seguir: es así como le llegarás al corazón a un amarillo. Se reconocerá en ti. Se convertirán en grandes amigos. El sol brillará sobre ti.

«¿ES UN PROTOTIPO ESTE COCHE? ¿LA IDEA QUE NO SE HA PROBADO NUNCA? ¿NO LO HA HECHO NADIE ANTES? ¡PERFECTO!»

Lo que para un rojo es la velocidad, para un amarillo es lo último y mejor. «Nuevo» equivale a «bueno». Todos los amarillos lo saben. ¿Y por qué no? Sin creatividad y nuevos inventos el progreso se detendría en seco, ¿no?

A todo el mundo le gusta que su vida cotidiana tenga un poco de emoción. La diferencia radica en cómo definimos «emoción». Para un amarillo, «nuevo» significa «emocionante». Los amarillos son lo que se llama «usuarios pioneros», los primeros en probar cosas inéditas. Fíjate en quién lleva la última tendencia en moda, en quién es la primera persona que conduce un modelo nuevo y preferiblemente inusual de coche. ¿Quién tiene el teléfono más reciente y sabe qué restaurante será la última sensación en unos meses?

¿Cómo pueden estar al corriente de todas esas cosas? Ni idea. Es posible que dediquen parte de su tiempo en el trabajo a seguirle la pista a todo lo que es nuevo e interesante. Pero también son los primeros en poner en práctica insólitos métodos de trabajo y conceptos originales para vender bienes y servicios. Es de lo más divertido.

Conclusión: Deja que un amarillo se dedique a investigar lo último. Se lo pasará bomba. Si quieres venderle algo a un amarillo, utiliza expresiones como «última generación», «recién desarrollado» y «nunca antes usado». Tu cliente potencial se subirá al carro: «¿Nadie más lo ha probado? ¡Tengo que tenerlo!».

Le caerás bien, porque le parecerás interesante, fascinante y, sobre todo, innovador. Ármate de energía, porque puede ser todo un reto mantenerse a la última, pero los amarillos se volverán locos por ti. Prepárate, de todas formas, para ser reemplazado sin miramientos si encuentran a alguien que sepa aún más que tú sobre cosas nuevas.

«PARECES INTERESANTE. ¿QUIERES SABER QUIÉN SOY?»

A estas alturas ya ha quedado claro que a los amarillos les gusta la gente. Funcionan mejor si se rodean de una multitud. A ver, no es que les gusten todas las personas que conocen, pero sí que le darán una oportunidad a la mayoría.

A un amarillo tienes que demostrarle que eres tan abierto y simpático como él. Si eres demasiado reservado, no se sentirá bienvenido. ¿Por qué no le contestaste cuando te dirigió la palabra? ¿Por qué no te reíste con la historia tan graciosa que explicó sobre su perro? ¿Por qué no sabe nada de ti? ¿Cuáles son tus sueños? Una conexión personal insuficiente puede suscitar en él una fuerte sensación de inseguridad, y su relación no evolucionará de manera positiva. Si eres un rojo o azul, tienes que pensar detenidamente en cómo conseguir que la relación funcione. Si eso es lo que quieres, claro.

Conclusión: Vuélvete accesible. Demuestra que estás disponible, sonríe mucho, asegúrate de tener un lenguaje corporal abierto. Cuando un amarillo te pregunte de dónde eres, no respondas solo: «De Sundsvall». Dile que vivías en el centro histórico, que te encantaba ir a correr a la pista del Södra Berget, que una vez te emborrachaste en el Hotel Knaust y que conoces muy bien al chico del puesto de salchichas de enfrente. Puede parecer un poco innecesario, pero, en cualquier caso, deberías demostrar interés por el amarillo como persona. Desde luego, no te será difícil descubrir cosas suyas, porque te las contará él mismo sin reservas. Pero asegúrate de demostrar que tienes curiosidad y que te interesa.

Y recuerda que los amarillos son muy sensibles a los halagos.

Cómo comportarse cuando conoces a un amarillo

Para que un amarillo conserve el buen humor, tienes que caerle en gracia. Sin embargo, se hará evidente al cabo del tiempo un problema concreto: no habrá conseguido hacer gran cosa. He observado a un grupo de amarillos tratar de resolver un tema. Hablaban todos a la vez y se lo pasaban en grande, y cuando les preguntabas qué tal iba todo contestaban: «¡Estupendamente!». Pero no ponían nada por escrito. Para que las cosas avancen con los amarillos, no puedes limitarte a crear un buen ambiente. Una vez que hayas sintonizado con su frecuencia, tienes que hacer lo siguiente.

Aprende a distinguir si un amarillo está escuchando de verdad

Voy a decir las cosas como son: los amarillos son, sin ninguna duda, los que peor escuchan. Por lo general, no lo admitirán nunca. La propia expresión —«los que peor escuchan»— tiene algo de negativa, y ellos harán lo que haga falta para huir de la negatividad. Muchos amarillos creen que se les da muy bien escuchar. A saber de dónde habrán sacado la idea. No es verdad. Claro que hay amarillos que escuchan: cuando les conviene o cuando ya han conseguido lo que querían de una conversación. Pero, en la mayoría de los casos, olvídate.

Los amarillos no quieren escuchar: quieren hablar. Creen que son capaces de expresar cualquier cosa mejor que nadie. El problema es que se olvidan de escuchar lo que dicen los demás.

Conclusión: Cuando te veas frente a un amarillo, hay ciertas cosas que tienes que hacer. Ya estés hablando con tu pareja de las vacaciones de verano o con un compañero de trabajo sobre un proyecto en marcha, necesitas un plan de acción. Tienes que haberte preparado con antelación. Tienes que saber cuál es tu mensaje y exactamente qué respuesta necesitas de ese individuo. Tienes que convencer a esa persona amarilla y feliz de que conteste a tus preguntas de forma muy concreta y asegurarte de oír cómo dice: «Sí, estaré allí a las cuatro, como hemos quedado» o «Claro que le haré saber al cliente todos los detalles de lo que hemos acordado».

Pero —y es un gran «pero»— si se trata de un asunto importante, prepárate para hacer seguimiento de cómo va todo, porque el amarillo no tomará nota de nada. A menos que consigas convencerlo de que lo apunte en su agenda, claro. Esa sería la mejor manera. Pero, en el resto de contextos, deberías esperar que lo que has dicho le entre por un oído y le salga por el otro.

Aprende a responder cuando te dicen: «¡No hay problema, estará hecho enseguida!»

Los amarillos son optimistas en relación con el tiempo, es así. El trabajo puede hacerse rápido, sin duda, pero raras veces tan rápido como cree un amarillo. Tiene que ver con el hecho de que un amarillo simplemente no es capaz de planificar o estructurar su vida. He trabajado con personas que creían de verdad que podían asistir a ocho reuniones al día, que pensaban que se tardaban solo dos jornadas en renovar una cocina entera y que era posible cruzar el centro de Estocolmo en media hora un lunes de abril por la mañana.

Se trata de manifestaciones típicas de un optimismo amarillo. El problema es evidente: es imposible llevar a cabo todo lo que quiere hacer un amarillo, sobre todo porque él ni siquiera sabe lo que se tarda en hacer cada cosa. E incluso si le pregunta a alguien lo que se tarda, no escucha lo que dice esa persona, porque lo que le está diciendo está mal. Al fin y al cabo, un amarillo piensa que seguramente él sabe más que nadie.

El otro problema es que no se mete en harina cuando debería. ¿Conoces a alguien que se haya tomado el día libre para pintar su dormitorio y a las tres de la tarde aún no haya abierto el bote de pintura? «Primero haré esto, luego llamaré a tal y cual persona, después saldré un rato y luego...». No hay ninguna maldad en ello: es solo que carecen del todo de cualquier sentido del tiempo y que creen de verdad que es un bien inagotable.

Recuerdo una cena a la que fui con varios amigos amarillos. El local tenía una política de reservas de noventa minutos, lo que quería decir que si llegabas veinticinco minutos tarde no tendrías tiempo ni para un entrante ni para un postre, porque la cocina no llegaría a todo. Mi pareja y yo llegamos con quince minutos de adelanto; los dos tenemos toques de azul en nuestros perfiles. Nos dirigimos a la mesa y nos sentamos a esperar a los demás. Pasó el tiempo. El resto de los comensales llegaron cuarenta minutos después, veinticinco minutos tarde, entre risas y bromas sobre cómo habían perdido la noción del tiempo. Justo pudimos pedir un plato principal, comérnoslo y pagar a toda prisa antes de que el siguiente cliente reclamara su mesa. Lo raro es que cuando, más tarde, hablamos del incidente, ellos recordaban haber llegado solo unos pocos minutos tarde. Habían olvidado el hecho de que se habían perdido el treinta por ciento de la cena.

Conclusión: Planifica muy bien todas tus citas con un amarillo. Sincronicen sus relojes. Explícale con claridad que el avión despega a las ocho de la tarde y que si no está allí a esa hora lo dejarán plantado en la puerta de embarque. Dile las cosas como son: si no está con su coche delante de tu puerta dos horas antes de que el avión despegue, te dará un ataque al corazón. Te enojarás con él y su amistad podría verse perjudicada por sus continuos despistes.

Si la cena está prevista que empiece a las nueve, cita a todo el mundo a esa hora pero a tus amigos amarillos diles que es a las ocho y media. Llegarán los últimos de todas formas, pero tendrán muy buenas excusas. Prepárate para todo tipo de anécdotas pintorescas. No olvides que los amarillos negarán rotundamente que sean optimistas con relación al tiempo. Insistirán en que ellos no han perdido ni un minuto de vista el reloj. Es solo que les ha surgido algo de camino.

Aquí parece que haya habido una explosión

Las mesas más desordenadas que he visto en mi vida pertenecían todas a amarillos. Igual que esas pantallas de computadora con tantos pósits pegados que apenas dejan ver nada. Los garajes más patas arriba y los desvanes más abarrotados son también de amarillos.

Pero esa es solo la parte visible. Pídele a un amarillo que te enseñe su agenda. O su bolso. No se te ocurra mirar en su armario. Y esa no es más que la parte física.

Reuniones que se posponen o se olvidan; objetos que desaparecen; coches enteros que se pierden en garajes; llaves que se esfuman sin rastro. Muchos amarillos, además, son incapaces de planificar su día a día. Pueden ir cinco veces seguidas al supermercado y comprar tres cosas cada vez por no haber anotado lo que necesitaban. Eso puede deberse a que no saben lo que quieren hasta que llegan allí o a que están seguros de que serán capaces de recordar las diecinueve cosas que necesitan comprar. (Los amarillos tienen una visión muy generosa de sus propias capacidades. Le dirán a quien quiera escucharles que tienen la mejor memoria del mundo).

Conclusión: Si de verdad quieres ayudar a un amarillo a organizarse, asegúrate de que tenga al menos algún tipo de estructura en su vida. Ayúdalo confeccionando una lista sencilla. Si vais a comprar, anótalo todo tú mismo; tu pareja o amigo se olvidará de la mitad de las cosas.

Crea una estructura a la que pueda acogerse: los amarillos son los que más necesitan esquemas o listas. Paradójicamente, odian todas esas cosas. No dejarán que los metas con calzador en un sistema que no han elegido. Actúa con diplomacia. Si les presionas demasiado puede que la respuesta sea contundente: «¿Por qué tanto control? ¿Vivimos en un Estado fascista o qué pasa?».

Recuerda que para los amarillos lo más importante es quedar bien. Siempre

«Yo, yo, yo». Los amarillos, como los rojos, tienen un ego fuerte, de eso no hay duda. Les gusta la atención; se plantan en el centro del escenario más deprisa que nadie. Cuando mejor se lo pasan es cuando están donde pasa la acción. Tu amigo amarillo es un rayo de sol, habla más alto y más rápido que nadie e ilumina cualquier estancia con su comportamiento.

«Dirijan todos los focos aquí. Mírenme, escúchenme, quiéranme.» Pero eso significa que nadie más ocupa ese espacio. Las conversaciones acaban siendo un recital de la persona amarilla hablando en voz alta y sonora sobre su experiencia o su opinión. Da igual cuál sea el tema —la guerra, el hambre, las dietas, los ejecutivos, los jardines—, el amarillo pondrá sobre la mesa una anécdota sobre la cuestión con él de protagonista. Y si no tiene ninguna, se la inventará.

Sus pensamientos suelen formularse en primera persona: «quiero», «creo», «puedo», «sé», «haré». Es natural. Les gustan los demás, pero hay algo que les gusta aún más: ellos mismos.

Conclusión: Los amarillos deben entender que ellos no son los únicos que están allí o que trabajan en el proyecto. Nunca permitas que acaben con todo el oxígeno de la sala. Necesitan que alguien con valentía y perseverancia les deje claro que tienen que dejar que los demás participen en la conversación o en lo que tengan entre manos.

Es imposible explicar algo así en medio de una reunión, con otras personas presentes. Caerá en saco roto. Además, un amarillo puede sentirse ofendido por una crítica así. «Los demás solo piensan en sí mismos», pensará. O «Soy el único que mira por mí». Este tipo de impresiones debe comunicarse de forma discreta y formularse en positivo. Depende un poco de cómo sea la persona amarilla en cuestión, así que es probable que necesites un plan.

Prepárate para una cosa: es muy posible que acaben enemistándose en el proceso. Sin duda estás corriendo un riesgo. Que te digan que eres egocéntrico y narcisista no tiene nada de halagador. Y los amarillos lo sabrán; no son tontos. Pero pensarán que tu análisis es erróneo. Así que tendrás que hacer un gran esfuerzo. O buscar nuevos amigos.

Mucho hablar pero poco hacer

Voy a ir directo al grano para evitar confusiones: los amarillos hablan más de lo que trabajan. Tienden a explicar todo lo que tienen que hacer más que a hacerlo de verdad. Cualquiera que conozca a un verdadero amarillo sabrá muy bien a lo que me refiero.

Está claro que hay muchas personas a las que les cuesta motivarse para trabajar, sobre todo si tienen que encarar algo aburrido. Pero para los amarillos es especialmente difícil dejar la casilla de salida cuando se ven frente a una tarea incómoda, ya sea llamar a un cliente insatisfecho, cambiar el aceite del coche o ir a la farmacia. Es un rollo, no le interesa para nada y no lo hará. Las excusas para evitar esas tareas serán numerosas e imaginativas.

Como la perspectiva de un amarillo sobre el tiempo se basa en el futuro, dedica más tiempo a hablar de lo que está por venir que energía a que se haga realidad. Pocas veces verás planes tan locos u objetivos tan imposibles como los de los amarillos. Y como piensan en voz alta, las personas que los rodean creen que esas fantasías se harán realidad: «¡Guau! ¡Suena genial!».

Conclusión: Para ayudar a tu amigo amarillo tienes que asegurarte de que empuña la pala y empieza a cavar. Presiónalo, pero con suavidad. Trátalo un poco como tratarías a un niño. Sé amable pero firme. Si se da cuenta de que estás supervisando lo que hace, las cosas pueden ponerse difíciles. Los amarillos llevan muy mal que los controlen. Necesitan más ayuda que nadie para arrancar, pero eso no significa que les guste. Son almas libres y no obedecen a nadie.

Así que tienes que ser diplomático. Explícale con suavidad y cariño el valor en sí de hacer el trabajo, ahora que sabe lo que hay que hacer. Dedica un momento a explicarle al amarillo que podría ser aún más popular de lo que ya lo es si acabara el trabajo. Todo el mundo lo querría y le tendría más aprecio que nunca.

¿Parece fácil? Lo es. Lo único que tienes que hacer es vencer tu resistencia a inflarle a alguien el ego de forma tan descarada. Pero funcionará.

Date cuenta de que los amarillos puede que vean moverse tus labios, pero no escuchar nada de lo que dices

Ese podría muy bien ser el subtítulo de un apartado sobre personas que no saben escuchar, porque una cosa va con la otra. Todos cometemos errores y nadie es perfecto. Eso es evidente para todo el mundo, y también para los amarillos. En un debate teórico, son capaces de aceptar que hay personas que necesitan calmarse, aclararse y hacer las cosas mejor. Incluso pueden admitir que nadie es perfecto. Hasta ahí, todo bien. El problema surge cuando intentamos que un amarillo concreto entienda que tal vez él necesite mejorar. Eso genera un conflicto, sobre todo si la crítica se ha expresado en público.

A los amarillos les cuesta enfrentarse a las críticas. No les gustan porque no les dejan bien. ¡Cómo va a haber alguien a quien no le guste todo lo que ellos hacen y dicen! Cuando me toca reunirme con amarillos y transmitirles mis impresiones sobre sus perfiles, todo va bien hasta que llegamos a la página con el encabezamiento «Áreas de mejora». Es decir, puntos débiles.

Por bien que nos llevemos, la temperatura en la habitación desciende de pronto unos cuantos grados. Las murallas defensivas se levantan más rápido de lo que se tarda en decir «escasa autoconciencia». En el fondo, el individuo amarillo sabe que tiene puntos débiles; es solo que no se plantea hablar de ellos.

Conclusión: Si quieres que un amarillo asimile una crítica negativa, tienes que ser persistente. Crea un ambiente agradable en la habitación y encuentra el tono adecuado para que tu comentario llegue a donde debe.

Siempre puedes dar un puñetazo en la mesa lo más fuerte posible para despertarlo y soltarle la cruda realidad a las claras. Aunque no lo recomiendo. Es mejor trabajar despacio y de forma constante, repitiendo los conceptos hasta que los entienda.

La claridad es fundamental. Asegúrate de ir muy bien preparado y de estar al corriente de todos los hechos que justifiquen lo que dices. Los amarillos son hábiles manipuladores. Si notan que tu crítica no va en serio y que no harás seguimiento, conseguirán desviar el tema. Se les dan bien las cortinas de humo. No te pierdas en la niebla.

Haz que conteste de verdad a tus preguntas y asegúrate de que entiende el mensaje. Insiste en que anote lo que le has dicho. Pídele que te repita las críticas que le has hecho.

También tienes que poner en marcha un plan de acción. Pero eso déjalo para la siguiente reunión. Por el momento, es posible que ya hayas llegado todo lo lejos que se podía con un amarillo. Seguir solo servirá para desgastarte.

Una cosa más: con las impresiones positivas esto no pasa. Con esas, el amarillo se sube al tren más rápido de lo que puedas imaginar.

Adaptarse al comportamiento verde

Lo que un verde espera de ti
TODO TIENE QUE ESTAR BIEN SIEMPRE

La seguridad siempre será importante para este color. A un verde le preocupa todo lo que pueda pasar. No le gusta la inseguridad y lo soluciona escondiéndose bajo las sábanas. Si no ves el peligro, es que no está ahí. El verde no querrá ir a ningún lugar que sea demasiado inseguro. Busca la estabilidad y no quiere ni pensar en apuestas arriesgadas.

«Pero el mundo es un lugar peligroso», debes de estar pensando. Hay infinidad de peligros ahí fuera. Absolutamente todo puede salir mal. Mi relación de pareja podría acabarse, podría tener problemas de salud, mi marido o mi mujer podrían dejarme, mis hijos podrían pensar que soy idiota. Podría perder mi trabajo, mi jefe podría empezar a estar de acuerdo con mis hijos, podría tener problemas con un montón de gente. Podría tener un accidente de tráfico de camino al trabajo. ¡Podría morirme por una espinita de pescado en la garganta!

Todas esas cosas hacen que la vida dé miedo. Podría pasar cualquier cosa. Muchos de los verdes a los que he conocido a lo largo de mis años como *coach* me han dicho que esos potenciales peligros los paralizan. Les abruma pensar en todos esos riesgos. Se sienten incapaces de actuar. Y como no están especialmente motivados para salir al mundo, acaba siendo más fácil quedarse en casa. Tranquilitos y seguros junto a la chimenea.

No fueron los verdes los que abandonaron sus casas y emigraron a América. No se habrían subido jamás al barco, porque ¿quién sabía cómo iría el viaje? Y si sobrevivías al trayecto, ¿quién podía decir lo que ibas a encontrarte al llegar? Esas historias sobre toda esa gente que conseguía fama y riqueza bien podían ser patrañas de principio a fin. Y si conseguías un trabajo y encontrabas un lugar donde vivir, ¿quién sabía si serías feliz? ¿Y si acababas siendo aún más desgraciado que cuando estabas en casa? Sabes lo que tienes, pero no tienes ni idea de lo que vas a conseguir.

Conclusión: Asume que esa persona no piensa como tú. Asume que la mueve el miedo tanto como cualquier otra cosa, puede que incluso más. Demuéstrale que estás dispuesto a escuchar lo que le preocupa. No digas cosas como «No hay de qué tener miedo». No funcionan, porque el miedo en sí es real. Y, además, no es verdad: hay muchas razones legítimas por las que tener miedo. Todos tenemos cosas que nos angustian; los verdes lo que pasa es que tienen más.

En lugar de eso, ayuda a tu amigo verde a enfrentarse a su miedo a lo desconocido. Anímalo a hacer las cosas que le dan miedo y a avanzar pese a todo. Prueba a darle suaves empujoncitos hacia delante, como hicieron con nosotros cuando aprendimos a nadar de pequeños, pese a que el agua parecía fría y peligrosa.

Cuando tu amigo te diga que la hierba solo se ve más verde desde el otro lado, respira hondo y sigue empujando.

NO HA PASADO NADA. DOS VECES

Seguro que recuerdas que he mencionado la pasividad de los verdes. Para ellos no hay nada tan importante que no pueda ignorarse. Ser proactivo y estar motivado, tener un estilo de vida activo... Todas esas cosas perturban su tranquilidad. Y no contarán con su aprobación. No le gustará que se te ocurran nuevas cosas que hacer a todas horas.

Los verdes prefieren no tener que hacer nada activo. Llegan a casa los viernes por la tarde tan cansados de pasar toda la semana intentando hacer lo menos posible que necesitan tomarse un buen descanso. He conocido a verdes cuyos esfuerzos para evitar el trabajo les robaban más energía que ponerse a hacerlo.

Las consecuencias son evidentes para quienes los rodean. A los verdes no les gustan los fines de semana llenos de actividades. Visitar a la suegra, organizar un pícnic, llevar al niño al partido de futbol, limpiar el garaje, invitar a los vecinos a cenar: todo se convierte en una carga para él y la mitad de las veces no consigue hacer nada. Un verde planea por debajo del radar y desaparece del todo. Necesita paz y tranquilidad para poder hacer lo que mejor sabe hacer. La paz y la tranquilidad hacen que se sienta seguro y feliz.

Conclusión: Es importante respetar esa necesidad hasta cierto punto. Tenemos que ponernos en la piel de los demás, sabiendo lo estresante que puede ser para ellos estar yendo siempre de un lado a otro. En la sociedad actual, no es posible evitar del todo el bullicio y el ajetreo. Eso significa que un verdadero verde a menudo siente que está haciendo algo mal. Oye hablar a los demás de sus fines de semana, de sus actividades y de cómo han completado un complicado proyecto tras otro... Y le parece agotador.

La solución es dejarles sus ratos de paz, tranquilidad e inactividad. Es su forma de funcionar. Eso no significa, por supuesto, que puedan estar sin hacer nada toda la vida, sino que necesitan que se les permita hacer una cantidad razonable de... nada.

«¿A DÓNDE VAMOS? CREO QUE ESTA VEZ NO VOY A IR...»

La estabilidad y la previsibilidad son importantes para los verdes. Y, si lo piensas, es lógico: es bueno saber lo que va a pasar. Es probable que todos tengamos cierto grado de dependencia del control. Queremos saber. Pero, para los verdes, esa dependencia es mayor. Cuando los rojos preguntan qué, los amarillos se preguntan quién. Cuando los azules preguntan por qué, los verdes quieren saber cómo.

Un verde necesita saber cuál es el plan. ¿Qué tiene que pasar? ¿Cuándo ocurrirá todo? ¿Qué puede esperar?

No hay más que ver cómo funcionan las cosas en casa. ¿Quién desayuna siempre en el mismo sitio en la mesa? Sé que muchos de nosotros somos criaturas de costumbres, pero si le robas a un verde su silla «de toda la vida» le arruinarás la vida y harás que le siente mal la comida.

Pero su necesidad de que las cosas sean previsibles va más allá de eso. Tiene que ver con cualquier cosa que se parezca a un cambio. En nuestra sociedad actual, lo único permanente es el cambio. Nada es totalmente predecible; todo gira sobre su propio eje y apa-

ADAPTACIÓN

rece de nuevas maneras y formas. Y eso es de lo más estresante para los verdes.

Conclusión: Como un verde no decidirá nada por su cuenta, seremos tú y yo quienes tengamos que encargarnos de la planificación. Pero puede que sea lo mejor. Podremos tranquilizar a los verdes contándoles todos los pasos del plan. En lugar de limitarte a decirle que tendrán invitados en casa el fin de semana, podrías explicarle que vendrán Lena y Lasse a cenar y que les ofrecerán una cena de tres platos, con un entrante, un principal y un postre. Del principal te encargarás tú, y a tu pareja verde le dirás que haga el postre según esta receta. Le contarás quién hará cada cosa. Quién comprará el vino, quién comprará las flores, y así con todo. Puede que incluso le digas qué día debería hacer la compra. Y, quién sabe, tal vez le anotes la dirección de la floristería y las instrucciones exactas de todo lo que hay que comprar.

¿Te parece exagerado? No lo es. Recuerda, los verdes no son los campeones mundiales de tomar la iniciativa. Piensa en tu familia como en una empresa: no todo el mundo hace las mismas cosas, porque las cosas que se nos da bien hacer son distintas. Si se te da mejor tomar la iniciativa, hazlo. Pero asegúrate de que tu pareja verde está de acuerdo. De lo contrario, podría salir corriendo por la puerta de atrás.

Cómo comportarse cuando conoces a un verde

Vale, ahora ya sabes cómo quieren tus amigos verdes que se los trate. El resultado será una relación sosegada y perfecta, y serán amigos durante muchos años. Bien, ¿no? Pero no puedes quedarte ahí, porque, a menos que tú también seas un verdadero verde, querrás hacer algo de vez en cuando. Y necesitarás una estrategia para poner en marcha a tu amigo amante de la estabilidad.

«¿Por qué todo tiene que ser un drama? Uf. Me voy a la cama»

Es algo que ya he dicho, pero sobre lo que vale la pena insistir: a los verdes no les gustan los desacuerdos de ningún tipo. Se apartan cuando una discusión se vuelve acalorada o si frunces el ceño en el momento inadecuado. En todo hay un conflicto potencial, y eso es lo peor para los verdes. Se encierran en sí mismos; se vuelven silenciosos y pasivos.

Impartí, hace muchos años, un curso de eficacia personal para comerciales en una convención de ventas. Uno de los asistentes jugaba con su teléfono sin parar y cuando yo —de muy buenas maneras— le pedí que esperara a la pausa para escribir sus mensajes, se puso muy tieso y dejó de hablar. No respondió a ninguna pregunta ni participó en ningún debate. Ni levantó el bolígrafo durante el resto del día. No paraba de lanzarme miradas asesinas, pero cuando le pregunté si tenía algún problema, se limitó a encogerse de hombros.

Me entregó la que tal vez sea la peor evaluación que me han hecho jamás. Aunque la convención duraba cinco días, fue aquel el que resultó decisivo para él, y me hizo picadillo. Por lo visto, jamás había conocido un asesor tan maleducado e incompetente. Fue como si le hubiera clavado un puñal en la espalda. La suya, desde luego, era una reacción muy poco racional, sobre todo teniendo en cuenta que habíamos acordado no utilizar los teléfonos durante las sesiones de trabajo. Pero eso daba igual, aquel tipo pensaba que yo había sido muy injusto con él y me castigó de la única forma que podía hacerlo: por medio de una total pasividad. Lo llamé por teléfono *a posteriori* y le pregunté qué había pasado. Admitió que la suya había sido una actitud infantil y se disculpó.

Conclusión: Si tienes algo que decir sobre la actitud de un verde, ten cuidado con cómo lo dices. Por ejemplo, si es una crítica, deberías hacerla en privado. Asegúrate de que tu interlocutor entiende que sigue cayéndote bien, pero que crees que él y el grupo (ya sea un equipo de trabajo o deportivo, una familia o una asociación) funcionarían mejor si él cambiara determinadas actitudes. No le preguntes qué podría cambiar de su comportamiento: pídele que haga cosas concretas. Puede que sepa lo que tiene que hacer, pero él, como de costumbre, no dirigirá la conversación, así que tendrás que encargarte tú de hacerlo.

«Antes era mejor. Mucho mejor»

Cuando en una formación hablo del cambio, uno de mis ejercicios favoritos es pedirles a todos los que le tengan miedo que se levanten. De vez en cuando se levanta alguien, pero lo más habitual es que no se mueva nadie.

¿Por qué? Porque todos entendemos que el cambio es inevitable y necesario si no queremos quedarnos atrás. Hay personas capaces de admitir que no les gusta el cambio, pero como una observación solo en el plano intelectual. Así que nos quedamos todos sentados y fingimos que allí nadie se opone al cambio. Y, además, nadie más se ha levantado.

Acto seguido, mi segunda pregunta es: «¿Quién cree que alguien del grupo tiene miedo al cambio?». De repente todo el grupo se pone en pie, y mira a su alrededor sonriendo. Así que ¿a quién no le gusta el cambio? Respuesta: «A todos los demás. Y como el problema lo tienen ellos, yo no tengo que hacer nada en absoluto».

Es un problema generalizado. El verde es el rasgo dominante de la mayoría de la población. Esa es la razón principal por la que no somos capaces de recibir el cambio con los brazos abiertos. Lo nuevo es malo y debería evitarse a toda costa.

El cambio rápido es el que más cuesta aceptar. Cuanto más rápido, peor. Así que cuanto más deprisa giran las ruedas de la sociedad, más sufren quienes se oponen a que eso ocurra. Lo vemos a todas horas en los informes que llegan. Los amarillos y los rojos idean cambios constantes; los verdes y los azules, que son la mayoría, intentan seguirles el ritmo. Y el estrés no hace más que aumentar.

Conclusión: Si quieres que los verdes acepten el cambio, tendrás que armarte de una buena dosis de paciencia. Desglosa el proceso en partes y date varias semanas para convencer, persuadir y explicar los pormenores. Describe el proceso con todo lujo de detalles. Como nadie va a tomar notas, tendrás que repetirlo una vez y otra hasta que todo el mundo capte el mensaje.

El grupo necesita tener la oportunidad de asimilar que la única posible solución es el cambio. Cuando ese sentimiento haya cuajado, podrás irte a casa. Pero el camino es largo y complejo. Necesitas saber exactamente a dónde te diriges y necesitas recordarte constantemente a ti mismo por qué estás pasando por todo esto. Si eres rojo, sentirás cada día el impulso de imponerle tu opinión al grupo, pero no tengo que explicarte que, si lo haces, más te vale cerrar la empresa. Le ahorrarías una enorme cantidad de tiempo y sufrimiento a todos los implicados.

Alguien tiene que tomar el timón si no queremos hundirnos hasta el fondo

Digamos la verdad: el comportamiento verde, si lo aislamos de todo lo demás, no es una cualidad distintiva del liderazgo. Sobre todo porque, a menudo, el liderazgo tiene que ver con el cambio. Por suerte, eso no significa que no haya jefes verdes —hay muchos por ahí—, pero no crecen en los árboles. No dan un paso al frente como lo hacen los rojos y los amarillos.

Es muy cómodo no tener que asumir responsabilidades. Creo que todos nosotros somos en cierta medida perezosos. Es liberador no tener que pensar, evitar decidir y limitarse a ser un pasajero.

Pero, aunque varía según las circunstancias, los verdes han convertido esa pereza en una forma de arte. No quieren ninguna responsabilidad porque a) si alguien no estuviera de acuerdo con su decisión podría producirse un conflicto, y b) puede suponer mucho trabajo extra, y eso nunca es bueno. Así que lo esquivan, durante tanto tiempo como sea posible.

La responsabilidad es una carga y requiere mucha fuerza interior, además de una motivación exterior para asumirla. Pero, al mismo tiempo, es un indicador de madurez, y empieza por asumir la responsabilidad de uno mismo y de la propia vida. Los verdes (y algunos otros colores, a veces) tienden a echarles la culpa a todo y a todos, menos a sí mismos. Conozco a una mujer que tenía una lista de cosas a las que culpar si algo no salía como ella quería. Echaba la culpa al Gobierno, a la oposición, a los impuestos, a su empresa, al estado del mercado, a su educación, a sus padres, a su marido y a sus hijos. A veces era culpa del tiempo. Culpaba a todo y a todos, menos a ella misma.

¿Qué conseguía con eso? No tener que asumir ninguna responsabilidad. Como siempre había otro factor que era responsable de esto y de lo otro, nunca tenía que enfrentarse a sus propios problemas ni cambiar nada. Recuerdo que le pedí que me explicara cómo es que ella no estaba en su propia lista, pero sospecho que no entendió la pregunta.

La pasividad monumental de la que hacen gala los verdes es fuente inmediata de problemas. Si en un barco nadie rema ni toma el timón, rezar no servirá de nada. Y los verdes se quedarán sentados, esperando ayuda. (Por lo general siempre suele venir alguien a ayudar, así que, a pesar de todo, sobreviven.)

Conclusión: Si quieres que con un grupo amplio de verdes la cosa avance, tienes que asumir el mando, agarrar con firmeza el volante y, en algunos casos, ponerte sin más en el asiento del conductor. Pedirle a un grupo de este color que lleve a cabo una tarea es tan poco efectivo como intentar ponerle un freno a una canoa. No se pondrán manos a la obra a menos que les indiques por dónde hacerlo.

Pretender que hagan lo que tienen que hacer porque son adultos no servirá de nada. A ver, sí, son adultos, pero son niños en lo que se refiere a cuestiones tan básicas como tomar decisiones. Eso es porque en un momento dado tomaron la decisión de no tomar decisiones. Así que alguien tiene que plantar cara y decidir.

Hazlo, y hazlo ahora. Pero, a la vez, hazlo con cuidado...

Adaptarse al comportamiento azul

Lo que un azul espera de ti
ES MEJOR PENSARLO TODO DE CABO A RABO DESDE EL PRINCIPIO
Un azul lo prepara todo a conciencia. Si han quedado en un lugar y hora concretos, puedes estar seguro de que estará allí. Un azul habrá revisado todo el material, analizado hasta el último detalle y estará preparado para hablar de cualquier cosa relacionada con el asunto. Tendrá también un plan alternativo y un plan de contingencia.

ÉL HA PENSADO EN TODO, ASÍ QUE TÚ TAMBIÉN DEBERÍAS HACERLO
Ser azul es un poco como hacer el servicio militar: no hay excusas que valgan. Si se te pincha una rueda, debes estar preparado para solucionarlo. Si la rueda de repuesto tiene un pinchazo, debes tener también un plan para eso. Un azul tendrá preguntas que hacerte si dices algo como «Así son las cosas». La próxima vez que se vean, su confianza en ti se habrá visto empañada.

Conclusión: Asegúrate de poder demostrar que has hecho los deberes y estás bien preparado. Por ejemplo, si un cliente o un responsable político azul tienen una pregunta, deberías ser capaz de sacar justo la carpeta que necesitan de tu cartera. No le des demasiada importancia a saber la respuesta. Él no esperaba menos.

Y, lo más importante, si no tienes la respuesta, dilo. Reconoce que no lo sabes. No pongas ninguna excusa para salir del paso de la situación. Cuando el azul descubra tu mentira piadosa —y lo hará—, caerás en desgracia. No es ideal tener que volver al día siguiente con una respuesta, pero sin duda es preferible a contar una mentirijilla.

Conozco a un vendedor de coches que suele decir que cuando un cliente es azul él ya sabe, de entrada, que el cliente está más informado que él de un modelo concreto de coche, puesto que él, como vendedor, quizá tenga que ocuparse de cincuenta modelos de vehículo distintos. Los clientes azules no hacen preguntas para averiguar cosas: las hacen para confirmar lo que ya saben. Así que el vendedor de coches no hace el menor esfuerzo por disimular. Si no sabe una respuesta, lo reconoce y luego la averigua. Es la única forma de recuperar la confianza de un cliente azul.

NO ESTAMOS AQUÍ PARA PASAR EL RATO Y ESTAR A GUSTO

En el caso de una relación laboral, esa es una realidad. El trabajo es el trabajo. Concéntrate en la tarea que tienes entre manos. A un azul no le interesan tus preferencias personales o lo que piensas sobre su coche, su casa, el deporte o cualquier otro asunto que no esté relacionado con el trabajo. Él está allí para trabajar. Punto.

Recuerdo que, en una ocasión, después de unas cinco o seis reuniones con un responsable de recursos humanos de una gran empresa, creí que ya había llegado a conocerlo. Estábamos más allá de la fase de darnos la mano cada vez que nos veíamos y para entonces él ya sabía cómo prefería yo el café. En la séptima reunión se me ocurrió preguntarle qué tenía pensado hacer por vacaciones.

¿Por qué lo hice? No lo sé. Se le vació la mirada y luego empezó a pasearla por toda la estancia. Acabé diciendo cualquier tontería para disimular mi metedura de pata. Yo tampoco le había dicho lo que iba a hacer por vacaciones. Unas cuatro visitas después me hizo saber amablemente que tenía previsto ir a Tailandia con su familia durante las Navidades.

Esa fue la señal de apertura.

Conclusión: Cíñete a la tarea que tienes entre manos. Trabaja con listas en las que anotar hechos concretos, objetivos que puedas marcar como ya cumplidos junto con el azul. Si eres amarillo, deja de lado parte de tu espontaneidad. Es más, deja de lado tanta espontaneidad como puedas. Oblígate a hacer una cosa cada vez. Recuérdate que un azul raras veces, o nunca, te preguntará cómo te van las cosas o mostrará interés por tus problemas personales. Tampoco le preguntes a él cómo le van las cosas en el ámbito personal. La propia palabra sería la respuesta: «Personal. Privado. No te metas». Con el tiempo, se abrirá a ti, si quiere. No es que no le caigas bien: es que primero quiere trabajar. Asúmelo y todo irá bien.

NO HACE FALTA UNA VISIÓN. QUEDÉMONOS EN EL MUNDO REAL, MUCHAS GRACIAS

Tus amigos azules no vuelan en el cielo azul. Pisan en el suelo y echan mano de su espíritu crítico para juzgar si las cosas son realistas o no. Mientras que a ti tal vez te parezcan aburridos, suspicaces o directamente pesimistas, ellos se ven como realistas. Quieren saber cómo es la realidad, no cómo se ve el mundo cuando eres un soñador o un visionario.

Recuerdo que una vez, en la época en la que yo trabajaba en el sector bancario, celebramos un acto inaugural y yo quise animar a mi equipo a hacer grandes cosas, como nunca se habían visto antes. Acabé mi discurso entusiasta exclamando: «Pronto estaremos en la cima del éxito y desde allí contemplaremos el mercado que hemos conquistado. ¡Nosotros, todos nosotros, estaremos en lo alto de esa montaña!». Mientras que los empleados amarillos y rojos y, hasta cierto punto, los verdes, se mostraron entusiasmados, los azules solo dijeron una cosa: «No nos imaginamos allá arriba. ¿Cómo hemos subido?».

Los amarillos gritaron: «¿Es que no sabéis tener visión?».

«Tenemos un Excel», contestaron los azules.

Si un plan parece descabellado, un azul nunca tendrá ninguna fe en él. No sirve de nada jugar con sus sentimientos o intentar promover ideas demasiado disparatadas. Lo que propongas deberá tener perspectivas realistas; de otro modo, no llegarás a ninguna parte.

Conclusión: Piensa bien lo que quieres decir y de lo que quieres convencer a un azul. Deja de lado fabulaciones y visiones. Puede que incluso valga la pena darle la vuelta al tipo de lenguaje que emplearás al hablar de tu plan. Olvídate de esos discursos inspiradores que tanto les gustan a los amarillos y rojos. Cíñete a los hechos y sé claro.

Si tienes una idea que nadie ha probado antes, intenta fijar objetivos razonables. No proclames que van a liderar el mercado en tres meses o que el equipo de la liga infantil ganará el campeonato pese a haber perdido todos los partidos hasta la fecha. Lo único que conseguirás es que crean que estás loco. Si tienes amarillo en tu perfil, deberías pensar bien cómo vas a interactuar con los azules. No es una batalla fácil para ti, ya de entrada, la de los azules. Y trata de no utilizar un lenguaje corporal demasiado ampuloso.

DETALLES: LOS HECHOS SON LO ÚNICO QUE IMPORTA

Los detalles son esenciales a la hora de comunicarse con un azul. Si de verdad quieres transmitirle algo, asegúrate de ser muy preciso.

Ser descuidado o no tener en cuenta los detalles no te hará ganar puntos.

Más de un comercial ha sido rechazado en una visita de ventas por negligencia, por no conocer hasta el menor de los detalles. Y recuerda que no es una cuestión de si los pormenores son cruciales para una decisión determinada o no: puede que, de hecho, ni siquiera tengan un peso real en el asunto. Pero la persona azul que está juzgando la idea quiere saberlos.

También quiere saberlos con exactitud. Si te preguntan cuánto cuesta un producto determinado, no digas: «Unos diez euros». Di: «Nueve euros y setenta y tres céntimos». Esa es una respuesta concreta. A un azul le interesa más un precio exacto que un precio bajo. Es muy posible que negocie, pero quiere saber el valor exacto.

Conclusión: Prepárate bien. Cuando creas que estás preparado y que ya sabes todo lo que hay que saber sobre un asunto, vuelve a repasarlo todo una vez más. Asegúrate de que tienes respuestas para absolutamente cualquier pregunta. Asume que el azul quizá quiera tener más datos para sentirse seguro. Dale los detalles que necesita para seguir avanzando. Siempre se preguntará si hay más información. Pero, de ese modo, conseguirás que esté tranquilo y, con un poco de suerte, contento.

LA CALIDAD NO TIENE SUSTITUTO

La calidad es lo que mueve a un azul. Todo lo demás es secundario. Los demás elementos que ocupan su atención nacen de un deseo profundamente arraigado de que todo esté perfecto. Un azul no está contento si no se le permite realizar su trabajo con unos estándares rigurosos. No tiene nada que ver con la calidad del trabajo que en realidad se necesita. Se debe, sin más, a su creencia de que las cosas deben hacerse siempre como es debido.

Esto, por supuesto, lleva mucho tiempo. Pero las ventajas son evidentes: si lo haces bien desde el principio, no tendrás que rehacerlo. En realidad, es una forma estupenda de ahorrar tiempo. Pero como los azules no piensan en términos de horas, días o semanas, sino de meses o años, no ven las potenciales desventajas de esos estándares tan rigurosos. Si algo vale la pena hacerse, vale la pena hacerlo bien, y eso lleva tiempo. Así de sencillo.

Conclusión: Sé especialmente meticuloso en tu trabajo cuando intentes impresionar a un azul; de lo contrario, te considerará una persona chapucera y descuidada. Ten cuidado de no hablar en términos negativos del tiempo que dedica el azul a la calidad. Utiliza expresiones como «control cuidadoso», «revisado a fondo» e «importancia de la calidad». Evita criticar a los azules por tardar demasiado o por preocuparse por detalles que quizá sean innecesarios. En lugar de eso, alábalos por su atención por el detalle y por la calidad superior de su trabajo. Dales a entender que están haciendo un trabajo de calidad y que entiendes su valor.

Eso quiere decir que debes prepararte muy bien antes de cualquier reunión con un azul. Él va a juzgarte por tu trabajo. No por lo divertido que seas, no por a quién conoces, no por si lo invitas o no a restaurantes caros. Nada de eso importa lo más mínimo si eres poco cuidadoso. Cuando acabes de hacer algo, revísalo de arriba abajo. Si es posible, hazlo tres veces. Pídele a otra persona que lo revise también. Solo entonces debes enseñárselo a tu compañero azul.

Cómo comportarse cuando conoces a un azul

Aceptar sin más que un azul lleve la iniciativa sería como conducir un coche con el freno de mano puesto. Tu trabajo es probable que consista en conseguir que las cosas avancen, y para hacerlo no puedes limitarte a pisar el acelerador, sino que tienes que encontrar la palanca adecuada y quitar el freno de mano.

Un azul tiene sentimientos, igual que todo el mundo, y aprecio por la gente. Solo que lo demuestra de un modo un poco distinto. La mayoría de las emociones de los azules son muy contenidas, así que pueden parecer personas un poco frías. No tienen expresiones faciales dignas de mención, ni gestos ni expresiones emocionales de ningún tipo. Los azules no suelen parecer interesados en los demás y centran su atención en el asunto que tienen entre manos.

Si estamos en una empresa de auditoría o tratando de resolver un problema empresarial importante, entonces esa es una buena actitud. Pero cuando hay otras personas involucradas, sobre todo amarillos o verdes, la tendencia de los azules a disociarse de los demás puede ser problemática. No se dan cuenta de que hay personas que no funcionan de la misma forma. La gente quiere sentir que puede conectar con ellos. No quieren sentirse como robots.

Conclusión: Recuérdale que los demás tienen sentimientos. Dale ejemplos de situaciones en las que ha herido los sentimientos de otras personas, como cuando señaló todos los defectos de la nueva casa del vecino. Explícale que no tiene por qué expresarse siempre de forma crítica. Muéstrale que las personas pueden ofenderse mucho cuando los demás critican su casa, su coche, a su pareja o a sus hijos. Sé claro y dile que ser sincero no es una excusa para ser insensible y recuérdale que no se trata de «decir las cosas como son». Él no ha dicho las cosas como son: solo ha dicho lo que pensaba o creía sobre algo en concreto.

Hazle notar que la crítica constante raras veces consigue nada. No será una tarea sencilla, porque creerá que te equivocas. Él tiene todo el derecho a criticar y señalar errores y defectos. Si ve un error, no puede ignorarlo. Puede que tengas que decirle que está siendo insufrible.

Lo importante está en los detalles

¿Has oído alguna vez a un azul contar una anécdota interesante? Digamos que ha tenido un pinchazo en la autopista. Empezará diciendo que su despertador, un Sony, sonó con un minuto de adelanto porque era jueves y los jueves hace gárgaras durante más rato con Listerine, el de color verde, porque la Unión de Consumidores, la mayor organización independiente de catas de consumo del mundo, demostró en su boletín del pasado marzo que es el mejor. El desayuno consistió en dos huevos cocidos siete minutos y un café. Nespresso tiene un nuevo tueste, pero no le gustó. Al menos un 9 por ciento de los granos se había estropeado, lo que le hizo pensar en cómo la estructura del grano afecta a la sensación en boca del café. Luego fue por el *Svenska Dagbladet*, porque han hecho una oferta especial para suscriptores del periódico, un 18 por ciento de descuento durante tres meses. En la oficina de correos estuvo hablando con su vecino, que también lee el *Svenska Dagbladet*, sobre la mejor forma de cuidar del pasto en septiembre. «Hay una página web estupenda que habla de las distintas clases de fertilizante de otoño, y es fascinante...».

¡Roma no se hizo en un día!

Las prisas son solo para los chapuzas. Podemos decirle a un azul que se dé prisa, pero le entrará por un oído y le saldrá por el otro. La velocidad no es un fin en sí mismo. En una situación de estrés, los azules muchas veces irán aún más despacio, porque cuando hay mucho en juego no hay espacio para los errores. Mejor ir con cuidado que tener que perder tiempo en complicados arreglos.

Eso puede ser verdad, pero a veces las cosas son urgentes, sobre todo en nuestra sociedad acelerada: corremos para ir a trabajar, corremos en el trabajo, corremos de vuelta a casa, corremos en la escuela, en el tráfico, en el supermercado... Todo es urgente. No pretendo fomentar ningún tipo de comportamiento que pueda provocar trastornos relacionados con el estrés, pero a veces hay que acelerar para no quedarse fuera de juego. Por fuera, el azul parece impasible. Trabaja a su ritmo, sin preocuparse de que los que lo rodean puedan quemarse por el ritmo frenético que llevan. Solo podrían culparse a ellos mismos.

Conclusión: De forma calmada y metódica, dile al azul que la semana que viene tendrá que trabajar a un ritmo superior. Explícale con detalle por qué es tan importante. Déjale claro que tienen solo cuarenta y ocho horas para completar el proyecto. Ese tiempo es precioso y debe usarse adecuadamente. Muéstrale la visión de conjunto. Dale razones válidas por las que deba ir en contra de sus instintos.

Puedes demostrárselo haciendo hincapié en el plan a largo plazo: «Debemos cumplir con lo que dijimos que haríamos o no llegaremos al próximo plazo de entrega». Si, por ejemplo, estáis hablando de hacer obras en casa, podría ser de ayuda negociar por adelantado cuándo estará todo listo. Si tus suegros llegan en cuatro semanas, la casa debe estar acabada para entonces, cueste lo que cueste. Calcula cuántas horas pueden dedicarse a las reformas. Decide qué actividades tendrán prioridad. Asegúrate de que el azul se atiene a ese calendario y que sigue avanzando una vez ha completado cada tarea. Si no, existe el riesgo de que dedique cinco horas a pulir los más pequeños detalles; unas horas de las que no dispone.

Si tienes todo el tiempo del mundo, bueno, entonces esa es otra cosa.

«Si aparece en el libro debe de ser verdad»

«¿No podríamos seguir nuestro instinto?» Intenta decirle eso a un individuo azul, tan serio, y verás qué pasa. El instinto es lo opuesto al pensamiento racional, y nada puede serle más ajeno a un azul.

Un momento: ¿significa eso que no debes usar nunca tu propia intuición si trabajas con un azul? Hasta los azules tienen lo que llamamos un sexto sentido u «olfato» para lo correcto. La diferencia es que no confían en él porque, claro, podría equivocarse. El problema es que es imposible demostrar nada con la ayuda del instinto. Lo único que cuenta son los hechos. E incluso los hechos pueden no bastar: ¡podría haber más información en algún lugar que lo cambiara todo!

Conclusión: Dile a tu amigo azul que, si tiene que tomar una decisión y no cuenta con todos los hechos, puede seguir su instinto. Eso se aplica tanto al trabajo como a pedir en un restaurante nuevo. Háblale con voz alta y clara, y explícale que, si no toma una decisión, acabará pasando hambre. Demuéstrale que es mejor hacer algo que quedarse paralizado a la espera de más información.

Hazle notar que es lógico usar el instinto en esa situación porque no dispones de todos los hechos. Explícale que el resultado seguirá siendo bueno; puede que solo un 95,3 por ciento de lo que podría ser, pero, aun así, bueno. Ayúdalo a calcular el riesgo, pero también a pasar página.

Aquí se toman decisiones

Como para el azul la decisión en sí misma es menos importante que el camino que lleva a la decisión, puede darse una cierta parálisis. Tras recopilar todos los hechos y analizar detenidamente todas las condiciones disponibles, he aquí por fin el momento de la verdad: la decisión. Y existe el riesgo de que todo llegue a un punto muerto. Por un lado... Pero por otro...

Conocí hace unos años a un jefe de proyecto que quería comprarse un coche nuevo. Durante ocho meses probó dieciséis marcas diferentes. Fueron más de cincuenta modelos en distintas combinaciones: distintos motores, carrocerías, transmisiones, interiores, colores. Lo probó todo. ¿Tapicería de tela o tapicería de cuero? ¿Gasolina o diésel? ¿Automático o manual? Hizo cálculos sobre el consumo de combustible y la depreciación, y les dio una serie de gráficos a cada uno de los vendedores para que los evaluaran. Tras mucho tormento interior, compró un Volvo V70, por aquel entonces el coche más popular del país, en plata metalizada, el color más popular en la época. Ese modelo en concreto era el coche más analizado por las agencias de consumo aquel año. Cualquiera habría dicho que podría haberlo escogido únicamente leyendo sobre él.

—¿Por qué has acabado comprándote el coche más común y corriente de todos después de tanto investigar? —le preguntó todo el mundo.

—¿Por qué no? —contestó él.

Puedes ayudar a un azul en su parálisis de decisión. Proporciónale la pieza fundamental del puzle. Con suavidad y delicadeza, intenta dirigirlo en la dirección adecuada o, en todo caso, en una dirección.

Conclusión: Presta atención al momento en el que el proceso de decisión se encalla. Supongamos, por ejemplo, que dos candidatos igual de sólidos se han presentado a una vacante en tu empresa. Hasta ese momento, todo ha ido bien. La persona encargada de tomar la decisión, que es azul, ha enviado información detallada por *e-mail* y ha mantenido a todo el mundo informado sobre los pasos necesarios. El procedimiento se ha seguido al pie de la letra.

Para que algo ocurra, facilítale a esa persona los datos que necesita para tomar una decisión sobre uno de los dos candidatos. Anímalo a escoger a uno. Recuérdale que se acerca la fecha límite. Hazle notar las consecuencias de retrasar la decisión: la calidad del trabajo de la empresa se resentirá si no contrata a un nuevo empleado. Explícale que se ha tenido todo debidamente en

En conclusión

Ahora ya tienes ciertas nociones básicas sobre cómo interactuar con los distintos colores de forma que te permita llegar a donde quieras. El primer paso es tratar de sintonizarte con la frecuencia de los demás y adaptarte a ellos. Es la forma de ganarte su confianza y que se reconozcan en ti.

De modo que lo fundamental es abordar a los rojos con comportamiento rojo, a los amarillos con amarillo, a los verdes con verde y, finalmente, a los azules con azul. Quizá estés pensando que parece fácil. El problema viene si, por ejemplo, eres amarillo y tienes que adaptarte a un azul. Ahí puede que necesites más práctica. Depende del color que seas, de lo consciente que seas de ti mismo y de las ganas que tengas de que las cosas avancen con alguien en concreto de tu vida cotidiana. Siempre puedes hacer lo que hizo Adam: seguir siendo tú mismo.

El siguiente paso será empezar a conducir a esa persona lejos de los obstáculos más comunes. Como has visto, cada color tiene sus puntos débiles. Un azul puede ayudar a un amarillo a ser más preciso y el amarillo quizá pueda conseguir que el azul se suelte y sea un poco más espontáneo.

A riesgo de que suene a tópico, la clave está en trabajar juntos, en encontrarnos en el medio. Es algo que ya sabías, pero ahora sabes cómo hacerlo.

13

Cómo dar pésimas noticias

El reto de decir lo que piensas

¿A quién le gustan las malas noticias? A nadie. Y, aun así, de vez en cuando tenemos que darlas. En el mundo que nos rodea pueden ocurrir cosas inesperadas, y a veces te toca ser quien informa a alguien de algo malo. Los mejores a la hora de dar noticias que nadie quiere escuchar son los rojos. Con muy poco tacto, vendrán y te dirán que te han despedido, y luego te preguntarán si quieres leche con el café. ¿Para distraerte? No, para nada. Es solo que ya han completado su misión.

Pero hay una diferencia, claro, entre una mala noticia y una noticia pésima. Una cosa es hacerte una crítica personal y otra decirte que se ha muerto tu abuela. Lo segundo siempre es difícil y nadie se lo va a tomar bien. Mientras que lo primero puede afinarse y ajustarse de modo que la persona que reciba la noticia pueda asimilarla mejor.

Decirle a una persona lo que piensas de ella es todo un tema. A mucha gente le duele la tripa solo de pensar en ello, y para las personas que me encuentro en mis cursos de liderazgo este es un ámbito particularmente difícil. No solo no es fácil transmitir tus impresiones, sino que tampoco parece fácil recibirlas. Lo cual es muy raro, porque lo segundo no implica más que sentarse y escuchar. Pero cualquiera que haya recibido una crítica dura y luego haya abandonado la habitación sabe que a veces no eres capaz ni de pronunciar palabra. Cuando algo así se hace mal, genera un gran malestar.

La solución, para muchos de los ejecutivos que conozco, parece ser sencillamente evitar decirles a sus empleados lo que piensan de su trabajo. No sabemos cómo transmitir impresiones positivas o negativas, así que las ignoramos. No hace falta que explique por qué esa no es una buena solución.

Lo malo de no hacer más que tu trabajo

Hace muchos años tuve un compañero, Micke, que era excepcionalmente bueno en lo suyo. De todos nosotros, era el único que siempre alcanzaba sus objetivos de presupuesto. Había ganado todas las competiciones de ventas, y sus clientes lo tenían en gran estima. A su mesa llegaban cajas de bombones y botellas de vino de todas partes.

¿Qué se hace con un empleado así? Pues te aseguras de que se quede. Aunque no es tan fácil. Como jefe suyo, quería demostrarle lo mucho que valoraba su trabajo. Así que llamé a su mujer y lo preparé todo. Un viernes, después de comer, convoqué al equipo en la sala de reuniones. Delante de todo el mundo, hice salir a Micke y le dije lo mucho que lo apreciábamos. Le dije que nosotros, todo el grupo, queríamos demostrarle lo felices que nos hacía tenerlo en nuestro equipo, y le anuncié que podía tomarse el resto de la tarde libre y llevar a su mujer a cenar y al cine, y que yo los invitaba. Le di cincuenta euros —de todo esto hace unos años— y dos entradas para el cine. Ya estaba todo hablado con la nana, así que Micke partió de inmediato. Jaleamos y aplaudimos un poco más, y todo aquello se convirtió en uno de esos momentos que te hacen sentir bien.

Micke no dijo una palabra. Hasta después.

Me llevó aparte y me echó uno de los peores regaños de mi vida. ¿Cómo le había hecho eso a él? ¡Hacerlo desfilar delante de veintisiete personas, que se pusieron de pie y se quedaron mirándolo! ¡Qué horror! Él solo estaba haciendo su trabajo. Me hizo prometerle que nunca más volvería a hacer algo así. Estuvo una semana enojado conmigo.

Micke era verde. ¿Te da eso alguna pista?

Inmunidad a las críticas

Hay muchas formas de comunicar impresiones, ya sean positivas o negativas, de la manera equivocada. A continuación voy a explicar varias formas apropiadas de hacerlo. Lo más gracioso es que este enfoque funciona igual de bien tanto si la crítica es positiva como negativa. Hay personas que son inmunes a las primeras y personas que lo son a las segundas. He decidido centrarme en las críticas negativas porque suelen ser las más difíciles. Si consigues transmitir las de ese tipo, las positivas probablemente no te supondrán ningún problema.

Los consejos que daré a continuación son tan válidos para tu vida privada como para el trabajo. Lo único que necesitas saber es de qué color es tu objetivo. Así que empieza, como siempre, analizando los colores de las personas que hay en la sala. Una vez lo hayas hecho, no tienes más que ponerte manos a la obra. El objetivo es conseguir que esa persona escuche tus comentarios y, en definitiva, haya un cambio. A todos los problemas del capítulo ante-

CÓMO DAR PÉSIMAS NOTICIAS

rior sobre cómo perciben los demás los distintos colores se les puede hacer frente si sabes cómo. Los siguientes apartados lo explican. Muchas de las técnicas básicas de cada apartado son similares en todos los colores, pero en cada caso la forma de abordar a esa persona variará en función de quién sea y cómo reciba las críticas.

Cómo darle malas noticias a un rojo (si te atreves)

Buenas noticias: no te hará falta ninguna habilidad especial para transmitirle una crítica negativa a un rojo. Lo único que necesitas es un chaleco antibalas y que tu pelo sea ignífugo. Porque, lo hagas como lo hagas, la temperatura de la habitación subirá. Si estás preparado para ello, no habrá mayores problemas. Pero si un rojo no responde a lo que dices, entonces tienes motivos para preocuparte. O te ignora a ti y a lo que estás diciendo o está gravemente enfermo. Pero el escenario que describo a continuación es el más habitual. Así que agárrate el sombrero.

Di las cosas como son

Déjame ser muy claro: lo mejor, a la hora de hacerle un comentario crítico a un rojo, es dejar de lado todo tipo de adornos. Sobre todo porque ya es lo bastante difícil conseguir que a un rojo le llegue tu crítica. Al fin y al cabo, un rojo siempre cree que él tiene razón y tú te equivocas.

Estuve debatiendo, hace muchos años, sobre el comportamiento rojo con un grupo de comerciales, la mayoría de los cuales eran amarillos. Entendieron enseguida lo que era ese tipo de conducta, y la persona más roja que les vino a la cabeza era su jefe, el director de ventas. Lo describieron como un maleducado que no escuchaba a nadie, completamente insensible, manipulador, implacable, a menudo de mal humor, siempre con prisas y un buen montón de otros adjetivos aún menos favorecedores. El grupo estaba preocupado porque sospechaba que el director odiaba a su equipo. A ver, sí, se mataba a trabajar, y lo respetaban por ello. Pero a veces les pedía ideas y a continuación arremetía contra cualquier cosa que no encajara en sus planes, así que nunca llegaban a nada. Controlaba, además, todo lo que hacían hasta el último detalle, lo que seguramente era la razón por la que trabajaba tanto. La situación era preocupante, y el equipo comercial se desintegraría pronto si no se hacía nada.

Llamé al director de ventas y le expliqué lo que había dicho el grupo. Escuchó con creciente interés, aunque sin mostrar demasiada preocupación. Pero su reacción fue interesante. En cuanto le expliqué que sus veinte comerciales —el recurso más importante con el que contaba para alcanzar sus objetivos personales— pensaban que era un hijo de puta insensible y agresivo, replicó:

—Eso no son más que anécdotas. No tiene nada que ver conmigo. El problema es que son incompetentes. Si trabajaran más y lo hicieran mejor no tendría que apretarlos tanto.

Cuando le expliqué que su impaciencia estaba estresando al grupo y generaba inseguridad entre los comerciales, me contestó que eso no era culpa suya. ¡La impaciencia no era una debilidad, era una fortaleza, caramba! Si él arrastrara los pies como hacían todos los demás en esa empresa, nunca se haría nada. Si ellos se tomaran la molestia de trabajar más rápido, entonces él podría calmarse y no ser tan agresivo. Pero el problema no era él: eran ellos.

Da ejemplos muy concretos

Como es habitual con los rojos, la verdadera causa del problema está en los demás. A los rojos se les da bien conseguir que las cosas se hagan, pero también señalar chivos expiatorios. Acuérdate del elemento competitivo que siempre está al acecho bajo la superficie. Mi forma de llegar a ese hombre fue dividir en trocitos lo ocurrido y exponer ejemplos concretos.

Por ejemplo, le expliqué que cuando, a las nueve de la noche de un viernes, llamaba a un comercial para interrogarlo sobre un cliente en concreto, a aquel pobre hombre le arruinaba el fin de semana. No hubiera servido de nada decirle que dejaba al comercial hecho un manojo de nervios o sin poder dormir, porque a aquel jefe eso no le habría importado. Él no era responsable de cómo se sentía la gente. Lo que sí que le señalé era que el comercial volvería al trabajo el lunes por la mañana completamente agotado por el esfuerzo mental. Y entonces no podría hacer su trabajo lo mejor posible. Ese día no se vendería nada. Le pedí que me diera respuestas claras, y gracias a eso pude hacerle ver a aquel director de ventas que tendría muchos problemas si su equipo no era capaz de hacer su trabajo. De repente sí tenía un motivo por el que reconsiderar el asunto.

Cíñete a los hechos

Otro elemento que hay tener en cuenta: a un rojo no le interesan los sentimientos de los demás o lo que piensan. Prefiere centrarse en los hechos. A él le gusta arreglar cosas. Se considera un estupendo solucionador de problemas. Mi crítica la hice situando al jefe en la posición de la llave, la única llave para el éxito del equipo. En esencia, apelé a su ego. Se vio a sí mismo como un gran líder cuya capacidad para dirigir al grupo era el factor crítico que podía llevarlo a un dominio total del sector.

Prepárate para la guerra

Así, paso a paso, ejemplo tras ejemplo, situación tras situación, hice un repaso de lo que pensaba el equipo comercial sobre él. El director de ventas protestó cada vez y se defendió enérgicamente, sin excepción, ante cualquier atisbo de crítica personal. Él solo hacía su trabajo. Cada vez que le daba un ejemplo, le insistía en lo mismo: daba igual lo que él pensara; mientras eso fuera lo que pensaran los comerciales, él tenía un problema. Maldijo, se quejó y me acusó de incompetencia. No volvería a contratarme nunca. Nadie volvería a contratarme nunca tras ese ataque tan fuera de lugar al que le había sometido. Yo estaba acabado en el sector.

Me negué a seguirle el juego y a entrar al trapo en sus protestas y sus delirios. Me recosté en la silla y esperé a que la tormenta amainara. Lo peor que puedes hacer en un caso así es ponerte a su altura y empezar a gritar y a dar puñetazos en la mesa. Porque entonces el instinto natural del rojo de ganar en cualquier situación no hará más que apoderarse de él por completo. No será capaz de pensar a largo plazo y querrá ganar ahora. Pasará por alto el hecho de que estamos trabajando juntos y que vamos a volver a vernos al día siguiente. Buscará vencer en ese momento, aunque le cueste una relación laboral. Dejará de lado las consecuencias, la agresividad se hará con las riendas y empezará la batalla de verdad.

Pero si te niegas a seguirle el juego podrás controlar la ira del rojo. Así que me quedé sentado y, cuando por fin se calmó, me limité a pasar al siguiente punto, sin decir una sola palabra que indicara que sus protestas y sus delirios habían hecho mella. Paso a paso, le hice ver el impacto de su actitud en el grupo. Y, poco a poco, empezó a darse cuenta de que tenía que aprender a controlarse cuando las cosas no iban como él quería en el trabajo. Necesitaba tomarse las cosas con más calma con los demás, evitar hacerles peticiones poco razonables a ellos y a él mismo, y esperar a que se cumplieran los plazos en lugar de exigir que todo se entregara una semana antes solo porque él se aburría.

Pídele que repita lo que has dicho

Visto desde fuera, es probable que todo este incidente pueda parecer una pelea violenta, pero yo sabía que podía hacer verdaderos progresos con él si no aflojaba. Así que hice lo que le recomiendo a cualquiera que quiera transmitirle una crítica negativa a un rojo: le pedí que repitiera lo que acabábamos de acordar.

Aquel director de ventas tuvo que explicar obedientemente cómo actuaría en el futuro, punto por punto, en determinadas situaciones concretas. (El consejero delegado me había autorizado a pedírselo, y los dos lo sabíamos.) Aun así, aunque desde el raciocinio él sabía que yo tenía razón, fue incapaz de ceder del todo. Tachó uno de los puntos menos importantes de la lista, dejando claro que aquella era una victoria para él. De algún modo, seguía queriendo ganar.

Conclusión: Prepárate a fondo y trata de no hacerle llegar críticas negativas a un rojo si ese día no te sientes fuerte. Tienes que estar muy seguro de ti mismo, así que elige muy bien tu oportunidad. Un rojo siempre está fuerte, siempre tiene la autoestima alta, así que en su caso no importa. Se lanzará al galope a la batalla de inmediato, si es necesario. Y prepárate para la posibilidad de que intente darle la vuelta a la tortilla. Te acusará de todo lo imaginable para sentir que lleva las de ganar.

No caigas en su trampa.

Cómo darle malas noticias a un amarillo (si tienes la paciencia para ello)

Los amarillos son, en muchos sentidos, estupendos. Entre sus grandes virtudes, está lo mucho que les gusta el cambio. Si pudieran, cambiarían cosas todo el rato. Cabría pensar que asumir una crítica podría ser una forma de empezar a cambiar lo que necesita mejorarse. En concreto, las críticas negativas son una buena manera de descubrir cómo llevar tu rendimiento a otro nivel. Pero no es así como funcionan las cosas con los amarillos.

De hecho, no es así como funcionan en absoluto. Cuando se trata de cambios, los amarillos están sin duda a favor, pero solo si han tenido ellos la idea. Las críticas del exterior no siempre son bien recibidas.

Tengo un buen amigo, Janne, que es muy gracioso. No hay un grupo al que, con tiempo suficiente, no sepa entretener. Sus anécdotas suelen ser fantásticas y, en cualquier cena, se suceden una tras otra; toda una sarta de bromas que hace que los demás se tronchen de risa. La sucesión de chistes no se detiene nunca, y todo es enormemente divertido. Janne tiene mucha gracia, de eso no cabe duda.

Pero —y es un «pero» importante— Janne acaba imponiéndose a todos los presentes en la sala. Nadie más puede meter baza. Si lo intentas, te interrumpe y te hace callar, porque no te ve como un interlocutor, sino como su público. Al cabo de un rato, las risas se apagan y la situación empieza a volverse incómoda. Los que conocemos a Janne sabemos que todo se debe a su deseo de querer estar siempre en el centro del escenario, pero a los demás les cuesta calarlo.

En una cena, la cosa llegó al extremo de que la gente empezó a hablar de Janne a sus espaldas. Me supo mal por él, así que decidí tomar el toro por los cuernos.

Traza un plan y síguelo

Lo primero que tenía que hacer era prepararme bien. Quedar con Janne y hablarle de todo aquello con el corazón en la mano no iba a funcionar. Él acabaría tomando las riendas de la conversación y desviándome de lo que quería decir. Así que decidí darle una serie de ejemplos concretos. Anoté también los efectos que podía tener su comportamiento en otras personas. Y traté de anticiparme a sus objeciones.

Un día, Janne vino a ayudarme con el jardín y al acabar nos sentamos en el patio, sudorosos y agotados, cada uno con una cerveza en la mano. Había estado hablándome de un viaje que había hecho con su mujer y de lo mucho que se había asustado cuando el barco que los llevaba a la islita en la que estaban casi había volcado. (Su mujer ya me había dicho que ni siquiera habían ido en barco; habían tomado un vuelo interno). Cuando se detuvo para tomar aire, aproveché la ocasión.

—Janne —le dije—, tenemos que hablar de un problema serio. Hablas demasiado. Y te inventas cosas. Sé que lo que acabas de decir no es verdad porque he hablado con Lena y me ha dicho que fueron en avión a la isla. Esto tiene que acabar o vas a terminar mal con la gente.

Él se me quedó mirando como si yo hubiera perdido la cabeza.

—No hablo demasiado —dijo, un poco sorprendido—. Y, aunque lo hiciera, sería porque tengo mucho que decir. De hecho, recuerdo una época en la que...

Le puse la mano delante de la cara y la moví a toda velocidad de un lado a otro. Eso hizo que se callara. Pasé al siguiente punto.

Da ejemplos muy concretos

—En la última fiesta que hicimos juntos, hablaste más del 50 por ciento del tiempo que estuvimos en la mesa. Te cronometré. Estuvimos allí dos horas y tú fuiste el centro de atención durante más de una de ellas.

—Tú te reíste —replicó, un poco enfurruñado.

—Al principio. Si te hubieras fijado más, te habrías dado cuenta de que solo al principio. Y después oí a varias personas hablando de lo mucho que necesitas ser el centro de atención.

Aquello indignó a Janne.

—¡Qué gente tan desagradecida! Allí estaba yo, entreteniendo a todo el mundo, ¿y qué consigo? ¡Nada más que hostilidad! ¡Una puñalada por la espalda!

—No estoy juzgando lo que dijeron —proseguí—, pero pensaban que hablabas demasiado. ¿Entiendes lo que quiero decir?

Es extremadamente importante que el amarillo reconozca y acepte el mensaje. No reconocer el problema supone no tener que resolverlo. ¿Qué hizo Janne? Asintió malhumorado. Pensé que las cosas no estaban yendo tan mal, pese a todo.

Entonces pasó algo muy raro.

Ten presente que sus oídos podrían no estar conectados con su cerebro

—Entiendo que te aburrieras —dijo—. Tienes razón. He contado algunas de esas viejas historias demasiadas veces. Tengo que dejar de repetirme.

Sacudí la cabeza con desesperación. No había entendido nada.

—No hay nada malo en tus historias. Solo tienes que dejar de contar tantas. Explica una tercera parte menos. Sáltate dos de cada tres. El problema es que hablas demasiado, no que te repitas. Tienes que dejar hablar a las otras siete personas que hay en la mesa.

Pero él no estaba escuchando; empezó a contarme una nueva anécdota solo para comprobar si yo ya la había oído antes. Tuve que volver a repetirlo todo.

Explícale que el problema no es él, sino su comportamiento

Criticar a un amarillo no es fácil, porque se lo toma todo como algo personal. Piensa que, si su relación no es una fiesta continua, es que pasa algo. Que, de repente, eres su enemigo. Y Janne reaccionó de esa forma. Se alejó físicamente de mí varios centímetros, una señal clara de que estaba molesto. Así que hice lo que se hace con los niños pequeños: le expliqué que seguía siendo mi amigo —tal vez mi mejor amigo— y que a mí él me parecía muy gracioso. Lo único que le pedía era que no hablara tanto. Se le había ido un poco de las manos. Le dije al menos diez veces que me caía muy bien.

Por desgracia, a Janne se le da de pena escuchar, así que tuve que recordarle todas las cosas divertidas que habíamos hecho juntos e insistirle en que lo quería muchísimo. Lo llené de halagos y lo felicité por el nuevo coche que se había comprado. Sencillamente, lo manipulé. Poco a poco, empezó a relajarse y su lenguaje corporal se hizo menos defensivo.

Prepárate para un fuerte mecanismo de defensa, sobre todo el complejo de mártir

Pero ni siquiera eso fue suficiente. Janne volvió a la carga con comentarios como «No le caigo bien a nadie», «Los demás gustan más» o «Yo pensaba que tú creías que yo era gracioso». Además de los habituales mecanismos de defensa, claro. Él solo quería que la fiesta no decayera. Eran los demás los que eran callados y aburridos. ¿Qué gracia tenía ser el típico pasmarote introvertido? Y hablar demasiado... ¿cómo podía ser eso un problema? Era, de hecho, una buenísima cualidad. Yo le señalé que su forma de actuar no dejaba espacio para que los demás hablaran o participaran.

Un ejemplo concreto: en la última cena, a la mujer de Janne, Lena, le hicieron una misma pregunta en cinco ocasiones diferentes, y fue Janne quien respondió cada vez. Fue casi ridículo. Todo el mundo se dio cuenta menos Janne. Lena acabó enmudeciendo por completo.

—¡Pero tardaba tanto en contestar! ¡Y yo sabía la respuesta!

No entendió nada. O decidió deliberadamente mostrarse espeso.

Pídele que repita lo que han acordado y haz un seguimiento en cuanto puedas

Decirlo es una cosa; hacerlo, otra. Las siguientes dos veces que nos vimos tras nuestra conversación, Janne estaba en estado de alerta. En un caso, permaneció en silencio durante toda la velada. Sí, era una forma infantil de poner en evidencia cómo se sentía, y estaba claro que se encontraba a punto de estallar de frustración. No dejarle hablar era como negarle el oxígeno. Y lo peor fue que nadie en la mesa le preguntó por qué no decía nada. ¿Es que no veían que todo aquel despliegue era por ellos?

Lo que pasó fue que su mujer empezó a hablar más y todo el mundo disfrutó de oír lo que tenía que decir, porque Lena es de lo más agradable.

Al cabo de un tiempo, Janne volvió a ser el de siempre. Era el camino más fácil. No veía que callarse le estuviera reportando ningún beneficio directo. Y Lena volvió a enmudecer. En el caso de Janne, me di cuenta de que para mí nuestra amistad era más importante que el intento de cambiar su comportamiento. Así que no volví a sacar el tema. Pero sí que a veces me doy descansos de Janne. Lo necesito, sin más. Si hubiera sido un compañero de trabajo en lugar de un amigo, habría hecho un seguimiento del asunto para asegurarme de que de verdad se producía un cambio.

Conclusión: Pese a su flexibilidad y creatividad, no hay nadie tan difícil de cambiar como un amarillo. Los que tienen rasgos de este color no escuchan y los únicos cambios que aplican son los que les han ocurrido a ellos. Lo que tienes que hacer es masajear su ego todo lo que seas capaz de soportar y poner palabras en su boca.

Vale la pena recordar que su mala memoria también se aplica para el resentimiento. Aunque llevan fatal que se los critique, se olvidan pronto, porque reprimen todo lo que es difícil o desagradable. Así que si te ves capaz de enfrentarte a los gemidos y lamentos, y puede que también a alguna lágrima, puedes seguir persiguiendo tu objetivo. Conseguir ese cambio les hará a los dos un bien inmenso.

Con paciencia y perseverancia acabarás lográndolo.

Cómo darle malas noticias a un verde (pero piénsalo dos veces antes de hacerlo)

Este es el apartado que me gustaría saltarme. ¿Que por qué? Muy fácil. Criticar a un verde puede ser cruel. Se sentirá mal, se replegará en sí mismo y se cerrará en banda. En general, los verdes tienen un ego más débil y a menudo pueden ser muy autocríticos. No querrás hacer esa carga aún más pesada.

Es importante señalar que hay una diferencia entre ser autocrítico y cambiar y ser autocrítico y no hacer nada al respecto. Muchos verdes van por la vida deseando que las cosas fueran de otro modo. Pero en raras ocasiones sienten el impulso de hacer algo al respecto. Así que la insatisfacción continúa. A veces creo que acaba siendo un fin en sí misma: es una forma de llamar la atención, de obtener cierto poder. Conozco a muchos verdes que lo controlan todo y a todo el mundo en su familia negándose a hacer nada. Es lo que los psicólogos llaman ser pasivo-agresivo, una expresión de lo más adecuada.

Si, pese a todo, quisieras transmitirle tus impresiones sobre su comportamiento a un verde, he aquí varios métodos que podrían funcionar. Solo asegúrate de que vas por todo antes de empezar.

Da ejemplos concretos y aborda el tema con suavidad

Ser concreto es siempre bueno, claro. La diferencia aquí es que los verdes sí escuchan, no como los otros dos colores que acabamos de ver. Los verdes escuchan lo que les dices y no les gusta lo que oyen. Pero tienes que ser concreto, algo que podrías hacer de la misma forma que con los rojos, pero al revés.

Mientras que con un rojo no sirve de nada decirle que algo en su comportamiento te ha sentado mal o que los demás están molestos por algo que ha hecho, eso es precisamente lo que mejor funciona en este caso. Un verde es una persona relacional y no le gusta ofender a nadie. Por manipulador que te parezca, si algo en su comportamiento ha hecho que te sientas triste, enojado o rechazado, díselo tal cual. Una persona verde captará tu estado de ánimo y se dará cuenta de lo que le estás diciendo si te atreves a ser sincero al respecto.

Sé amable, pero no te eches atrás

Se trata, de nuevo, de una cuestión de claridad. Si tienes un ápice de humanidad, verás descomponerse al verde a medida que viertas sobre él críticas negativas. Si le dices a tu marido que su costumbre de sentarse frente al televisor a ver el futbol te hace sentir completamente ignorada y desatendida, verás de inmediato hasta qué punto esa información lo afecta. Pero en ese momento es importante que no te eches atrás y digas: «Puede que no sea para tanto» o «Hay cosas que me va bien hacer mientras tú descansas». Atrévete a dejar las cosas claras y ve directamente al grano.

Tienes que transmitir tu mensaje de la forma adecuada. Con claridad pero también de una manera afable. Una mano en el hombro de alguien puede bastar para enviar una señal de «Seguimos siendo amigos, pero no me gusta cuando haces esto o lo otro».

Te las verás con la respuesta verde: «¡Tienes razón, soy imbécil!»

Un verde te dará la razón en todo. Su reacción al decirle lo que piensas de su comportamiento es una variación del complejo de mártir del amarillo. Un verde se postrará y se acusará de ser todo tipo de cosas sin sentido. Quizá diga: «No volveré a hacerlo». Una severa conformidad es a veces inevitable, y quizá se viertan lágrimas. Los verdes se flagelan con argumentos adicionales acerca de por qué son tan inútiles y estúpidos. Se arrodillarán en tu presencia durante semanas e intentarán aplacarte de maneras que no tienen nada que ver con el asunto en cuestión.

Me contaron la historia de un hombre al que su mujer le dijo que detestaba que todas las tardes él se dedicara a jugar a videojuegos. (Era una criatura de costumbres.) Él admitió que era infantil, innecesario y caro. (Gastaba una cantidad de dinero considerable comprando mejoras y funcionalidades para los juegos.) Le aseguró que estaría más atento a las necesidades de ella. Le prometió la luna para compensarla por su lamentable comportamiento. Durante los seis meses siguientes, fue corriendo del trabajo a casa para cocinar la cena antes de que ella llegara. Le compraba flores una vez a la semana y le masajeaba los pies sin que ella se lo pidiera.

Fueron gestos bonitos, y muy apreciados, pero el caso es que lo que no hizo fue lo que ella le había pedido, es decir, dejar de jugar videojuegos. Había evitado hacerse cargo de ese detalle en particular. Después de todo, él no le había prometido dejar de jugar enseguida.

Asegúrate de dejar claro que el problema es el comportamiento, no la persona

Igual que en el caso de los amarillos, tratar con un verde es como tratar con un niño pequeño. «Papá te quiere, cariño, pero ¿podrías por favor dejar de comer helado en el sofá?» Existe el peligro de que transmitirle una impresión negativa pueda dañar tu relación con esa persona. Pero es algo que puedes solucionar fácilmente transmitiéndole a continuación buenas noticias e impresiones positivas. Con un verde, no basta con decir que solo hay un asunto problemático que te preocupa: tienes que demostrarle con hechos que no planeas asesinarlo. Deberás apaciguarlo con lo que haces, no solo con lo que dices.

Pídele que repita lo que han acordado ¡y haz seguimiento!

Me he dado cuenta de que los verdes no siempre anotan lo que se les dice, así que es una buena idea comprobar que los dos han interpretado la conversación de la misma manera. Si tienes un compañero de trabajo que te gustaría que fuera más puntual, asegúrate de que entiende que el único problema es su puntualidad. Es muy posible que se haya quedado con la idea de que tú en realidad estabas molesto por algo completamente distinto.

A menudo damos por sentado que en una situación determinada los demás se comportarán de la misma forma que lo haríamos nosotros. Y como los verdes pueden ser bastante poco precisos cuando conversan con los demás y suelen evitar hablar de cuál es el problema de verdad, con frecuencia se hacen a la idea de que, en realidad, estás refiriéndote a otra cosa. Ellos nunca van al grano, y suponen que tú tampoco. Así que, ¿por qué estás tan enojado?

Comprueba con él que los dos están de acuerdo sobre cuál es el problema. Y haz un seguimiento. Estamos hablando de cambiar algo y crear un nuevo patrón de comportamiento. Y, como de costumbre, los verdes tratarán de resolver el problema... no haciendo nada.

¡Asegúrate de que eso no ocurra!

Conclusión: Si eres un ser humano, que supongo que lo eres, puede que tengas mala conciencia y consideres que has sido muy duro con el verde. Me acuerdo de una ocasión en la que discutí con una trabajadora porque, en mi opinión, no había hecho lo que se suponía que tenía que hacer. Su reacción fue desmoronarse por completo y no venir a trabajar en dos días. Cuando hablamos de

CÓMO DAR PÉSIMAS NOTICIAS

ello después, resultó que yo no le había pedido nunca que hiciera esas tareas concretas. Había dado por supuesto que ella veía las cosas como yo.

Reconozco que en aquella época yo era un jefe inexperto e ineficiente. Cometí un error clásico: contemplé la situación desde mi propia perspectiva y me indigné cuando vi que la suya era distinta. Y cuando me di cuenta más tarde, me dio mucha vergüenza. Ella parecía muy angustiada y hacía lo imposible por evitar cruzarse conmigo. Durante mucho tiempo apenas me atreví a decirle nada más que hola y adiós. Aquella empleada hizo lo que tan bien se les da a los verdes: agachó la cabeza y trabajó aún menos de lo habitual.

Muchos verdes tienen un insólito sexto sentido que les dice cuándo ha llegado el momento de tomarse las cosas todavía con más calma. Pero aquí la cosa se salió de madre. Aquella mujer no hacía prácticamente nada, porque era consciente de mi culpa y mis dudas. Se aprovechó de mi mala conciencia para salirse con la suya. La perdí por completo. Al final la despidieron por no hacer su trabajo y mi jefe me regañó por no haberme ocupado del asunto.

Asegúrate de no cometer el mismo error que yo. No dejes que las cosas vayan demasiado lejos. Enfréntate al problema mientras estés a tiempo. Levántate y transmite lo que tengas que transmitir, incluso a esos verdes tan majos que forman parte de tu vida.

Cómo darle malas noticias a un azul (pero, primero, una advertencia)

Antes de intentar transmitirle una opinión negativa a un azul, por el amor de Dios, asegúrate de que sabes de lo que estás hablando. Deja que te recuerde que un azul sabe muy bien lo que ha hecho y tiene mejor ojo para el detalle que tú. Así que comprueba que tienes todos los datos antes de que la mera idea se te pase por la cabeza. El apartado siguiente habla de cómo transmitir esa opinión, pero lo más importante aquí es averiguar los detalles de lo ocurrido antes de decir nada.

Puede ser buena idea contrastar lo que sabes con otras personas que estén involucradas en el asunto y documentar lo que dicen y cuáles son, en su opinión, los hechos. El azul recordará todo lo que ha pasado y lo que ha dicho todo el mundo, y siempre tendrá la prueba de que lo que hizo estaba bien; después de todo, por eso lo ha hecho. Si hubiera estado mal, no lo habría hecho. Asegúrate de ir armado hasta los dientes antes de programar la reunión.

Da ejemplos concretos y detallados, preferiblemente por escrito

No bastará con frases que abarquen mucho, como: «Creo que no trabajas lo bastante deprisa, ¿podrías por favor acelerar el ritmo?». Es demasiado general. Da igual si tienes razón o no: la frase «no trabajas lo bastante deprisa» no dice prácticamente nada. ¿Quién lo dice? ¿Deprisa en relación con qué?

Lo que tienes que hacer es señalar ejemplos concretos, precisos y detallados. Decir cosas como: «El último proyecto llevó dieciséis horas y media de más». Añádele luego los efectos que eso ha tenido: «No podemos facturarle al cliente esas dieciséis horas y media, lo que supone una caída de la rentabilidad de 4.125 euros». (Dieciséis horas y media por 250 euros la hora, o el valor correspondiente.)

Ese es un mensaje que un azul podría tener en cuenta. Con un amarillo no funcionaría, pero para un azul este es un dato muy relevante. Puesto que requiere conocer los hechos al detalle, sería arriesgado limitarse a mencionarlo en una conversación. Hay que tenerlo todo por escrito. Los azules sienten cierta desconfianza hacia las personas que hablan demasiado; la palabra escrita adquiere automáticamente más veracidad a sus ojos.

Así que anota lo que quieras decir, pero compruébalo todo dos veces. ¿Y por qué no pedirle de hecho a otra persona que revise las cifras antes de programar tu reunión con ese azul tan tranquilón?

No te pongas demasiado personal si no se conocen muy bien

Un jefe amarillo o verde es muy capaz de darle una palmadita en el hombro a un azul y hacerle comentarios personales de camino a una reunión en la que tiene previsto darle malas noticias. La razón es muy sencilla: saben que ellos reaccionarían muy mal si alguien se lanzara directamente a criticarlos sin suavizar un poco la situación de antemano. Pero esa es la peor forma de abordar a un azul. Desconfiará y no te escuchará de la forma que quieres que lo haga.

Piensa en cómo habría actuado un rojo. Habría programado una reunión, se habría sentado y habría puesto delante de la persona en cuestión el documento con el resultado negativo. (Si tuviera ese documento. Si lo que quisiera fuera quejarse al vecino de las hojas que han ido a parar a su jardín, se limitaría a entregarle una bolsa de basura con todas esas hojas y a pedirle que las contara). Un rojo dice las cosas sin adornos. Va directo al grano. Por lo general, no tendrá ningún problema en decirte que tu trabajo no es lo bastante bueno. Que un proyecto se alargue más de la cuenta es inexcusable y, como esperaba que todo estuviera acabado un día antes y no un día después, ahora está muy enojado.

Cíñete a los hechos

Si quieres que un azul te escuche, tienes que ceñirte a los hechos concretos. Cada vez que te sientas culpable por hacerle una crítica negativa y empieces a hablar de lo mucho que aprecias su trabajo, no harás más que confundirlo. Se preguntará qué es lo que intentas decirle en realidad. El azul no tiene un ego que haya que inflar, y no se dejará engañar por tus intentos de disfrazar las críticas. Así que cíñete a los hechos.

No intentes la famosa técnica del sándwich, tan usada por directivos y líderes de todo tipo. Es un método por el que, para desactivar y suavizar un mensaje grave («Has perdido demasiados clientes», «Nos has hecho perder dinero», «Has tratado mal a Ben, de recepción»), se dicen también cosas positivas («Eres un empleado valioso», «Sueles hacer lo correcto», «Me caes muy bien») antes y después de cada crítica negativa.

El problema con la técnica del sándwich, que podríamos llamar «una de cal y otra de arena», es que nadie entiende tu mensaje. ¿Qué es lo que querías decir en realidad? A un azul le resultará particularmente incomprensible, porque los elogios en los que has envuelto tu mensaje tenían que ver con su relación y tal vez con tus emociones, no con su trabajo. Recuerda que él no está ahí para ser amigo tuyo: está ahí para hacer un trabajo. Asegúrate de que es de eso de lo que hablas.

No dudes en preguntarle si tiene alguna sugerencia de mejora. Utiliza palabras como «calidad», «evaluar, «analizar», «seguimiento». Es decir, utiliza el lenguaje al que está acostumbrado. Será más fácil que te escuche.

Prepárate para contrapreguntas a escala molecular

Por supuesto, un azul no se tragará lo que le digas de entrada. Y desde luego es razonable darle la oportunidad de hacer varias preguntas sobre lo que acabas de decir. Pero existe el riesgo de que te enfrentes a una multitud de contrapreguntas que te harán sentir como si fueras tú el evaluado.

«¿Cómo lo sabes?», «¿Quién ha dicho eso?», «¿Cómo lo has calculado?», «¿Dónde dice que hay que hacerlo así?», «¿Por qué no encuentro esa información en nuestra intranet?», «¿Por qué has esperado hasta ahora para decirme todo esto?», «¿Puedo echarles un vistazo a los documentos de apoyo?», «¿Dónde está el contrato que regula nuestra facturación?», «¿Estás seguro de que no podemos añadir dieciséis horas y media a esta factura?», «¿Esto no se había hecho ya antes? Recuerdo a un cliente de hace cuatro años que...».

Quizá no puedas contestar a todas sus preguntas, así que tendrás que decidir hasta dónde quieres llegar. Siempre puedes decir: «Así son las cosas; ahora vuelve al trabajo». Pero es lo peor que puedes hacer, al menos si quieres seguir teniendo su confianza. Lo único que habrás demostrado es que no estás al corriente de los detalles.

Pídele que repita lo que has dicho, y haz un seguimiento poco después

Cuando imparto seminarios sobre liderazgo, a menudo sale el tema de cómo comunicar este tipo de información. Es un asunto enormemente complicado, porque permitimos que nuestras emociones nos dirijan cuando la transmitimos (¡y cuando la recibimos!). Pero para los azules yo doy el mismo consejo que para los demás colores: pídele a tu empleado azul que repita lo que han acordado. Necesita reconocer debidamente que ha visto y oído lo mismo que tú has dicho.

Es muy probable que sea capaz de repetirlo todo más o menos al pie de la letra, pero es igual de probable que no se haya tomado el mensaje en serio si has sido impreciso en tu forma de comunicarlo o te has centrado demasiado en proteger su relación. El azul entiende que debe repetir lo que sabe que tú quieres oírle decir. Pero eso no es lo mismo que conseguir que crea que tu crítica negativa es pertinente.

El ejemplo que he dado del proyecto atrasado es tramposo y

traicionero, porque un proyecto entregado a un cliente solo tiene el valor que el cliente cree que tiene. La calidad es muy importante. Si actuamos de forma negligente —según los estándares de un azul—, no conseguiremos más pedidos de ese cliente. ¿Qué costará la pérdida de ingresos? ¿Cómo puedes, por lo tanto, considerar que la puntualidad es más importante que el propio producto? Desde un punto de vista lógico, un azul puede hacer que tus objeciones parezcan absurdas.

Pero si sabes que tienes razón (y no solo te lo parece), haz un seguimiento después para asegurarte de que va por el buen camino.

Conclusión: Es difícil criticar a un perfeccionista. Ya conoce el mejor método para hacer las cosas, y no cambiará de opinión solo porque tengas un título más largo en tu tarjeta de visita. Así que se trata de hacer muy bien los deberes.

Debes recordar también que, aunque puede ser difícil conseguir que un azul reaccione a tu crítica, él no tendrá reparo en criticar a los demás. Recuerda que él ve los errores que comete el resto y es probable que señale los tuyos cuando menos te lo esperes. No por ánimo de revancha, sino porque lo has hecho mal.

14

Quién se lleva bien y por qué funciona

Dinámica de grupos en su máxima expresión

La respuesta corta es que un grupo debe estar formado por todos los colores para que se genere la mejor dinámica posible. En un mundo perfecto, tendríamos el mismo número de personas de cada color. El amarillo tiene una idea, el rojo toma la decisión, al verde le toca hacer todo el trabajo y el azul lo evalúa y se asegura de que el resultado sea inmejorable. Pero las cosas no son así. No pocas veces nos encontramos con amarillos en posiciones más adecuadas para los rojos. O, en el peor de los casos, lo descubrimos instalado en un puesto que en realidad requiere un comportamiento azul. De hecho, hay muchos ejemplos de personas que ocupan el sillón equivocado, y parte de la explicación reside en el hecho de que carecen de los prerrequisitos que por naturaleza deberían tener para realizar su trabajo. Además, todo esto tiene que ver con las fuerzas motrices de cada individuo. Personas distintas tienen motivaciones distintas, y eso puede hacer que se aparten de su comportamiento básico en situaciones concretas. Pero ese es otro tema, y no lo trataré en este libro.

Así que ¿cómo conformar tu equipo? Mira la imagen más abajo. En ella puedes ver de qué manera ciertas combinaciones son más adecuadas que otras. Si estás reclutando a personas para tu equipo, este puede ser un buen punto de partida.

Como puedes ver, colores distintos trabajan juntos de maneras distintas. De nuevo, las excepciones son muchas, pero hay colores que trabajarán bien de forma natural, aunque nadie en el grupo sepa nada de su patrón de comportamiento. Por ejemplo, suele ser más fácil que dos personas funcionen juntas si tienen el mismo ritmo y una velocidad similar.

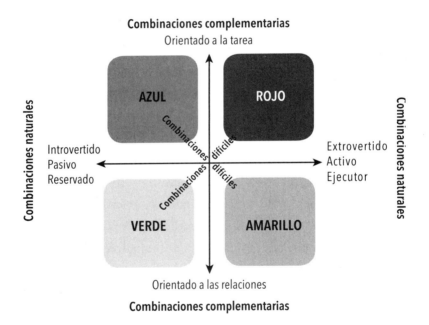

Combinaciones naturales

Si nos fijamos en el gráfico anterior, vemos que azul y verde puede ser una combinación adecuada, sin que requiera demasiado esfuerzo por parte de ninguno de los dos. Sin duda se reconocerán en la capacidad del otro para respirar con calma y pensárselo dos veces antes de hacer nada. Como los dos son introvertidos, se sienten seguros en compañía del otro. Es el mismo tipo de energía. Ninguno de ellos construirá castillos en el aire, porque prefieren tener los dos pies en el suelo. No se estresan, sino que se dan tiempo para profundizar en las cosas. Les cuesta tomar decisiones, sí, pero las decisiones que tomen seguramente estarán bien meditadas.

De forma similar, el rojo y el amarillo trabajan bien juntos, porque los dos quieren tirarse a la piscina y avanzar siempre adelante. Aquí también tenemos la misma energía, solo que de un tipo diferente. Los dos son enérgicos y extrovertidos y, como los dos son locuaces, no les cuesta encontrar las palabras adecuadas. Sin duda, la conversación de cada uno tendrá un enfoque diferente, pero el diálogo, aun así, fluirá. Ambos se marcan metas elevadas y son de mente ágil. Un equipo de amarillos y rojos impondrá un ritmo rápido y, como ambos tienen claro lo que quieren, motivarán a los que los rodean a conseguir grandes cosas. El problema tal vez radique en el hecho de que a un rojo es posible que un amarillo le parezca demasiado parlanchín, pero, como ninguno de los dos sabe escuchar, ambos desconectarán de la conversación cuando les convenga.

Combinaciones complementarias

También funciona mirar el otro eje y hacer emparejamientos a partir de las prioridades de cada color. Tanto los azules como los rojos están orientados a la tarea. A los rojos desde luego les interesa más el resultado que el propio proceso, y a los azules les preocupa el proceso y tienden a ignorar el resultado, pero al menos los dos hablan el mismo idioma. Ambos se entregarán al trabajo y dedicarán solo el tiempo imprescindible a hablar de futbol o de reformas del hogar, salvo quizá a la hora de comer. Se complementarán bien el uno al otro. Si lo comparamos con un coche, un rojo es el pedal del gas, mientras que un azul es el freno. Se necesita a los dos para que el vehículo circule. La gracia consiste en no pisar los dos pedales a la vez.

Del mismo modo, hay cierta lógica en emparejar un verde con un amarillo. El ritmo al que trabajen será diferente, pero los dos sentirán curiosidad por el otro. Ambos creen que las personas son interesantes e importantes. Mientras que a uno le gusta tomárselo con calma, al otro le gusta divertirse. No les costará encontrar un enfoque similar. El verde permitirá que el amarillo ocupe tanto espacio como quiera. Uno habla; el otro escucha. Puede funcionar bien. A los verdes, además, se les da bien calmar a los amarillos un poco histéricos, a los que a veces les cuesta mantener los pies en el suelo. Desde luego, existe el riesgo de que no dediquen tiempo suficiente al trabajo en sí, pero se lo pasarán muy bien. Quienes los rodean puede que piensen que solo están disfrutando y que no están haciendo nada. Como a los dos les cuesta decir que no, podría ser también buena idea evitar confiarles demasiado dinero.

Combinaciones difíciles

Al mismo tiempo, hay dos combinaciones muy complicadas. Eso no significa que esos dos colores no vayan a ser capaces de trabajar juntos, pero sí que hay obstáculos que considerar. Una posible solución es que ambos consigan ser más conscientes de la forma en que trabajan e interactúan con el otro.

Fíjate en el gráfico de la página siguiente.

La columna de la derecha muestra las cosas que la propia persona ve en su perfil. La columna de la izquierda muestra cómo su opuesto exacto podría ver ese perfil en circunstancias menos favorables. Seguro que alguna vez has oído decir que una persona es muy aburrida, y luego la has conocido y has descubierto que es muy interesante y tiene montones de cosas apasionantes que contar. ¿Quién tiene razón y quién se equivoca? Depende de a quién le preguntes.

El problema radica en la interacción entre cada color y su opuesto exacto. La imagen positiva muestra cómo se ve cada perfil a sí mismo. La imagen negativa es una expresión de cómo podrían vernos los demás. Todos experimentamos cosas distintas.

AZUL: ANALÍTICO

Negativo	Positivo
Crítico	Concienzudo
Indeciso	Reflexivo
Estrecho de miras	Serio/persistente
Quisquilloso	Exigente
Moralista	Metódico

ROJO: DOMINANTE

Negativo	Positivo
Avasallador	De carácter fuerte
Estricto	Independiente
Difícil	Ambicioso
Dominante	Decidido
Intenso	Eficaz

VERDE: ESTABLE

Negativo	Positivo
Tozudo	Solidario
Indeciso	Respetuoso
Sumiso	Complaciente
Dependiente	Fiable
Torpe	Afable

AMARILLO: ESTIMULANTE

Negativo	Positivo
Manipulador	Motivador
Irascible	Estimulante
Indisciplinado	Entusiasta
Contradictorio	Encantador
Egocéntrico	Extrovertido

Problemas genuinos

Sería todo un reto juntar a un rojo y a un verde para resolver un problema. Si la tarea depende de la cooperación eficaz, pronto surgirán los problemas. Al principio, la actitud del verde es muy pasiva, sobre todo si se compara con la del rojo, que se pone en marcha antes incluso de haber oído las instrucciones. Mientras que los verdes piensan que es un engorro tener que hacer su parte, los rojos ya se han puesto a trabajar a toda prisa.

El rojo criticará que el verde no pare de quejarse de la cantidad de trabajo. Por su parte, el verde pensará que el rojo es un hijo de puta agresivo que nunca escucha. Aun así, en circunstancias favorables podría funcionar. En general, un verde está dispuesto a cooperar: ese es su punto fuerte. Los verdes trabajan bien con muchas otras personas porque son más complacientes que exigentes. Así que puede haber una cierta lógica en emparejar un rojo con un verde. A un rojo le gusta dar órdenes y a un verde suele parecerle bien recibirlas.

Según las teorías de Marston (véase la página 262), el verdadero reto es pedirle a un amarillo y a un azul que trabajen juntos. Si ninguno de los dos es consciente de cómo operan sus personalidades, habrá desavenencias desde el principio. El amarillo se meterá de lleno en la tarea sin tener la menor idea de qué hacer o cómo hacerlo. No leerá las instrucciones y no escuchará lo suficiente como para averiguar en qué consiste. Eso sí: hablará largo y tendido sobre lo apasionante que es el proyecto que les han encomendado. Entretanto, el azul se pondrá a leer y a investigar todo el material disponible. No dirá una palabra, sino que se quedará allí sentado. Más o menos quieto, según él.

El amarillo, por un lado, creerá que el azul es la persona más aburrida y poco estimulante que ha conocido nunca. El azul, por el otro, llevará mal el constante bombardeo verbal del amarillo y, poco a poco, empezará a encenderse por dentro por el zumbido incesante a su alrededor. Creerá que el amarillo es un charlatán frívolo que no merece ninguna atención. Y cuando el amarillo por fin se dé cuenta de que no se ha ganado al azul, le pondrá aún más empeño a la tarea e intensificará el parloteo. En el peor de los casos, intentará cautivar al azul, lo que acabará por llevarlos al desastre.

Acabarán sentados cada uno en un rincón, con cara de pocos amigos, enojados por razones completamente distintas.

El autoconocimiento, amigos míos, es la solución.

¡Pásate al verde!

No es fácil leer e interpretar a todo el mundo. Si una persona tiene solo un color, entonces no tendrás ningún problema con ella cuando hayas acabado de leer este libro. Será fácil saber lo que tienes que hacer. Una persona solo roja o solo amarilla es difícil de pasar por alto. Pero incluso los genuinos verdes o azules son bastante fáciles de detectar si uno sabe lo que está buscando.

Como he mencionado más arriba, desde el punto de vista estadístico solo en torno al 5 por ciento de la población tiene un único color visible en su comportamiento. Alrededor del 80 por ciento tiene dos, y el resto tiene tres. Nadie tiene cuatro, no con la herramienta que yo uso.

Es también relativamente fácil reconocer a las personas que tienen dos colores. Las combinaciones suelen seguir alguno de los ejes, es decir: azul/rojo, rojo/amarillo, amarillo/verde o verde/azul.

Puede pasar, desde luego, que cualidades netamente opuestas se den en una misma persona. He conocido a montones de amarillo/azules. No tiene nada de malo; solo es menos habitual. Pero lo que es de verdad inusual es encontrar perfiles claramente rojo/verdes. No sé por qué.

Conocí en una ocasión a una mujer que tenía un cargo medio en una empresa del sector del automóvil. Era decidida y enérgica en las formas, pero, al mismo tiempo, muy cariñosa, y su preocupación y atención por sus empleados era genuina. Las consecuencias eran a veces extrañas. Entre otras cosas, perdía los estribos con mucha facilidad; sus regañinas eran legendarias. Pero, en cuanto se daba cuenta, hacía todo lo necesario para suavizar los efectos de sus acciones y reparar el daño. Se sentía mal de verdad por haber sido tan dura con varias personas; al mismo tiempo, no podía controlarse. Esa fricción entre dos colores opuestos en su comportamiento (rojo y verde) la ponía al borde del agotamiento.

A las personas con tres colores siempre costará más interpretarlas. Si te parece que alguien es muy difícil de situar en el mapa, podría deberse a que tiene tres colores. La situación determinará su comportamiento.

El mejor consejo que puedo darte si de verdad no eres capaz de analizar a la persona que tienes delante es que cierres la boca y escuches. Si no estás seguro, actúa como un verde. La gente a veces me dice que no entiende a determinada persona porque no hace nada. Pero incluso alguien muy pasivo despliega algún tipo de comportamiento. Y, a estas alturas, ya sabes qué color se asocia con alguien que no hace gran cosa: ese es un comportamiento típicamente azul.

15

Comunicación escrita

Cómo evaluar a alguien cuando no puedes conocerlo en persona

Nuestra forma de escribir revela mucho sobre nosotros. Cada color tiene un estilo de escritura distinto: algunos se toman su tiempo para expresarse mientras que otros son muy sintéticos. Si tienes la oportunidad de leer una muestra de escritura más larga de la persona en cuestión —un informe, una columna, una carta o una misiva al director— tendrás un buen punto de partida. Muy a menudo es posible detectar un color por lo escrito. Si eres una persona de pocas palabras al hablar, puede que también lo seas al escribir. Y viceversa.

Si lo único de lo que dispones es de un *e-mail*, entonces tienes que sacarle todo el partido posible. Supongamos que estás respondiendo al correo de un cliente. Quieres prepararte bien. Examinas detenidamente lo que transmite su mensaje. ¿Es objetivo? ¿Tiene algún toque personal? ¿Es breve y conciso o parece haber estado escrito un poco de cualquier manera? Todos esos pequeños detalles son señales importantes que puedes utilizar a tu favor. Como de costumbre, hay muchas excepciones, pero no por ello hay que perder de vista algunos patrones.

He aquí varios ejemplos de cómo podría ser.

De: kristian.jonsson@teamcommunication.com
A: Cina.cinasson@coco.net
Asunto: Reunión
Reunión mañana a las 11 de la mañana. ¡Sé puntual!
K.

¿Qué opinas? ¿Estaba K. dándote una orden por el hecho de usar exclamaciones? No está claro. Tal vez solo quisiera recalcar que la hora de la reunión es importante. Tal vez estuviera yéndose a algún lado y llevara prisa. No parece importarle que a la persona que recibe el *e-mail* pueda molestarle el estilo abrupto y las exclamaciones. Como de costumbre, un rojo puede vivir con eso. ¡No es para tanto! Solo quería que quedara claro.

Tu respuesta: ¡Contesta enseguida! Sé breve y conciso. Incluso podrías limitarte a decir: «Vale».

De: kristian.jonsson@teamcommunication.com
A: Cina.cinasson@coco.net
Asunto: Reunión
¡Hola, Cina! ¿Qué tal? ¿Fuiste anoche al partido? Vi que Lasse estaba allí. Se tiró la bebida por encima y yo no podía parar de reír... Te envío la foto que puse en Facebook. Por cierto, he pensado que podríamos reunirnos mañana por la mañana para comentar un poco lo que hablamos de ese cliente. Antes del mediodía, si te va bien. ¿Qué tal a las 11?
¡Hasta luego!
Krille

De: kristian.jonsson@teamcommunication.com
A: Cina.cinasson@coco.net
Asunto: Reunión
Huy, que se me ha olvidado adjuntar la foto. Ahora sí, ahí va.
Krille

Incluso por escrito, un amarillo se expresa de una forma muy espontánea y desenfadada. Le gusta explicar anécdotas y llevarlo todo al terreno personal. Fíjate en el parloteo social sobre el pobre Lasse y su bebida. Se echó unas risas que hay que subrayar para atraer tu atención.

¿Tu respuesta? No hay prisa, pero no te olvides de contestar o harás que el amarillo se sienta inseguro. Muéstrate también cordial. No olvides darle las gracias por la foto divertida y mencionar que te has reído con su anécdota...

De: kristian.jonsson@teamcommunication.com
A: Cina.cinasson@coco.net
Asunto: Reunión
Solo quería recordarte la reunión de mañana a las 11. Espero que te siga yendo bien. Traeré rollitos de canela hechos en casa para tomar con el café. ¡Que tengas un buen día!
Saludos,
Kristian

El tono es más suave y personal. Es probable que Kristian haya revisado el *e-mail* detenidamente, para asegurarse de que no había en él nada polémico. Recordarle a los demás reuniones que se programaron hace mucho tiempo hay gente que puede verlo como algo ofensivo, así que queremos estar seguros de que nada podrá ser malinterpretado.

¿Y cómo responder a este agradable *e-mail*? Mostrándote también personal y benévolo. Dale las gracias. No hace falta que le digas que será fantástico que haya rollitos de canela, pero si lo haces quedarás bien. Luego recuerda tomártelo con calma y no estresarte en la reunión.

De: kristian.jonsson@teamcommunication.com
A: Cina.cinasson@coco.net
Asunto: Reunión
Buenos días, Christina:
En previsión de la reunión de mañana con nuestro cliente, agradecería que pudieras familiarizarte con la información adjunta.
Son tres documentos relacionados con el tema.
Un cordial saludo,
Kristian Jonsson
+ 46704808080
Copia de fechas y participantes.xls
Actualización de la estrategia UGMA.doc
Plantilla del folleto 27 Nov 2014.doc

La invitación original a la reunión se envió hace mucho tiempo, pero eso ya te lo habías imaginado, ¿a que sí? Es probable que el azul se haya puesto una alarma en la computadora para acordarse de enviar el recordatorio un día antes. El texto del *e-mail* se ciñe a los hechos y no tiene el menor toque personal. Hay una notita que te recuerda que es mejor que acudas bien preparado.

¿Cuál es la mejor manera de contestar a este azul? Confírmale que lo has recibido, junto con los archivos. Dile que te pondrás en contacto con él si tras leer el material te surge alguna duda. Y ten presente que el remitente supondrá que lo habrás leído todo con atención.

16

¿Qué es lo que nos saca de quicio?

El temperamento puede decirlo todo de una persona

Al final de este libro te plantearé una lección de historia sobre los cuatro temperamentos de Hipócrates, que describen las mismas diferencias de las que se hablan aquí.

Es posible extraer conclusiones sobre el comportamiento de alguien a partir de su temperamento. Por «talante» o «temperamento» me refiero a cómo reacciona una persona cuando ocurre algo inesperado. Otra forma de decirlo sería hablar de su disposición. Es tanto cómo reacciona a circunstancias cambiantes como el tipo de energía que desprende.

La ira es un indicador adecuado, y emocionante, por el que juzgar el color de una persona. Es, además, situacional. Lo que le molesta a un individuo puede que a otro no le importe lo más mínimo. La forma en que alguien reacciona cuando las cosas van mal da muchas pistas importantes. Deja que te dé un ejemplo de un diagnóstico rápido.

«¡¡¡Carajo...!!!»

En aras de la simplicidad, comparemos los distintos temperamentos con diferentes tipos de vasos. Para el temperamento rojo escogería un vaso de chupito. «Pero en esos vasitos no cabe nada», tal vez pienses.

No cabe, no, y muchos rojos funcionan también así. No hace falta demasiado para que pierdan los estribos y estallen. Puede ser un atasco de tráfico, una llamada perdida, que alguien vaya muy despacio en la escalera mecánica, que las cosas no salgan como ellos quieren o que alguien resulte ser un poco torpe. Acuérdate de que, de todos los colores, los rojos son los que más a menudo están rodeados de idiotas. Para un rojo, hay muchas razones por las que estar enojado. El punto fuerte de un rojo es que, cuando explota, se libera de la ira o el enojo que siente. Se enciende muy deprisa, pero por poco tiempo. El vaso de chupito puede que se llene enseguida, pero no tarda en vaciarse. Los rojos vacían de indignación el vaso de chupito y luego vuelven a ser ellos mismos. (No hablo de cómo perciben las cosas quienes rodean a los rojos.)

La ventaja es que, por más que se enfurezcan, por lo general se les pasa rápido. Un rojo raras veces es capaz de permanecer enojado mucho tiempo. Suelta lo que tiene que decir y pasa a otra cosa. Puede que a su alrededor todo el mundo esté muy confuso, sí, pero ese es su problema. Él ya ha acabado con lo suyo. Hasta que vuelve a pasar algo terrible y estalla de nuevo. Y de nuevo. Y de nuevo.

Imagina que agarras el vaso de chupito y lo derramas sobre tu mesa. Es problemático, pero es manejable. Siempre puedes limpiarlo.

Pero recuerda que el vaso de chupito se llena tan rápido como se vacía. Volverá a pasar. Para muchos, el temperamento de un rojo es totalmente impredecible. Puede estallar en cualquier momento. A mí, de todas formas, no me parece tan impredecible. Si conoces a la persona en cuestión, es probable que también sepas lo que desencadena su ira.

Sin embargo, es importante saber que un rojo no se considera una persona iracunda. Solo le ha echado una bronca a alguien o tal vez le ha levantado la voz. Para él, de nuevo, esa no es más que una forma de comunicarse. En cambio, a un verde puede parecerle que un rojo está enojado incluso cuando solo está dando su opinión. Todo depende del cristal con que se mire. Suele pasar que la gente se aparte para evitar enfrentarse al rojo y desencadenar su ira. El problema es que, al dejar que la cólera saque siempre lo peor de ellos, los rojos acaban no enterándose de muchas cosas.

«¡Estoy muy enojado! ¿Escuchas lo que te digo?»

Incluso los alegres amarillos pierden los estribos; no dejes que nadie te convenza de lo contrario. Aunque suelen tener un temperamento alegre y optimista, también tienen su carácter. Como los rojos, son personas activas y perceptivas. Eso significa que tienen mucho ante lo que reaccionar. Y si eres de reflejos rápidos y a veces se te va la lengua, entonces..., bueno, pueden pasar cosas. Lo que sale de tu boca no siempre está bien meditado.

Como los amarillos son muy expresivos y emotivos al mismo tiempo, sabrás de antemano cuándo empieza a subir el mercurio. Una persona observadora verá enseguida que un amarillo está a punto de estallar. Su mirada se intensifica, sus gestos se vuelven impetuosos, su voz se eleva. Todo eso pasa gradualmente.

Si el temperamento rojo es como un vaso de chupito, entonces podemos comparar el temperamento amarillo a un vaso normal y corriente. Tiene más capacidad y es más fácil ver cuándo está lleno. El nivel va subiendo poco a poco; si prestas atención, no te costará observarlo.

Ahora bien, ¿qué pasa si tomamos el vaso de leche y lo derramamos en la mesa? El resultado será mucho más engorroso y todo quedará más empapado que cuando vertimos el vaso de chupito, ¿verdad? Se estropearán muchos documentos importantes y hará falta más de un trozo de papel de cocina para secarlo todo.

Pero sigue siendo posible controlar la situación. Incluso este arrebato temperamental puede manejarse sin que haya complicaciones graves.

El temperamento de un amarillo también tiene sus ventajas. Se sentirá culpable por haber arremetido contra alguien cercano a él: un compañero de trabajo, un familiar, un vecino o incluso tú. Así que hará un esfuerzo extra por ser amable la próxima vez que se vean. Tendrá remordimientos de conciencia, algo que un rojo no sería capaz de entender.

En una persona que combine rojo y amarillo, las cosas pueden complicarse. En ese caso, habrá mucho ego en la sala, y no sabrás muy bien lo que está pasando.

Según las fuerzas motrices y los factores de motivación que pueda tener el individuo, es capaz de reivindicar su propia posición hasta el absurdo. Los auténticos amarillos casi siempre dejan que su ego se interponga en su camino. La ventaja, no obstante, es que debido a su mala memoria no guardan rencor durante mucho tiempo. Olvidan enseguida que ha habido algún problema, una capacidad que puede hacer que los verdes y azules encuentren a los amarillos un poco demasiado apasionantes.

«Del agua mansa líbreme Dios, que de la brava me libraré yo»

¿Reconoces ese refrán? La persona que lo acuñó es probable que estuviera pensando en un verde. Puede que no hayas visto nunca a una persona de ese color perder los nervios. Es posible que tu buen amigo, ese colega tan simpático y agradable con el que nunca has tenido una discusión de verdad, no haya demostrado nunca ni un ápice de mal genio.

¿Significa eso que es una persona que no sabe enojarse? Para nada. Solo significa que en lugar de dirigir su temperamento hacia fuera, lo orienta en otra dirección. Hacia dentro.

Compararía el temperamento de un verde con un barril de cerveza de doscientos litros. ¿Te imaginas cuántos vasos de chupito se necesitarían para llenarlo? Podríamos llenar, llenar y llenar aún más antes de empezar a cubrir el fondo del barril. Muchos verdes funcionan así. Reciben y aceptan sin poner objeciones. Es algo que está muy relacionado con su deseo de evitar el conflicto, pero también con su incapacidad para decir que no. Dicen que sí sencillamente porque así es más fácil.

¿Significa eso que los verdes no tienen sus propias opiniones? Para nada: tienen tantas opiniones sobre las cosas como cualquiera. Es solo que no hablan de ellas. Y a menudo ese es el problema. Llenan el barril. Semana tras semana, un verde acepta una injusticia percibida tras otra. Fíjate que he dicho «percibida». Puede llevar años llenar el barril del todo.

Ahora toma ese barril, levántalo y vierte su contenido sobre tu mesa.

¿Qué ocurre? Arrasará con todo. El agua del barril no solo se llevará por delante todo lo que haya en tu mesa, sino también la propia mesa y a ti con ella. No habrá quien lo detenga.

«¿Has dicho que no he acabado el proyecto a tiempo? ¿De verdad? ¡¿De verdad?! La semana pasada dijiste que no lo había hecho lo bastante bien. Deja que te diga algo: hace un año me prometiste un despacho nuevo, y todavía estoy esperando. Y cuando me contrataron aquí, en 1997, dijiste lo mismo, y ahora deja que te diga...»

240 RODEADOS DE IDIOTAS

Todo saldrá a la luz. Así que intenta no ser la chispa que lo prenda todo.

Es un problema a gran escala. Los verdes controlan sus emociones para no dar problemas ni destacar, y carecen de un mecanismo para liberar la ira y la frustración. Sienten y experimentan tanto como cualquiera, pero les faltan las herramientas naturales para soltarlo todo. Podemos ayudarlos convirtiéndonos en facilitadores: haciéndoles preguntas, invitándolos a hablar, buscando señales, fijándonos en su lenguaje corporal para ver si hay signos de desaprobación y creando un ambiente saludable a su alrededor para que se sientan lo bastante cómodos para decir lo que piensan, y que así no tengan que hacer siempre concesiones. Si no, dirigirán toda su frustración hacia dentro. Y todos sabemos lo que ese tipo de estrés puede hacerle a una persona.

Tengo mi propia teoría, que desde luego no puedo probar científicamente, pero que sospecho que puede ser la razón principal por la que los verdes se queman. Cargan con su ansiedad, su angustia e incluso su ira durante tanto tiempo que acaba enfermándolos. Es un problema llamativo que debería tomarse en serio.

Una queja al día

Durante una época sumamente estresante de mi anterior carrera en el sector bancario, oí una vez un comentario sobre una azul. Trabajábamos día y noche, y a muchos se nos notaba el estrés. La frustración flotaba en el ambiente.

Nuestra supervisora de crédito vivía en medio de todo aquello. Pero nada parecía afectarla. Ni siquiera actuaba como si estuviera estresada. Su rostro era indescifrable y sus gestos eran tan limitados y moderados como siempre. Mientras que los demás comíamos sobre la marcha, en la mesa, ella se tomaba sus sesenta minutos completos y comía con toda tranquilidad... Era como si nada pudiera perturbar su paz.

—Esta mujer no es normal —dijo uno de mis compañeros amarillo/rojo—. No tiene sentimientos.

Por aquel entonces me sonó lógico, pero, si lo piensas, es imposible que sea verdad. Lo que pasa es que los azules sencillamente no necesitan comunicarse tanto como los verdes. Así que no lo hacen. Hay cosas que se vuelven hacia dentro incluso para ellos. Puede que te preguntes si los azules corren el mismo riesgo que los verdes. Y la respuesta es que no. Tienen un sistema para mantener el estrés bajo control.

Metafóricamente hablando, los azules tienen un barril de cerveza tan grande como los verdes, pero con una diferencia crucial: al fondo del barril hay un grifo pequeño y muy práctico. Ese grifo le proporciona al azul una válvula para soltar parte del contenido. Puede regular la presión siempre que él quiera.

Además, el grifo gotea. No está lo bastante apretado como para crear un cierre hermético y casi siempre se escapan gotitas. La insatisfacción azul se manifiesta en forma de diminutos gruñidos: «Mira eso. ¡Alguien ha vuelto a dejar el boli fuera de su sitio! ¡Siempre igual! Ahora tendré que acabar todo esto yo. Como siempre, me toca hacer lo más aburrido. No hay organización aquí. Siempre igual».

Y así un buen rato. Sus pullazos afectan a quienes están a su alrededor, pero lo que estos oyen a todas horas no es más que una trompeta refunfuñando. Las brasas no se avivan lo suficiente para convertirse en fuego. Lo interpretamos como un lloriqueo perpetuo, pero el descontento es real. Y como un azul no es lo bastante activo como para instigar algo, discutirá sobre ello en lugar de hacer nada al respecto. Todo serán quejas porque los demás no ven lo que él ve, porque no tiene ninguna autoridad para actuar o porque simplemente está de mal humor. Pero, para él, es una buena forma de mantener la presión bajo control. Así no tendrá que vaciar el barril sobre la mesa de nadie, y se evitará una catástrofe de categoría.

La forma de lidiar con sus gruñidos es hacerle preguntas. Pídele ejemplos concretos. Pídele sugerencias de mejora. Podría darse el caso, de hecho, de que el azul ya haya solucionado el problema que le fastidia, pero que necesite una pregunta directa para dar un paso al frente y sugerir una solución.

¿Qué hacer ante el hecho de que las personas no se enojan de la misma manera?

Si tienes estas sencillas observaciones en mente, podrás hacerte enseguida una idea de a qué tipo de persona te enfrentas. Solo presta atención a cómo reacciona ante el estrés y la presión.

Pero, al mismo tiempo, recuerda que ningún sistema es perfecto. Estas son solo indicaciones, y se aplican únicamente a colores individuales. Además, como ya he dicho anteriormente, situaciones distintas pueden dar pie a formas de actuar completamente diferentes. Por lo general, cuanto más importante sea algo para alguien, más contundente será su reacción.

Compruébalo por ti mismo. Si alguien insulta a tu vecino, puede que pienses que es injusto, pero no montarás ningún escándalo por ello. Sin embargo, si a quien insultaran fuera a tu pareja, te enfurecerías. Y es solo un ejemplo. Hay muchos niveles y grados sobre los que reflexionar.

17

Factores de estrés
y ladrones de energía

¿Qué es el estrés?

El enojo es una cosa. El estrés es otro. A veces uno es consecuencia de otro, pero no siempre. Hay personas que se enojan porque están estresadas, mientras que otras se estresan porque están enojadas. Cuando hablamos de estrés, a menudo nos referimos a la sensación de tener mucho que hacer y muy poco tiempo para hacerlo. No hay horas suficientes para abarcarlo todo en el trabajo y luego, además, ir al gimnasio, quedar con los amigos, pasar tiempo con la familia, practicar actividades recreativas de diversa índole y, oh, puede que también dormir.

Aun así, el estrés que nos hace sufrir de verdad a menudo no tiene nada que ver con la falta de tiempo. Las presiones y las altas expectativas sobre lo que harás y lo que se supone que tienes que llegar a ser pueden ser estresantes, incluso si en realidad no te falta tiempo.

La presión, las exigencias y las expectativas generan estrés y pueden hacer que te sientas inútil e impotente. Quizá te cueste dormir o te duela el cuerpo. Dicho en pocas palabras, la sensación de estrés surge cuando sentimos que se nos exige y se espera de nosotros más de lo que está en nuestras manos hacer.

Cada persona reacciona de un modo distinto al estrés: ¡vaya sorpresa!

No, pero hablando en serio: todos nosotros reaccionamos al estrés a nuestra manera. La misma situación cada persona puede vivirla de un modo distinto y una misma persona puede vivir situaciones similares de formas distintas en momentos diferentes. Lo que hayas vivido en el pasado y cómo te encuentres ahora mismo son factores que influyen en la manera en que actúas y reaccionas.

Si has descansado en condiciones y te encuentras bien, puede que una semana dura en el trabajo te parezca un reto estimulante, pese a la intensa carga de trabajo. Pero si estás cansado y con poca confianza en ti mismo, quizá vivas esa misma semana como una situación horrible y desmoralizante.

¿Cómo influye tu color en todo ello? No dice nada de tu umbral de estrés (es decir, de cuánto estrés puedes soportar). Pero puede decir algo sobre lo que te estresa y cómo reaccionarás al estrés. He mencionado anteriormente el concepto de «fuerzas motrices», es decir, de lo que te mueve a levantarte de la cama por las mañanas, ir corriendo al trabajo y esforzarte al máximo. Este libro no aborda esa dimensión, pero es fácil darnos cuenta de que nos estresamos cuando sentimos que le dedicamos demasiado tiempo a las cosas equivocadas.

Una vez tengas claro cuáles son los principales factores de estrés de tu vida, estarás mejor preparado para evitarlos, siempre que sea posible. Si diriges un equipo de varias personas, conocer sus perfiles de comportamiento te ayudará a sortear los peores peligros.

Puedes evitarte mucho estrés si sabes cómo. Y sin menoscabo de la productividad del grupo.

El resto del capítulo está escrito con un elemento de ironía, y es así como te animo a leerlo.

Factores de estrés para los rojos

Si quieres estresar a un rojo, prueba algunas de las siguientes opciones para hacer mella en su autoestima.

Despójalo de toda autoridad

No estar involucrado en la toma de decisiones es muy duro para un rojo. Siempre cree tener las mejores ideas, así que también considera que debe ser él quien esté al frente del proyecto.

No obtengas ningún resultado

«Si no estamos haciendo progresos inmediatos, entonces todo nuestro trabajo ha sido una pérdida de tiempo.» Esa perspectiva puede desencadenar reacciones de estrés en un rojo, y quienes lo rodean deberían estar preparados. Buscará chivos expiatorios.

Elimina el elemento competitivo

Si todo es demasiado fácil, se vuelve aburrido. El comportamiento rojo gira en torno a una cosa: la capacidad de resolver problemas y retos difíciles. Si no hay problemas que resolver, a los rojos les faltará un estímulo. Adoptarán una actitud pasiva y creerán que no tienen absolutamente nada que hacer. Es posible que bajen el ritmo, y eso es algo que podría ser difícil de revertir.

Malgasta tiempo y recursos y trabaja de la forma más ineficiente posible

Estar sentado sin hacer nada es una pérdida de tiempo. Puede que no sea eso necesariamente lo que estemos haciendo, pero, para un rojo, que no le saques el máximo provecho a tu tiempo es un despilfarro y un factor de estrés, sobre todo desde una perspectiva de gestión. Es probable que a él lo evalúen en función de la eficiencia de la organización.

Asegúrate de que todo se convierta en una rutina

Las tareas mundanas y repetitivas son una sentencia de muerte para un rojo. Son aburridas, sin más. Frente a ellas, los rojos perderán la concentración y encontrarán otra cosa que hacer. El trabajo rutinario no es su fuerte. Se les dan fatal los detalles y lo saben. Del trabajo aburrido y trivial que se encargue otra persona, porque un rojo considera que tiene una mejor perspectiva del panorama general.

Comete un montón de errores tontos

Los errores son una cosa, pero los errores tontos, en fin..., eso es algo completamente distinto. Son innecesarios. Si un rojo cree que sus compañeros de trabajo son imbéciles, perderá la cabeza: «¿Por qué no entienden lo que se supone que tienen que hacer? ¿Tan difícil es?».

No le des ningún control sobre los demás

La necesidad de control de un rojo puede ser considerable. No son hechos y detalles lo que quieren controlar, sino a la gente. Lo que hacen, cómo lo hacen, etc. No tener ese control puede ser muy frustrante para un rojo.

Dile a menudo que se tranquilice o que baje la voz

Los rojos se vuelven locos cuando los demás los acusan de estar enojados cuando no lo están. Ellos siempre estarán un poco más acalorados que la mayoría de la gente, pero eso no significa que estén enojados. Y es precisamente esa acusación lo que puede hacer que se enojen. Que se enojen de verdad.

¿Qué hace un rojo cuando se estresa y se siente presionado?

Culpa a los demás. Como un rojo suele estar rodeado de idiotas, es fácil para él buscar un chivo expiatorio. Y es fácil que exagere las cosas al llamarle la atención a alguien por haber hecho las cosas mal. ¡Tenlo presente! Ese es el consejo que te doy, porque sentirás el aguijón de su ira.

Los rojos son siempre más exigentes que los demás colores. Esperan mucho de sí mismos y esperan mucho de ti. En situaciones de estrés, son también exageradamente exigentes e impulsivos, mucho más de lo habitual.

El rojo no escuchará a sus compañeros. Se encerrará en sí mismo, se sumergirá en la tarea que tiene entre manos y trabajará aún más. Recuerda que su ira y su frustración acechan bajo la superficie, así que ten cuidado con lo que haces en su presencia.

¿Puedo ayudar a un rojo a gestionar su estrés?

Si tienes autoridad para darle una orden directa, la respuesta es simple: pídele que se controle. Funciona. Otra forma de hacerle la vida más fácil a un rojo en una situación de estrés es enviarlo a casa y ordenarle que haga ejercicio físico, cualquier cosa que queme parte de esa energía frustrada e inquieta. Envíalo a un lugar donde pueda participar en algún tipo de competición y gastar su energía ganando algo que no tenga importancia para el equipo. Cuando vuelva, gran parte de su agresividad se habrá evaporado.

Factores de estrés para los amarillos

Si por algún motivo quisieras estresar a un amarillo, prueba alguna de las siguientes opciones para desequilibrarlo.

Finge que es invisible

Te acuerdas de lo que impulsa a un amarillo, ¿verdad? «¡Mírame! ¡Estoy aquí!» Si quieres desestabilizar a un amarillo, no tienes más que hacer que se sienta invisible. Si nadie lo ve, no existe. Haz que se sienta ignorado y pasado por alto, y ten por seguro que le provocarás estrés.

Vuélvete muy escéptico

Cualquier persona que se muestre muy escéptica transmite negatividad, algo que estresa a los amarillos. Les gusta ver el lado positivo y luminoso de todo, y hasta los realistas del montón les parecen agoreros. El pesimismo y la negatividad son veneno para el entusiasmo de los amarillos y harán que estén en tensión.

Haz que el trabajo esté muy estructurado

Como los rojos, los amarillos huyen de la rutina, de las tareas repetitivas y de las agendas llenas hasta los topes. No tendrán ningún problema en planificar un horario para los demás, pero ellos no son capaces de seguirlo. Oblígalos a cumplir con uno de los tuyos y los verás venirse abajo.

Apártalo del resto del grupo

Para un amarillo, no tener a nadie con quien hablar es tal vez lo peor que puede pasarle. Es el fin del mundo. Como necesitan hablar, tiene que haber alguien escuchando. Estar atrapado en un despacho con una mesa como única compañía es un castigo peor que la muerte. Es como deportarlo a Siberia.

Déjale claro que es inapropiado hacer bromas en el lugar de trabajo

«¿No se puede bromear ni tener sentido del humor? ¿Qué es esto, una funeraria?» Es palabra por palabra lo que me dijo una vez una empleada amarilla cuando supo que los asesores no tenían tiempo de hacer tonterías. Tanta seriedad la estresó mucho y dejó el puesto antes de que acabara el periodo de prueba.

Presiona a un amarillo para que se piense bien las cosas antes de hacerlas. Dos veces

Reprimir la espontaneidad de un amarillo es como dejar tapada una cacerola cuando la leche hierve tanto que rebosa: no funciona. El estropicio es inmenso y todo el mundo acaba implicado cuando los amarillos —de forma sonora e intensa— invitan a los demás a entrar en su espiral de estrés. Recuerda que el estrés de un amarillo se notará siempre. No creas lo contrario.

Protesta y quéjate sin parar por cosas insignificantes

Tener que hacer frente a una sucesión de conflictos constante es agotador. Se trata en cierto modo de una paradoja, porque los amarillos no temen al conflicto como los verdes. Pero si las disputas son frecuentes se interpondrán en su búsqueda de la diversión y la positividad, lo que les provocará estrés. Los amarillos pueden sobrellevar las discusiones, pero, si son excesivas, les impedirán rendir al máximo y harán que pierdan su encanto habitual.

Prueba a humillarlo en público

Un amarillo que ha recibido una crítica negativa en presencia de otras personas no será un espectáculo agradable de contemplar. Algo así puede hacer que no vuelva a dirigirte la palabra. Además, se pondrá tan a la defensiva que no conseguirás nada.

¿Qué hace un amarillo cuando se estresa y se siente presionado?

Prepárate para ver cómo trata de llamar la atención aún más de lo habitual. Su ego no le dejará más alternativa que requerir atención y afirmación para compensar los sentimientos negativos de estrés. Eso significa que buscará activamente que le presten atención, que es lo que hace que se sienta mejor. El peligro será que hable demasiado y se ponga en el centro de todo.

Aunque te parezca imposible, también existe el riesgo de que su optimismo alcance cotas excesivas y absurdas. No te has enfrentado jamás a un verdadero reto hasta que no has intentado lidiar con un amarillo realmente estresado. Se le ocurrirán planes tan locos y estrafalarios que ni él se los creerá. Para el amarillo, no es más que un mecanismo de defensa natural.

¿Puedo ayudar a un amarillo a gestionar su estrés?

Deja que organice una fiesta. Necesita con urgencia ver gente en un contexto social. Si la situación de estrés se alarga mucho tiempo, puede hundirse en la miseria. Cuando las cosas estén tocando fondo, sugiérele una ruta por bares, una fiesta o aunque sea una simple barbacoa. No tiene por qué ser nada elegante, pero asegúrate de que sea algo de lo que pueda disfrutar. ¡Asegúrate también de que sea divertido!

Factores de estrés para los verdes

Si, por la razón que sea, quieres que un verde se estrese, ponle en las siguientes situaciones desagradables.

Despójalo de cualquier sensación de seguridad

Encomiéndale tareas que no haya hecho nunca antes sin explicarle nada y dale a entender, al mismo tiempo, que esperas que las ejecute a la perfección. Déjalo solo en reuniones en las que se le planteen exigencias poco razonables. No lo apoyes cuando una discusión empiece a acalorarse. Envíale a un rojo enojado para que lo riña. El estrés no tardará en hacer acto de aparición.

Deja un montón de cabos sueltos

Las tareas sin finalizar y los cabos sueltos son de lo más desagradable. A los verdes les gusta saber cómo encaja todo y, si no entienden cuál es el proceso, nada saldrá bien. Los proyectos inacabados —tareas iniciadas pero que se arrastran sin un final a la vista— les amargan la existencia. Por eso a los amarillos se les da tan bien conseguir que se estresen.

Hazle compañía a todas horas

Si un verde no tiene su espacio privado, si no hay ningún lugar donde pueda apartarse del mundo, se estresa mucho. Le gustan los demás, claro, pero también necesita estar a solas consigo mismo. Cuando no es posible, es incapaz de pensar.

Haz cambios rapidísimos e inesperados

Es la especialidad de rojos y amarillos: las decisiones rápidas que no siempre explican. Los verdes lo pasan fatal cuando se ven obligados a hacer cambios rápidos e inesperados, y a menudo reaccionan sumiéndose en un estado de total indiferencia. El peor tipo de cambio para un verde es cuando recibe una orden por la mañana y, justo cuando está empezando a pensar en cómo cumplirla, llega una contraorden.

«¿Te importaría volver a hacerlo todo de principio a fin?»

Tener que rehacer una tarea es sinónimo de fracaso. Si algo tiene que volver a hacerse, solo puede deberse a que tu trabajo no ha sido lo bastante bueno la primera vez. En otras palabras, porque a alguien le ha parecido que estaba mal. Por extensión, eso significa que, como persona, no vales lo suficiente, lo que por supuesto es tremendamente estresante.

Dile a un verde: «A ver, no podemos estar de acuerdo en todo»

Los desacuerdos en un equipo de trabajo o en una familia conducen de forma inevitable al estrés. Solo las personas problemáticas disfrutan del conflicto. Las fricciones en el grupo más importante, la familia, son particularmente graves. Un verde no sabrá qué hacer.

Ponlo en el punto de mira

Los verdes jamás querrán ser el centro de atención cuando estén en un grupo grande. Los grupos de más de tres personas se considerarán grandes a menos que los verdes conozcan muy bien a todo el mundo. Si obligas a un verde a verse en esa situación, no levantará la vista del suelo. Todo el mundo notará que está muy incómodo y el resto del grupo también se estresará. No es buena idea.

¿Qué hace un verde cuando se estresa y se siente presionado?

Se retrae y se vuelve casi frío. Su lenguaje corporal pasa a ser rígido y hermético, y si eres tú quien ha desencadenado su estrés, no querrá saber nada de ti. Algunos verdes pueden mostrarse muy apáticos. Se vuelven reservados y desagradables incluso con personas a las que, en circunstancias normales, tienen mucho aprecio.

También se vuelven muy dubitativos e indecisos. El estrés hace que los verdes se sientan inseguros y teman cometer errores. Puede ser en el trabajo, pero también en casa. Por ejemplo, ante un niño enfermo, un verde adopta una actitud pasiva y se limita a quedarse mirando, porque tiene miedo de hacer algo que empeore la situación. Internalizará también la culpa por lo ocurrido, y puede que se cierre en banda.

En el trabajo, la situación podría ser un poco distinta. Depende. Muchos verdes acaban sumidos en la obstinación o la cabezonería e irritando a los que los rodean, negándose a cambiar nada. Es posible que vean que un método en concreto no está funcionando bien y aun así se nieguen a actuar. Suena raro, pero la habitual tozudez verde se impone y les impide pasar a la acción.

¿Puedo ayudar a un verde a gestionar su estrés?

Dale permiso para descansar. Déjale tiempo libre para que haga cosas como cuidar del jardín, dormir o cualquier otra actividad que lo relaje. Puede ser algo como enviarlo al cine —no con un grupo grande de gente, sino mejor a él solo— o darle un buen libro que tarde dos días en leer. Lo que los verdes quieren es no hacer nada. Permíteselo hasta que el estrés remita. Después volverán a ser ellos mismos.

Factores de estrés para los azules

Si, por la razón que sea, quieres estresar a un azul, no tienes más que desbaratar todos sus planes.

Dile: «No sabes de lo que hablas»

Quizá creas que los azules no se toman las críticas como algo personal, pero, si creen que son falsas e infundadas, pueden molestarles mucho. No porque teman el conflicto ni porque su relación se resienta, sino porque lo vive como un desdoro a su sentido de la perfección.

Haz que el equipo directivo tome una decisión espontánea

A un azul suele parecerle bien el cambio, porque no considera que nada esté nunca del todo bien. Pero necesita conocer los motivos que hay detrás. Si no estaba planeado, entonces se trata de un cambio imprevisto, y una falta de planificación es señal de una mala organización, lo que no es bueno. Los quebraderos de cabeza serán inevitables.

Dile: «Esto puede ser arriesgado, pero vamos por ello igualmente»

Hay un elemento de riesgo en todo. Un azul ve riesgos por todas partes. Un rojo diría que saltar de un avión sin paracaídas es arriesgado, mientras que un azul diría que es arriesgado comprar un nuevo cortacésped. Nunca se sabe lo que puede pasar. Y cuanto más rápido van las cosas, mayores son los riesgos.

Sorpréndelo con algo como: «¡Vienen tus suegros sin avisar! ¡Qué bien!»

Es una cuestión de orden y estructura, de trabajar a un ritmo relajado o renovar la cocina según un plan claramente establecido. Si media familia se presentara de repente, lo trastocaría todo. Nunca hay que intentar sorprender a un azul. Puede que no te haya comunicado del todo sus propios planes y podrías causarle un buen problema.

Di: «Huy, ¿qué ha pasado aquí?»

Los errores son cosa de tarugos y de personas que no prestan atención. Los azules no cometen errores, así que cuando los demás desbaratan sus planes son capaces de cerrar la puerta y negarse a escuchar. No quieren oír que el proyecto se ha ido a pique; solo quieren seguir haciendo su parte, aunque esa tarea ya no tenga ningún sentido.

Dile: «Déjate de burocracia. ¡Innovemos!»

«Dale un poco a la imaginación. Aquí tenemos que ser un poco más flexibles.» He ahí una forma estupenda de que un azul pierda pie en el trabajo. A las personas que rompen las reglas y van en contra de las normas, los azules son partidarios de mirarlas con suspicacia y atarlas corto. Si un azul se da cuenta de que está en manos de una empresa que no presta ninguna atención a los procedimientos debidos, puede mostrar una resistencia considerable.

«Tenemos que asumir mayores riesgos»

Es una variación sobre el punto anterior. Lo que está bien está bien, y una adecuada preparación es lo fundamental, el alfa y el omega. Hasta hay un libro que lo dice. Así que cuando un azul no puede prepararse a su (a veces muy enrevesada) manera, aparece el estrés. Un azul es lo opuesto a la espontaneidad, y no se lo puede obligar a reaccionar a una situación si no ha tenido tiempo de familiarizarse con el asunto en cuestión. Tendrá tantas reservas que no será capaz de hacer nada útil.

Rodéalo de personas muy emotivas

No. El sentimentalismo cursi es absolutamente desagradable. Resulta confuso e incómodo, y a un azul no le gusta. Lo que cuenta es la lógica y, si eso es algo que no tienes en cuenta, a un azul se le hará muy difícil. Se hará el escurridizo y nunca olvidará que eres una persona en exceso emotiva que no utiliza su cerebro de la misma forma que él.

¿Qué hace un azul cuando se estresa y se siente presionado?

Se vuelve muy pesimista. Oh, sí. Más de lo habitual, de hecho. De repente lo ve todo negro y cae en un abismo de desesperación. A menudo lo invade la letargia, y ya nada le despierta interés. Un manto de pesimismo se extiende sobre todos nosotros. El azul se vuelve también insoportablemente pedante. Muchas personas, cuando se estresan, aceleran el ritmo para compensar. Un azul no. Él pisa el freno a fondo. No es el momento de cometer errores. Quienes le rodean deben esperar reproches constantes. Señalará de improviso cualquier pequeño error que observe... y no serán pocos. También puede convertirse en un insoportable sabelotodo.

¿Puedo ayudar a un azul a gestionar su estrés?

Los azules necesitan privacidad. Hay que darles tiempo y espacio para pensar. Quieren analizar la situación y entender las conexiones y, para hacerlo, necesitan tiempo. Si les dejas espacio, acabarán volviendo. Pero si el bajón es de los gordos, puede que tengas que ofrecerles un tipo de ayuda más proactiva.

Conclusión: ¿Qué podemos aprender del análisis de los diferentes tipos de personas en situaciones de estrés? Pues que, en esas circunstancias, su comportamiento y conducta habituales se refuerzan y exageran. Un rojo se vuelve aún más duro y agresivo con quienes lo rodean; un amarillo se vuelve más mustio y caótico; un verde se vuelve aún más pasivo y evasivo de lo habitual; y un azul puede cerrarse en banda del todo y buscarle no tres pies al gato, sino cinco.

Lo importante es evitar causarles estrés a los demás de forma innecesaria. Eso ya lo sabías, claro, pero puede serte útil entender lo que de verdad estresa a cada perfil. La presión que ejerzas sobre un rojo no generará tanto estrés como la que ejerzas contra un verde o azul. De hecho, a un rojo hay que presionarlo para recuperarlo. Si todo va como la seda, se aburrirá.

La situación, tu perfil, la hora del día, la cantidad de trabajo, el grupo, el tiempo... Hay muchas cosas que determinan el nivel de estrés en nuestra vida. Pero si prestas atención, todo saldrá bien.

18

Una breve reflexión a lo largo de la historia

El ser humano siempre ha sido así

El trasfondo de todo lo que has leído hasta ahora

Este capítulo explica cómo llegué a lo que constituye la base de la información de este libro. Si no te interesa la historia ni las referencias ni la investigación ni las cosas que te quitan tiempo en tu por lo demás ocupada vida, puedes saltarte este capítulo. Para todos los demás: érase una vez, hace mucho tiempo...

En todas las culturas ha existido siempre la necesidad de clasificar a los demás. Cuando, tras la Edad de Piedra, empezamos a ser más reflexivos como especie, descubrimos que, en todo el mundo, las personas éramos diferentes. Menuda sorpresa.

Pero ¿hasta qué punto somos diferentes en realidad? ¿Y cómo se han descrito esas diferencias? Hay probablemente tantos métodos como civilizaciones en la Tierra. Pero pondré algunos ejemplos.

Los griegos

A Hipócrates, que vivió cuatro siglos antes de Cristo, se lo considera el padre de la medicina. A diferencia de muchos otros médicos de la época, no era supersticioso. Creía que las enfermedades venían de la naturaleza, no de los dioses. Por ejemplo, Hipócrates pensaba que la epilepsia la causaba una obstrucción en el cerebro. Hoy en día eso es del conocimiento general, pero en la época era revolucionario.

La patología humoral, o la teoría de los cuatro humores —por los cuatro fluidos corporales—, habla de cuatro temperamentos. Según Hipócrates, nuestro temperamento es la manera fundamental en que reaccionamos. Es nuestra conducta o nuestro estado de ánimo natural. Nuestro temperamento controla nuestro comportamiento.

Hipócrates creía que estamos sanos cuando los cuatro humores —sangre, bilis amarilla, bilis negra y flema— están equilibrados. Cuando vomitamos, tosemos o sudamos, por ejemplo, el cuerpo está intentando librarse de una o varias de esas sustancias.

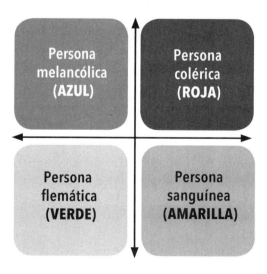

La palabra *chole* viene del griego y significa «bilis amarilla». Así que una persona colérica es la regida por la bilis amarilla o el hígado. Vehementes y temperamentales, las personas coléricas a veces asustan a quienes las rodean con sus maneras poderosas. «Colérico» puede traducirse por «de sangre caliente».

La palabra latina *sanguis* significa «sangre». Una persona sanguínea se rige por la sangre, por el corazón. Creativa y despreocupada, reparte buenas vibraciones allá donde va. Está llena de sangre y por lo tanto es optimista y alegre, y tiene unas maneras etéreas. Un sinónimo de «sanguíneo» es impulsivo.

Una persona flemática se rige por el cerebro. Una flema no es otra cosa que una mucosidad. Los mocos son viscosos, como el temperamento de una persona flemática, que es tranquila y de movimientos lentos.

Finalmente, una persona melancólica tiene un exceso de bilis negra —*melancholía*, en griego; es la sustancia que se encuentra en el bazo— y, por lo tanto, se la percibe como melancólica y triste. Un sinónimo habitual de «melancólico» es pesimista.

He ahí la teoría de Hipócrates en pocas palabras.

Un pueblo antiguo con buen ojo para el color: los aztecas

Los aztecas fueron un pueblo poderoso que vivió en el centro de México entre los siglos XIV y XVI. Se les conoce por su avanzada civilización y sus imponentes templos.

Al ponerse a dividir a las personas en diferentes categorías, utilizaron algo que conocían bien: los cuatro elementos. Hasta el día de hoy, esos elementos —fuego, aire, tierra y agua— se usan para describir los distintos estados de ánimo, pero nadie sabe en realidad si los aztecas fueron los primeros a los que se les ocurrió la idea. Lo que sabemos seguro es que la utilizaron, porque dejaron tallas en las que ilustraron ese enfoque.

Las personas fuego eran tal como suenan: vehementes, explosivas, un poco impulsivas. Eran los guerreros que tomaban la espada para conseguir lo que querían. Líderes.

Las personas aire eran diferentes. También eran decididas, pero de trato más fácil. Llegaban de repente como un viento cautivador, levantando un poco de polvo en el proceso.

Las personas tierra trabajaban para el pueblo, para el colectivo. Debían ejemplificar la estabilidad y la seguridad. Estaban allí para crear cosas duraderas, para construir para el futuro.

¿Y las personas agua? El agua era un elemento por el que los aztecas sentían respeto. El agua puede arrasarlo todo a su paso, pero también es posible embotellarla, si sabes cómo hacerlo. Calladas y seguras, las personas agua observaban todo lo que ocurría.

Como puedes ver, estas divisiones se parecen bastante a las propugnadas por Hipócrates. No son más que nombres distintos para una misma cosa.

William Moulton Marston

William Moulton Marston creó un test de presión arterial sistólica que se utilizó para intentar detectar fraudes. El descubrimiento dio lugar al moderno detector de mentiras. Pero Marston fue también autor de ensayos sobre psicología popular. En 1928 publicó su obra *Emotions of Normal People*, en la que investigaba las diferencias en los patrones de comportamiento de las personas sanas. Con anterioridad, tanto Jung como Freud habían publicado estudios sobre personas mentalmente inestables, pero Marston fue una especie de pionero que sentó las bases de lo que se conoció como el modelo DISC, en el que se basa este libro. Pocos años después de descubrir la obra de Marston (en la década de 1950), Walter Clarke desarrolló el concepto DISC a partir de sus observaciones. Como has podido ver, se trata de un modelo utilizado para clasificar los distintos tipos de comportamiento humano. Su trabajo ha sido una fuente inagotable de valiosos conocimientos sobre el comportamiento y las interacciones humanas, aunque no han faltado voces críticas. Aun así, se ha avanzado bastante desde la época de Marston, y a lo largo de los años muchas otras personas han contribuido a afinar la herramienta DISC.

Marston descubrió una manera de expresar lo distintos que éramos. Observó diferencias claras entre las personalidades, que sentaron las bases para el modelo empleado en este libro. Hoy en día utilizamos las siguientes divisiones:

- El dominio produce actividad en un entorno hostil.
- La influencia produce actividad en un entorno favorable.
- La estabilidad produce pasividad en un entorno favorable.
- El cumplimiento produce pasividad en un entorno hostil.

Las cuatro letras —D, I, S y C (dominio, influencia, estabilidad y cumplimiento, por sus siglas en inglés)— forman el acrónimo del perfil DISC que se usa en todo el mundo.

El rasgo de *dominio* en una persona se observa en la forma en que encara los problemas y se enfrenta a los retos.

La *influencia* hace referencia a alguien a quien le gusta causar un impacto en los demás. Una persona con ese rasgo siempre será capaz de convencer a otras. Simplificando, podría decirse que el dominio tiene que ver con actuar, y la influencia con interactuar.

El grado de *estabilidad* se mide principalmente por el nivel de receptividad al cambio. Una fuerte necesidad de estabilidad en una persona quiere decir que es resistente al cambio, mientras que en alguien que lo disfruta la necesidad de estabilidad será menor. Eso conduce, claro, a una serie de patrones específicos de comportamiento, como una nostalgia por los «viejos tiempos», por ejemplo.

Por último, el *cumplimiento* muestra hasta qué punto está dispuesta una persona a seguir normas y reglamentos. Por supuesto, eso también genera ciertas características interrelacionadas. Aquí encontramos a aquellos que no pueden aceptar que las cosas salgan mal. La calidad es importante.

Es probable que te hayas dado cuenta de que, tanto si son un producto de la psicología moderna como de los antiguos aztecas, esos rasgos de comportamiento están todos asociados al mismo color. Los colores no son lo importante: son solo una manera de hacerles las cosas más fáciles a quienes no están familiarizados con el sistema. Como asesor, llevo veinte años formando a personas en esta herramienta y he comprobado que los colores facilitan el aprendizaje.

Marston dio por acabada su investigación sobre el tema en la década de 1930. Muchos otros han utilizado su trabajo y han desarrollado un sistema que, según los datos más recientes, han usado cerca de cincuenta millones de personas en los últimos treinta y cinco años. Por ejemplo, el estadounidense Bill Bonnstetter contribuyó de forma inestimable a crear herramientas definitivas para ayudar a analizar al individuo en su totalidad. En Estados Unidos, la empresa TTI Success Insights (ttisuccessinsights.com) ofrece un análisis integral.

Pero vale siempre la pena recordar que aunque, en teoría, no hay diferencia entre el concepto sobre el papel y la práctica, en el mundo real sí que la hay.

He descrito los cuatro rasgos principales que señaló Marston, pero acuérdate de que la mayoría de nosotros somos una combinación de dos colores.

19

Voces desde la vida real

El libro que tienes en las manos es una traducción de la cuarta edición de la obra original sueca *Omgiven av idioter: hur man förstår dem som inte går att förstå*. En mi país, es un libro que han leído unas quince mil personas. Escribí ese libro porque durante muchos años, en distintos contextos, en los cursos de formación, charlas, etc., la gente siempre me preguntaba: «¿Dónde podemos leer más sobre el tema?». Hasta hace poco, la respuesta siempre había sido: «En ningún sitio». Pero luego escribí este libro, que ahora has leído.

Como escritor, siempre quiero saber lo que la gente piensa de lo que he escrito. Escribo también ficción, y sé que escuchar la verdad puede ser como una descarga eléctrica, pero, al mismo tiempo, me gusta marcarme retos a mí mismo. Así que entrevisté a cuatro personas con perfiles completamente distintos y les pregunté lo que opinaban del sistema en sí, pero también cómo veían su vida cotidiana en función de su color. Al leer, presta atención al modo en que responden a las preguntas (no solo a lo que dicen). Es posible aprender tanto de cómo responden como de las propias respuestas.

Helena
Consejera delegada de una empresa privada en la que trabajan unos cincuenta empleados. Principalmente roja, sin rastro de verde o azul. Con una pizca de amarillo.

¿Qué te parece esta herramienta, el lenguaje DISC?

Me parece una forma eficaz de evitar malentendidos. Entendí de inmediato de qué iba, así que creo que el libro podría haber sido más corto; la mitad de largo, incluso. Me habría concentrado más en el texto. No me gustan las repeticiones. Pero sí, claro, es una herramienta útil. Las Navidades pasadas les regalé un ejemplar a todos mis compañeros de trabajo y les pedí que lo leyeran. Y casi todo el mundo lo hizo.

¿Qué es lo más importante que has aprendido del libro?

Que ya no tengo que andarme con rodeos. Ahora mis trabajadores saben que no es que yo sea una déspota malvada: es que soy roja. Entienden que no estoy enojada, sino que soy firme. Lo que más me interesó fue leer sobre el comportamiento azul. Nunca me había parado a pensar en por qué los azules veían las cosas de un modo tan distinto al mío. Ahora entiendo que el proceso en sí es importante para ellos y que por eso tardan tanto.

¿Algo más?

No. Bueno, los amarillos. Me he hecho siempre muchas preguntas sobre ellos. Toda esa palabrería... Tengo algunos conocidos que son así. Se sientan, empiezan a parlotear y en realidad no dicen nada. Mi vecino es amarillo: no para de hacer planes, pero luego ninguno acaba haciéndose realidad. A mí no me molesta, pero su mujer debe estar volviéndose loca. Y en mi empresa los amarillos apenas hacen nada. Pero no es grave, me parece. Yo me mantengo firme y les

VOCES DESDE LA VIDA REAL

exijo que cumplan. Puedo soportar las malas caras. No estoy allí para hacer amigos.

¿Cuál es tu experiencia con el comportamiento verde?

Ya... Sí, bueno, ¿qué puedo decir? [Helena hace una larga pausa y mira por la ventana.] Los verdes también son necesarios. Leales y obedientes. Pero, la verdad... No me había dado cuenta de que hablaban de mí a mis espaldas. Y lo hacen. Se les da muy bien propagar rumores. Incluso el menor de los cambios desencadena una tormenta de rumores en el comedor. Especulaciones sobre una cosa tras otra. Suelen ser completamente falsas y estar basadas en información errónea. Sería más fácil que vinieran a mí directamente con sus preguntas. Porque, a ver, ¿tanto les cuesta entrar en mi despacho y preguntar? Saben que siempre contestaré con la verdad. Es frustrante que se anden con rodeos. No sé cuántas veces he dicho que tenemos que ser sinceros unos con otros en esta empresa. ¿Tan difícil es?

¿Por qué crees que no comparten contigo lo que piensan?

Por miedo de que me enoje, claro. Antes jamás se me había ocurrido. Creen que tengo la mecha corta porque, a veces, levanto la voz o miro a alguien con intención, pero con eso lo único que intento es dejar claro que lo que he dicho es importante. [Pausa.] A mí personalmente me da igual que una conversación sea un poco tensa; no es lo mismo que enojarse. Pero me resultó una sorpresa saber que hay quienes evitan deliberadamente a las personas fuertes. Lo que no entiendo es cómo puede ser que eso pase entre adultos.

¿Te parece un comportamiento inmaduro no decir lo que se piensa?

Inmaduro y muy falso, en realidad. Un poco como un niño que se niega a reconocer que ha tomado la galleta de chocolate pese a que le habían dicho que no podía. Yo sé que lo ha hecho, así que ¿de qué sirve negarlo? Es algo que no entiendo. ¡Admite tus errores! ¿Por qué es tan difícil? Admite lo que has hecho o lo que no lo has hecho, y así podremos pasar página. Pero negarlo o evitar decir nada... Eso me vuelve loca.

Vale. Veamos otros colores. Has dicho que los azules son los que te parecen de trato más fácil, y que los amarillos tampoco son complicados. Pero ¿qué pasa con los rojos? ¿Cómo es trabajar con personas que tienen tu mismo perfil?

No suele haber ningún problema. Lo que tenemos que hacer lo hacemos. En mi equipo directivo somos seis personas. Yo diría que tres son rojos. O más bien dos son rojos y uno rojo/amarillo. Uno es azul: el director financiero. Y el último... es difícil decirlo. Es alguien con unas miras muy amplias pero que, a la vez, cuida los detalles. ¿Es posible ser amarillo/azul?

Sí. Es una combinación muy habitual. Entonces, ¿ningún verde en el equipo?

[Sonriendo.] No.

¿Cómo crees que opera tu comportamiento rojo, en general?

Bueno, antes de leer el libro y descubrir mi perfil personal nunca había reflexionado mucho sobre ello. No me había parado a pensar en el modo en que encaro las cosas. Pero cuanto más leía, más me daba cuenta de que yo era la causa de algunos de los problemas que he tenido en el trabajo. Lo de que los demás no reconocieran lo que de verdad sentían era solo parte del asunto. Nunca se me había ocurrido que hubiera gente que me tuviera miedo o que se sintiera intimidada por mi comportamiento. Ha habido muchas turbulencias cuando he tomado decisiones con demasiada rapidez o cuando se ha hecho algo precipitadamente. Sé que tengo que pensar bien las cosas antes de decidir nada, claro, pero a veces ocurre que me viene una idea y allá que vamos. ¡Antes de comer ya está en marcha!

¿Cuáles son las consecuencias de esas decisiones poco meditadas? ¿Algún ejemplo?

Toneladas. [Risas.] Una vez acepté un trabajo sin ni siquiera preguntar por el sueldo. Resultó que tenía que trabajar sesenta horas a la semana y que no pagaban nada por las horas extra. En una ocasión contraté a una persona que resultó ser completamente inútil. Yo no había pedido referencias y supuse que sabía de lo que hablaba. Pero no conocía nada del sector ni del producto. Era un estafador. Por desgracia, nos costó mucho librarnos de él. Perdimos mucho dinero.

Vaya. ¿Y fuera del trabajo? ¿Cómo llevas tus relaciones personales?

En ese ámbito pienso aún menos. Pero, es curioso, le enseñé el libro a mi marido y le pedí que lo leyera. No lo hizo, pero le subrayé varios apartados que le insistí que leyera.

¿Sobre el comportamiento rojo?

Sobre el comportamiento rojo. Y se leyó algunas partes. Es posible que reconociera a su mujer. Se rio un poco, pero, ahora que lo pienso, no dijo nada en concreto.

¿Hizo algún comentario sobre el comportamiento verde?

No.

¿Cómo funcionáis como equipo?

¿Cómo funcionamos juntos? [Carcajada.] Yo le digo lo que hay que hacer y él lo hace. Antes de que acabe le busco otra cosa que hacer y le envío a hacerla. Luego me enojo porque no la ha acabado. Pero es que no ha acabado nunca nada en su vida. Nos reímos mucho de eso: yo genero caos pero lo culpo a él. Seguro que no tiene una vida fácil.

Entiendo. ¿Cuáles dirías que son tus mayores retos, si partimos de tu comportamiento rojo?

Hay personas que tardan una eternidad en tomar una simple decisión, y eso me vuelve loca. Sé que yo soy rápida, pero es que los demás a veces son terriblemente lentos. Da igual que hablemos de un amigo o de un compañero de trabajo. Por ejemplo, dijimos que compraríamos un sillón para el comedor. Como yo trabajo tanto, acordamos que lo haría mi marido [aquí Helena levanta las cejas, y poco a poco una sonrisa se extiende por toda su cara]. Le dije que tenía que encargarse de buscar: de mirar en internet, en tiendas de muebles, de segunda mano y demás. ¡Pero, claro, no lo hizo! ¡Dos días después, cuando le pregunté por el tema, no había hecho nada! Así que, al día siguiente, en mi pausa de la comida, estando en el baño, localicé cinco opciones distintas y se las envié. ¡Y cuando llegué a casa cinco horas después aún no había hecho nada! Yo estallé y él se encerró en el sótano.

Vale, es un buen ejemplo, gracias. ¿Cuánto llevan casados?

Catorce años. Nos conocimos por casualidad. Yo digo siempre que lo que me atrajo de él fue que sabía mantener la boca cerrada cuando era necesario, y sigue siendo así. Pero a veces me gustaría que tuviera un poco más de iniciativa e hiciera las cosas. Nunca le he preguntado qué vio en mí.

Pero ¿cómo resuelven los conflictos, si él es verde y tú roja?

No creo que tengamos muchos conflictos. Por lo general, soy yo la que discute si pasa algo, aunque, por otro lado, él a veces se enfurruña mucho.

¿Qué quieres decir con que se enfurruña?

Puede estar dos días enojado. Por lo general, no le hago mucho caso: se le suele pasar. Pero a veces me canso de su cara de pena y le pregunto qué le pasa. Me encaro con él, por así decirlo.

[Pausa.]

¿Qué pasa entonces?

¿Qué pasa entonces? Bueno... Él dice que no le pasa nada. Que todo va bien. Pero no es verdad. Se le nota todo en la cara, así que siempre sé si algo va mal. El problema es que él se niega a admitir que está de morros. Lo que suele querer decir que está enojado por algo que he hecho. O dicho. Pero yo nunca me acuerdo de nada. Me tengo que poner a adivinar qué ha pasado, lo que es imposible. Muchas veces se trata de algún comentario insignificante que he hecho de pasada y que he olvidado en cuanto lo he dicho. Y si no lo adivino, se pone aún más gruñón. Puede durar semanas. No sé cómo se las apaña.

Pero ¿qué hacen luego? ¿No pueden resolverlo?

Bueno, tendemos a barrerlo debajo de la alfombra. Yo me olvido enseguida. Pero mi marido archiva el «conflicto» en un almacén privado que solo él conoce. Debe de estar lleno ya del todo.

[Helena se queda pensando un momento.] La verdad es que siempre me he metido en problemas por decir mi opinión, por seguir mi propio camino. Nunca he acabado de encajar. He hecho tonterías y he asumido riesgos, incluso de niña. Ahora me alegro de haberme arriesgado, porque he llegado lejos. Pero, desde luego, no siempre ha sido fácil.

¿De qué forma te ha beneficiado asumir riesgos?

Sentarse y pensar las cosas no lleva a ninguna parte. Ya puedes hacer grandes planes, que si no mueves el culo y los pones en práctica no sirve de nada. Yo no he sabido siempre a dónde iba, pero eso nunca me ha detenido. He tenido momentos malos, me he arruinado, he perdido mi trabajo, cosas así. No ha sido divertido, pero esas cosas me han llevado hasta donde estoy. Tal como yo lo veo, no es tanto lo que sabes o lo listo que eres, sino lo que haces. Y a mí eso, hacer cosas, siempre se me ha dado bien.

¿Qué consejo les darías a las personas que te conocen? ¿Qué deberían tener en cuenta?

[Pausa.] Les diría que no se sientan intimidadas por el hecho de que a veces yo sea un poco demasiado exigente. Que no retrocedan solo porque soy capaz de levantar la voz. Que sea exigente no significa que esté enojada. Pero también les diría que se pongan las pilas. Mi marido y yo hablamos a menudo de lo diferentes que somos a la hora de comunicar un mensaje. Mientras que él dedica diez minutos a explicar todo el contexto antes de llegar a lo que quiere decir, yo voy directa al grano y le digo a la gente lo que es importante. A veces doy un poco de información de contexto, pero la mayoría de las veces no. La gente debe tener en cuenta que es posible trabajar sin hablar todo el tiempo. Pon tu energía en lo que tienes entre manos y no en otras cosas. Ya socializarás los fines de semana.

Håkan
Vendedor de espacios publicitarios en uno de los principales canales comerciales de televisión. Mayoritariamente amarillo, pero con toques verdes. Ni rastro de azul ni de rojo.

¿Qué te parece esta herramienta, el lenguaje DISC?

¡Una maravilla! Me parece una herramienta increíblemente útil que debería conocer más gente. He reconocido mucho de mí mismo en este libro, además. Ha sido genial. Le he enseñado el libro a todo el mundo que conozco, y nos hemos reído de lo mucho que acierta. Me he leído casi todo el libro, aunque sobre todo la parte de los amarillos. No estoy de acuerdo con todo, pero había muchas partes en las que daba en el blanco.

¿Qué partes del comportamiento amarillo te han parecido más acertadas?

La que habla de que los amarillos somos personas muy creativas e ingeniosas. Me lo dice siempre todo el mundo. También se me da muy bien resolver problemas complejos, porque veo las soluciones de un modo distinto a todo el mundo.

¿Qué quieres decir con distinto?

Einstein dijo una vez que no puedes resolver un problema con la misma mentalidad que cuando lo creaste. O algo así. Creo que es una gran verdad. Por eso siempre me enfrento a cualquier problema con ojos frescos. Mis clientes agradecen mi enfoque creativo. Y se me da muy bien ganarme a la gente. Siempre me ha resultado fácil conquistar a los demás; es una especie de talento natural, de hecho. Conozco a mucha gente; ha sido así toda la vida. Y se me da muy bien hablar en público. En el colegio fui el presidente del consejo estudiantil y tuve que hablar muchas veces delante de todo el colegio.

¿De todo el colegio?

Sí, de todos los alumnos. O, bueno, no todos. Por lo general mi curso. Todos los estudiantes de primer año. Pero el ambiente era siempre fantástico y la gente se lo pasaba muy bien. Desde entonces me encanta hablar en público. Suelen pedirme que haga de portavoz muchas veces.

¿Puedes darme algún ejemplo?

Oh, sí. Cuando hay proyectos en el trabajo, por ejemplo. Siempre soy yo el que informa a nuestros jefes. También se me da bien hacer presentaciones en las reuniones de clientes. Si somos varios de la empresa, yo soy quien lleva la voz cantante.

¿Qué piensan los demás de eso?

No hay ningún problema. Prefieren no tener que hacerlo. A mucha gente le cuesta hablar en público, como seguramente sabes. ¿Eras psicólogo? Conozco a una chica que es psicóloga. Trabaja en una cárcel; parece muy interesante. Dice que la mayoría de los internos lo pasan muy mal, y me lo creo. Yo no llevaría bien estar encerrado ahí dentro.

No soy psicólogo. Soy especialista en comportamiento.

Hay una cosa del libro que no entendí: las áreas de mejora.

¿A qué crees que hacía referencia?

El libro hablaba de que los amarillos son rápidos tomando decisiones, y eso es verdad. Pero no estoy de acuerdo con la idea de que mis decisiones no están bien meditadas. Yo soy muy analítico. Siempre lo investigo todo a fondo. Reúno todos los datos antes de tomar una decisión. Así que en ese aspecto el libro estaba equivocado.

Entiendo. ¿Hay algo más en lo que discrepes?

En que utilizo demasiadas palabras cuando emito un juicio. Eso es mentira. Soy muy conciso y elocuente, así que no creo que en eso el libro acierte. También en lo de actuar siguiendo tu instinto: eso es algo bueno, no un punto débil.

¿Es bueno actuar en función de lo que te dice el instinto y no de los hechos?

Exacto. Los humanos somos seres emocionales. Deberíamos hacer uso de nuestras emociones. Sobre todo yo. Soy muy intuitivo, así que es algo que se me da muy bien. No todo el mundo tiene buenos instintos, así que es un verdadero punto a favor.

Puede que sea cierto. ¿Crees que es posible desarrollar el instinto con el tiempo?

No. Es algo con lo que se nace. O lo tienes, como yo, o no lo tienes.

Entonces, ¿es demasiado tarde para hacer algo al respecto?

No, no es demasiado tarde. No era eso lo que quería decir.

Pero has dicho que, si alguien no tiene instinto, no puede desarrollarlo.

Vale, puede que haya exagerado. ¡Pero desde luego es importante!

¿Alguna vez necesitas mantener tus emociones bajo control y usar la lógica?

Oh, sí, desde luego que sí. Es muy importante pensar de forma lógica y racional. Siempre lo digo. Tienes que fijarte en lo que funciona e ir avanzando a partir de ahí. Creo que es más fácil para alguien como yo, con experiencia. Hace muchos años que trabajo como comercial, así que sé lo que hay que tener en cuenta.

Lo siento, pero no acabo de entenderlo. Has dicho antes que lo importante era la intuición. ¿Cómo se conjugan esas dos cosas?

Estás tergiversando mis palabras. No he dicho nunca que no debas usar la lógica. [En este punto, Håkan cruza los brazos sobre el pecho y aprieta los labios.] Lo que digo es que debes guiarte por tu instinto. [Pausa.] Y por los hechos.

Sigamos. ¿Qué es lo más práctico que has aprendido leyendo el libro?

Que los azules son aburridos. Aunque eso ya lo sabía antes. Solo que no sabía que eran azules. Pero esos *junkies* de la burocracia, en fin... Recuerdo trabajar una vez en un proyecto —nada demasiado complicado, y algo que ya habíamos hecho antes: una forma especial de vender una nueva línea de producto— en el que teníamos a un par de azules en el equipo. Eran listos, estaban muy bien informados y demás, pero para ellos nunca llegaba el momento de ponerse manos a la obra. Planificaban y hacían listas y cálculos y perdían el tiempo con los detalles. ¡Pero no hacían nada!

¿Igual no se les daba tan bien seguir su instinto?

¿Qué quieres decir?

Así que te resultó difícil trabajar con los azules.

No pueden seguirme el ritmo, eso es así.

¿Lo que has aprendido en el libro ha influido de algún modo en tu vida personal?

No. Soy la misma persona de siempre. Tengo muchos amigos. Las fiestas que organizamos en casa son legendarias. Los vecinos hablan de ellas durante meses.

VOCES DESDE LA VIDA REAL

¿Así que invitan también a los vecinos? ¡Qué bien!

¡Oh, no, para nada! Mis vecinos son muy aburridos.

Pero ¿de qué hablan los vecinos entonces, si ni siquiera van a la fiesta?

[Pausa.] Uf, ¿quién sabe? ¡Ja, ja!

¿Qué consejo les darías a las personas que te conocen? ¿Qué deberían tener en cuenta?

¿A las personas que me conocen?

Sí. ¿Cómo te gustaría que reaccionaran las personas que te rodean?

Voy a decirte una cosa: no hay que tomarse la vida tan en serio. Solo se vive una vez. La gente debería recordarlo. Deberíamos darnos permiso para pasarlo bien, ya que estamos. Y no perdernos en los detalles. Así que sigue adelante. No te obsesiones con las cosas. Yo no lo hago. La vida está para vivirla.

Vale, eso es lo que tú crees. Pero ¿qué consejo les darías a las personas que te conocen? ¿Cómo te gustaría que te trataran?

Con una sonrisa. Se puede llegar muy lejos con una sonrisa.

¿Y en el trabajo? ¿Cómo te gustaría que te trataran allí?

Igual. Con una sonrisa. El resto vendrá solo.

[Pausa.] Vale. En fin, nadie es perfecto. Todos tenemos nuestros fallos y nuestras carencias, así que ¿cuáles dirías que son tus puntos débiles?

No suelo ver así las cosas. Yo siempre me centro en lo positivo. Me gusta destacar las cosas buenas de la vida. Si todo el mundo fuera por ahí pensando en lo que no funciona, nunca llegaría a hacerse nada, ¿verdad?

Es lógico, sí, pero todos los perfiles tienen puntos débiles. No dejan de existir solo porque evitemos hablar de ellos.

No me refería a eso. Lo que quería decir era que no hay que centrarse en lo negativo. Es mejor hacer hincapié en lo positivo. Sabe Dios que pesimismo ya hay de sobra en el mundo, ¿a que sí? Fíjate, por ejemplo, en el comportamiento de los verdes. Se preocupan por todo. Ven el peligro en todas partes. Y, en fin, no puedes ir por ahí sintiendo ansiedad a todas horas. No funciona. Tengo un vecino que le tiene miedo a todo. Sobre todo a las cosas nuevas, que son mi especialidad. A veces creo que le tiene miedo a su propia sombra. O fíjate en el comportamiento de los azules. ¡Le tienen fobia al riesgo! Todo es un riesgo para ellos. Aun sabiendo cuál será el resultado, siguen pensando en los riesgos. A mí me resulta del todo incomprensible.

¡Tienes toda la razón! Los verdes no sienten ninguna inclinación por los cambios y los azules se traban con los riesgos. ¿Algún punto débil en el comportamiento rojo?

Son cascarrabias. Eso es lo que pienso de los rojos. Muchos de ellos son de hecho bastante desagradables. A ver, sí, están muy orientados a los resultados y no sé qué más, pero no hace falta ser maleducado para conseguir que algo se haga. Algunos de ellos pueden ser muy cortantes. Les envías un mensaje largo y bonito, y la respuesta es solo: «Vale». ¡Lleva cinco segundos escribir un mensaje más largo, no cuesta nada y es mucho más personal! Yo cuido siempre mucho mi forma de expresarme.

VOCES DESDE LA VIDA REAL

Así que has analizado los puntos débiles de los rojos, los verdes y los azules. ¿Crees que hay áreas de desarrollo en el comportamiento amarillo?

Síííií... Todo depende de lo consciente que sea cada uno de sí mismo. Sin autoconciencia, las cosas pueden salirse un poco de madre. [Pausa.]

¿Estás pensando en algo en concreto?

En lo de no saber escuchar. Eso es importante, porque, si no eres consciente de ello, entonces la conversación puede irse a pique. Aunque a veces no puedes limitarte a sentarte y escuchar. Muchas veces me veo obligado a tomar tanto las riendas de una reunión como las decisiones o allí nadie hace nada. Pero sé cómo hacer para que las cosas avancen, así que todo acaba saliendo muy bien.

Vale, así que algunos amarillos podrían aprender a escuchar mejor. ¿Y en tu caso? ¿Crees que hay algún punto débil en el que debas trabajar?

[Larga pausa.]

Nada que me venga a la cabeza.

Elisabeth
Empleada en una organización pública de asistencia sanitaria. Verde, con algunos elementos de azul. Tiene algo de amarillo, pero ni rastro de rojo.

¿Qué te parece esta herramienta, el lenguaje DISC?

¡Ha sido muy divertido leer el libro! Tengo la sensación de que yo ya sabía mucho sobre mi comportamiento, pero creo que ha hecho que lo tenga aún más claro. Ahora sé que los rojos creen que soy tozuda, y que soy un poco demasiado prudente por naturaleza.

Pero que quiero que todo el mundo se lleve bien. La cooperación es importante para mí, y creo que debería serlo para todo el mundo.

¿Qué es lo que has aprendido del libro?

Mi hijo Filip me lo regaló por mi cumpleaños. Es más bueno...: siempre me regala algo, por más que yo le diga que no quiero nada. Está en el paro y va justo de dinero, pero no se olvida nunca. No me lo leí enseguida. Me costó un poco empezarlo, sobre todo porque me interrumpían todo el rato. ¡Pero en cuanto me puse en serio me gustó! Hay ejemplos muy divertidos. Le leí en voz alta a mi marido los apartados sobre sus colores y nos reímos mucho.

¿Qué colores crees que tiene él?

Oh, es amarillo. Y azul. Al mismo tiempo, en realidad. ¿Es posible eso?

Sí, ya lo creo. ¿Qué es lo que les pareció divertido?

Lo de su optimismo con el tiempo. Siempre cree que hará más de lo que hace. Y luego, en cuanto nos subimos al coche, nos metemos en un atasco. O empieza a ducharse tres minutos antes de que lleguen los invitados. Cosas así. Pero por ese optimismo es en parte por lo que me enamoré de él hace treinta años. Tommy es un buen hombre.

¿Qué conocimientos prácticos has extraído del libro?

Que me llevo bien con los demás verdes, ¡lo que es bueno, porque somos muchos! Me gustó lo que dice de que los verdes cuidan siempre unos de otros. Eso es importante. Hay que hacerlo. Hoy en día parece como si todo el mundo fuera cada vez más egoísta, pero no creo que vaya a seguir siendo así a la larga. También leí mucho sobre los amarillos, como mi marido, y sobre los azules, como mi hermana. Es muy cuadriculada. Muy rígida y un poco pasota.

¿De qué pasa?

Del resto del mundo, en realidad. Nunca pregunta cómo estamos y a duras penas te llama por tu cumpleaños.

¿A duras penas llama? ¿Quiere decir eso que no te llama por tu cumpleaños?

Bueno, sí te llama. Pero parece que lo haga por obligación, más que porque de verdad le interese. Y también puede ser muy criticona. Tommy reformó nuestra terraza posterior hace unos años. Y cuando vino Eivor, mi hermana, lo primero que hizo fue ponerse a criticar su trabajo.

¿Qué dijo?

Lo primero fue que la barandilla del porche tenía un desnivel de dos grados.

¿Lo tenía?

Bueno, estaba un poquito torcida. Pero ¿por qué tenía que señalarlo? Tommy le había dedicado semanas a esa terraza, y en lugar de felicitarlo por lo mucho que había trabajado, empezó a criticarlo todo.

Así que no solo criticó la barandilla.

[Elisabeth sacude la cabeza.]

¿Qué opinas de los rojos?

Bueno... Están bien, a su manera. [Pausa.]

¿Qué quieres decir?

Son muy eficientes. Trabajan mucho y lo hacen rápido. A veces me gustaría tener un poco de esa ambición, pero no la tengo. Soy como soy.

Pero ¿crees que podría ser útil ser un poco rojo a veces?

Sí, claro. Pero eres quien eres. Y los rojos pueden ser un poco... difíciles.

¿En qué sentido?

Bueno, un poco insensibles en determinadas situaciones. Nuestro jefe de departamento yo creo que es rojo. Es capaz de decir cualquier cosa. Y los cirujanos son un horror. Mandonean a todo el mundo.

¿De qué manera te afecta eso?

A mí el conflicto me cuesta. No es posible evitarlo del todo, ya lo sé, pero es muy duro que todo el mundo discuta a todas horas.

¿Todo el mundo está a matar a todas horas?

No todo el mundo. Y no a todas horas, claro. Pero sin duda tenemos problemas de comunicación. Hay mal ambiente, y la dirección no escucha. Es un entorno de trabajo en el que muchos la pasamos mal. Yo estuve de baja el año pasado.

¿Han hablado de todo esto con su jefe?

Hace cinco años lo intentamos. No fue de mucha ayuda. Las cosas mejoraron durante un tiempo, pero luego volvieron a estar como siempre.

¿Y cómo te sientes ahora?

Voy haciendo. Formamos un gran equipo en el trabajo y eso es lo importante. Somos una piña. Muchos llevamos bastante tiempo trabajando allí y no querríamos irnos.

¿Qué piensas de tu propio color? Como verde, ¿cómo te llevas con los demás colores?

Bueno, los rojos no son fáciles, claro. No les gustan los verdes, aunque seamos muchos más. Se quejan de nosotros; yo misma lo he oído. Nos llaman cosas y nos insultan sin necesidad.

¿A qué te refieres con eso? ¿Podrías dar algún ejemplo concreto?

No tengo un ejemplo concreto, pero es algo que se sabe. Que flota en el aire.

¿Has dicho que tu jefe era rojo?

No mi jefe inmediato, sino el responsable del departamento. Muy rojo.

¿Y cómo lo sabes?

Bueno, lo es. No puede estar más claro. Camina rápido, habla rápido. Es muy exigente y solo le interesan los objetivos. Es una persona difícil. Ha hecho recortes.

¿Si haces recortes eres duro?

Claro.

¿Y cómo van las cosas entonces con el jefe del departamento?

No lo sé. No he hablado nunca con él directamente. Pero es algo que se sabe.

¿Se sabe?

Lo sabemos por otros empleados que han tenido problemas con él.

¿Qué pasó?

A una la reprendieron por algo tan tonto como llegar tarde. La convocaron al despacho de inmediato. Pero a mí no. Yo siempre llego puntual.

Así que una persona llegó tarde al trabajo y la reprendieron por ello.
Le echaron un sermón.

¿Qué le dijeron?
Yo no estaba allí, claro, y no lo oí, pero ella me dijo que no tendrían que haber reaccionado así.

¿Crees que no pasa nada por llegar tarde al trabajo?
No, sí que pasa.

¿Y no es responsabilidad del jefe del departamento corregir ese tipo de comportamiento?
Supongo que sí, pero depende de cómo se haga.

¿Le gritó y le chilló?
No, pero le dijo que nadie podía llegar tarde y que si volvía a pasar recibiría una advertencia.

¿Cuántas veces ha llegado tarde esa persona?
Oh, no llega nunca a su hora.

Vale. ¿Qué te gustaría que los demás supieran de ti al conocerte en la vida real? ¿Cómo te gustaría que te trataran?
Bueno, sería estupendo que la gente entendiera que hay personas que preferimos tomárnoslo con calma. Y que no me gustan los cambios constantes. Me gustaría tener la oportunidad de saber un poco más de la gente antes de ponernos en serio a trabajar. Tomar un café, hablar un

rato. Es agradable conocer a los demás como personas. Luego ya nos pondremos al lío.

¿Algo más?

Sí: a los verdes no se nos da bien enfrentarnos a los conflictos. Eso tenemos que aprender a hacerlo mejor.

Stefan
Economista que trabaja en la sede central de una multinacional con oficinas en varios países europeos. Es azul con algún toque rojo. Ni rastro de amarillo o verde.

¿Qué te parece esta herramienta, el lenguaje DISC?

Es un concepto interesante. Parece que se ha investigado mucho sobre el tema, lo que me resulta apasionante. Conocía una versión de esta herramienta, pero ese sistema clasificaba a la gente mediante combinaciones de letras. Sería curioso comparar los dos modelos.

Hay varias herramientas disponibles. La mayoría parten de la misma investigación básica, pero con el tiempo han evolucionado en direcciones distintas. La herramienta que yo uso es especialmente precisa.

¿Hablas en términos de fiabilidad o de validez?

Las dos cosas. Te recomendaría también el libro de Marston *Emotions of Normal People*, si quieres saber más. ¿Qué conclusiones sacaste al leer el libro?

Fue interesante ver cómo lo estructuraba el autor. Hablaba primero de los rojos, luego de los amarillos, de los verdes y de los azules. Cada nuevo tema se explicaba en referencia a los cuatro colores.

Eso está bien, porque así no te aburres leyendo sobre un color concreto. Y me di cuenta de que había casi el mismo número de páginas sobre cada color, lo que es impresionante. Me pregunto cómo lo consiguió.

¿Qué has aprendido sobre los patrones de comportamiento?

Que no todo el mundo es igual. Ya lo sabía, claro, pero ha sido interesante ver exactamente en qué nos diferenciamos. Y había buenos ejemplos en el libro. Por ejemplo, me atrajo sobre todo el comportamiento rojo.

¿Qué destacarías de él?

Sus tremendas ganas de avanzar siempre hacia delante. Tengo un compañero de trabajo con ese tipo de actitud y de motivación. Con la mirada siempre hacia el frente, siempre el primero de la fila. Su capacidad de tomar decisiones rápidas es impresionante. Acaba cometiendo muchos errores, claro, pero los corrige enseguida, así que no me parece un gran problema.

¿Trabajas bien con los rojos?

Bastante bien, diría yo. Es verdad que son poco cuidadosos, como he dicho, pero puedes ayudarlos a que trabajen con más rigor. Mi papel suele ser el de asegurarme de que nos atenemos a lo planeado, y eso no es algo que a los rojos se les dé demasiado bien. Pero suelen ser muy buenos improvisando, lo que es una virtud valiosa. Y son valientes.

No parece que tengas grandes problemas con el comportamiento rojo.

No. Depende de a qué te refieras con «grandes», pero diría que por lo general trabajo bien. Dicho esto, creo que a ellos les cuesta mucho más tratar con personas como yo.

¿A qué te refieres?

A mí me gusta que todo esté bien estructurado. Que no haya errores. Trabajamos con finanzas y no hay margen para el error. Este sector exige un tipo de persona bastante rigurosa. Si he entendido bien el libro, a los rojos no les interesan los detalles, que es básicamente en lo que consiste mi trabajo. Si yo no me fijara en los decimales, las consecuencias serían terribles. No puede pasar.

Vale. ¿Y qué hay de los demás colores? ¿Cómo te llevas con los verdes?

Bastante bien. Tanto ellos como nosotros —al menos según el libro— somos introvertidos, lo que creo que es positivo. Así puedes dedicarte a trabajar en lugar de echarte a charlar. [Pausa.]

Pero a los verdes les gusta charlar.

Es verdad, les gusta. Pero a mí no. A menos que sea de trabajo. De eso podemos hablar todo lo que haga falta. Lo que no me gusta de los verdes es que suelen fingir que trabajan. Los veo muchas veces lejos de su mesa, haciendo cualquier otra cosa en lugar de trabajar, y eso hace que todo vaya más despacio. Es un problema.

¿Crees que es un problema habitual en tu lugar de trabajo?

Sí.

¿Qué has hecho para resolverlo?

Nada.

¿Por qué no?

No es responsabilidad mía. Es un problema del equipo directivo.

¿Has hablado del problema con el equipo directivo?
No.

Así que algunos de tus compañeros de trabajo fingen trabajar, eso hace que todo vaya más despacio y, pese a haberlo observado, no has hecho nada al respecto, ¿es eso?
Correcto.

¿Por qué no?
Como he dicho antes, es un problema de la dirección. No tengo la autoridad necesaria para hacer algo respecto.

¿Qué harías si tuvieras esa autoridad?
Esa es una pregunta hipotética.

Sí, pero imaginemos que la tuvieras.
Pero no es así como son las cosas. No me interesa la gestión de los recursos humanos, así que no sé lo que haría.

Solo por curiosidad: si tu jefe te pidiera consejo sobre este asunto en concreto, sobre un empleado que no hace lo que debería hacer, ¿qué le dirías?
¿Hipotéticamente?

Sí.
Le pediría al jefe que estuviera más pendiente del empleado problemático. Que le hiciera saber lo que no está funcionando y le pidiera que cambiara de comportamiento.

De acuerdo. ¿Te parece que hablemos un poco del comportamiento amarillo?

[En ese punto, Stefan cruza los brazos y asiente.]

¿Qué opinas de las personas con un comportamiento característicamente amarillo?

Las encuentro un poco insufribles. Ojalá se tomaran las cosas más en serio. El trabajo, para empezar. Sé que también hay que divertirse en la oficina, pero no la mayor parte de la jornada. No puedes estar perdiendo el tiempo todo el rato en horas de trabajo. Lo peor es que van por ahí haciendo ruido, molestando. A veces tienen mucha gracia, pero trabajar es trabajar y divertirse es divertirse. Está también el asunto de su total incapacidad para enterarse bien de las cosas. Creo que son muy incompetentes por lo que se refiere a los hechos objetivos. No se toman nada en serio y eso los lleva a cometer errores. Por ejemplo: ¿cómo lo haría un amarillo puro para ser director financiero? Ni siquiera sabría qué buscar. Pero lo más grave es que dicen muchas cosas que no son verdad. Por ejemplo, son capaces de decir que han comprobado dos veces determinados detalles cuando no lo han hecho. O de asegurar que no son descuidados pese a que todo el mundo puede ver que sí lo son. Es todo muy frustrante.

¿Has conocido alguna vez de verdad a un amarillo?

¿Cómo evitarlo? Le cuentan la historia de su vida a todo el mundo, sin ningún conocimiento. Creen que a los demás nos interesa su casa de veraneo o sus animales o el nuevo diente de su hijo o el nuevo barco de pesca de su hermano. Cuando todo eso es completamente irrelevante.

¿Tienes amigos amarillos?

No. Tiendo a evitarlos.

¿Por qué?

No soportaría tanto parloteo. Hablan demasiado. No aguanto oírlos vociferar sin parar de todo y de nada. Y nunca sabes si lo que dicen es verdad. Eso me saca de quicio. Exageran todo el rato; cinco minutos con un amarillo y me desespero. Mi cuñado habla siempre de su nuevo puesto de trabajo. Pero lo describe cada vez de un modo distinto. Le he preguntado qué cargo ocupa, porque no entiendo a qué se dedica, pero responde siempre de un modo muy vago. Una vez le pregunté cómo iba la empresa y me respondió con una larga perorata sobre algo de una patente mundial que estaban a punto de conseguir. Pero no me dijo cómo iba a ser ni cuáles eran los detalles del proyecto. Fue desesperante.

Puede que no supiera la respuesta.

Entonces tendría que haber dicho: «No lo sé». ¿Tanto cuesta? En lugar de eso, habló de un millón de cosas que no me interesaban para nada.

¿Qué consejo les darías a los demás para ayudarlos a relacionarse mejor contigo?

Buena pregunta. Les aconsejaría que, por favor, respetaran mi deseo de ser profesional y no perder una cantidad preciosa de tiempo con cosas que no tienen nada que ver con el trabajo. Y que, si vienen a hacerme preguntas, vengan bien preparados. Necesito mucha información de contexto para poder dar una respuesta adecuada.

¿Cuáles son tus principales puntos débiles?

Deja que piense. A veces me quedo un poco trabado en los detalles. Eso lo sé. No creo que sea un problema en el trabajo, pero sí en mi vida privada.

¿En qué sentido?

Mi mujer es bastante roja. Ella considera que tardo mucho en hacerlo todo, y tiene razón. Tiendo a desconfiar de las ideas nuevas. No es que no sea capaz de cambiar, pero sí suelo ver problemas donde no los hay. A veces me cuesta tomar decisiones y me entra ansiedad. Necesitamos un nuevo televisor en casa, porque el que tenemos está estropeado. Pero hay muchos modelos distintos y no he tenido tiempo de investigarlos todos bien. Mi mujer cree que solo necesitamos diez minutos para ir comprar uno nuevo. Pero ¿y si no es bueno? ¿Cómo sé si es del tipo que necesitamos? Al fin y al cabo, es una gran inversión. Así que hemos ido tirando con el viejo.

¿Algo que decir para acabar?

Como he dicho, es un concepto interesante. Encargaré el libro de Marston.

20

Un test rápido para averiguar lo que has aprendido

¡He aquí una oportunidad de comprobar tus conocimientos! Esta es una actividad divertida que puedes utilizar para poner a prueba a tus conocidos. ¿Cuánto sabes en realidad sobre cómo funciona la gente? Espero que las respuestas den pie a debates interesantes, ya sea alrededor de la fuente de agua del trabajo o durante la cena en casa.

1. ¿Qué combinación de perfiles se entiende bien de forma natural en el terreno social?
   Dos amarillos
   Dos rojos
   Amarillo y rojo
   Azul y verde
   Todos los anteriores

2. ¿Qué combinación de perfiles se entiende bien trabajando?
   Verde con cualquiera de los demás

UN TEST RÁPIDO PARA AVERIGUAR LO QUE HAS APRENDIDO

Dos amarillos
Dos rojos
Azul y rojo
Todos los anteriores

3. ¿Qué perfil prefiere siempre encabezar un proyecto?
Rojo
Amarillo
Verde
Azul

4. ¿Qué perfil sería el mejor cirujano?
Rojo
Amarillo
Verde
Azul

5. ¿Quién disfruta más dando un discurso?
Rojo
Amarillo
Verde
Azul

6. ¿Quién sabe exactamente dónde archivó ese *e-mail* de su jefe?
Rojo
Amarillo
Verde
Azul

7. ¿Quién quiere hacer más pruebas o conseguir más información antes de tomar una decisión?

Rojo

Amarillo

Verde

Azul

8. ¿En quién puedes confiar para llegar siempre a tiempo?

Rojo

Amarillo

Verde

Azul

9. ¿Quién no sigue las reglas para lograr un objetivo?

Rojo

Amarillo

Verde

Azul

10. ¿Quién está más dispuesto a probar algo nuevo para lograr un objetivo?

Rojo

Amarillo

Verde

Azul

11. ¿Quién recuerda durante más tiempo una crítica personal?

Rojo

Amarillo

Verde

Azul

12. ¿Quién no tiene ninguna capacidad de organización pero sabe exactamente dónde ir para conseguir lo que necesita?
Rojo
Amarillo
Verde
Azul

13. ¿Qué perfil siempre quiere tomar decisiones?
Rojo
Amarillo
Verde
Azul

14. ¿Qué perfil va vestido a la última moda?
Rojo
Amarillo
Verde
Azul

15. ¿Qué perfil disfruta más de nuevos retos?
Rojo
Amarillo
Verde
Azul

16. ¿Qué perfil es el más rápido en juzgar a los demás?
Rojo
Amarillo
Verde
Azul

17. ¿Qué combinación de perfiles forma el mejor equipo?
    Dos verdes
    Dos rojos
    Amarillo y rojo
    Azul y verde
    Una mezcla de todos los colores

18. ¿Qué perfil probablemente hable más?
    Rojo
    Amarillo
    Verde
    Azul

19. ¿Qué perfil asimila mejor nuevas ideas?
    Rojo
    Amarillo
    Verde
    Azul

20. ¿Qué perfil delega una tarea pero luego la hace él mismo igualmente?
    Rojo
    Amarillo
    Verde
    Azul

21. ¿Qué perfil sabe escuchar mejor?
    Rojo
    Amarillo
    Verde
    Azul

UN TEST RÁPIDO PARA AVERIGUAR LO QUE HAS APRENDIDO 297

22. ¿Qué perfil no se salta el último paso de las instrucciones?
Rojo
Amarillo
Verde
Azul

23. ¿Qué perfil es el más habitual en tu círculo social?
Rojo
Amarillo
Verde
Azul

Las respuestas pueden encontrarse en la página 305.

Más sobre la pregunta 23

En la oficina, no siempre puedes elegir las personas con las que trabajas. Están ahí, tanto si hubieran sido ellas a las que habrías escogido como si no. En el mundo profesional, tienes que jugar una buena partida con las cartas que tienes. Pero fuera del trabajo, donde sí puedes escoger con quién pasas el tiempo, ¿qué tipo de personas eliges? ¿Has optado por quienes son similares a ti? ¿O quedas con personas que son en todo tu opuesto?

Para eso no hay respuestas correctas ni incorrectas, claro, pero es interesante pensar en ello. Cuando podemos elegir, ¿a quién elegimos?

¿Y cómo escogemos a la pareja con la que queremos pasar el resto de nuestra vida? ¿Preferimos nuestra imagen en un espejo o todo lo contrario? Una pregunta fascinante, ¿verdad?

21

Un ejemplo final de la vida cotidiana

El que pueda que sea el proyecto en grupo más ilustrativo de la historia del mundo

Bueno, amigo mío, ha llegado la hora de resumirlo todo. Para ello, me gustaría hablarte de una experiencia fascinante que viví hace unos años.

Yo dirigía un congreso, y se me metió en la cabeza hacer un experimento con un grupo de directivos que trabajaban en una empresa de telecomunicaciones. Los participantes eran profesionales e inteligentes, y a todos ellos les iba muy bien en sus respectivos campos. Tenían cualificaciones excelentes y un futuro brillante por delante. Yo ya había elaborado perfiles de todos ellos y habían completado una autoevaluación en la que se había visto cuál era su estilo comunicativo.

Dividí a los directivos en grupos con perfiles de comportamiento similares. Imaginé que les sería fácil llevarse bien. Sin duda se entenderían entre ellos. Había veinte personas en total. Llamé a los grupos rojo, amarillo, verde y azul. Entiéndeme: de alguna forma tenía que llamarlos.

Se les encargó que resolvieran un problema diseñado para la

ocasión, que estaba relacionado con su ámbito de trabajo y que requería cooperación. Se les dio una hora para terminarlo. Les expliqué lo que tenían que hacer y todos los grupos aceptaron ávidamente las instrucciones y se pusieron manos a la obra.

Cuando llevaban un rato trabajando, me pasé a verlos para comprobar cómo les iba a cada uno de los equipos.

En el grupo rojo, el nivel de ruido era alto. Había tres personas de pie explicando en voz alta por qué tenían razón. Dos estaban en plena discusión mientras que otra había decidido trabajar sola. Indiferente al griterío que se desarrollaba a un metro de distancia de donde se encontraba, escribía tan rápido que de su bolígrafo empezaron a salir chispas.

Cuando pregunté si todo iba bien por allí, aquel frenesí se detuvo de repente y los integrantes del grupo me miraron sorprendidos.

—¿Va todo bien? —repetí ansiosamente.

—¡De fábula! —dijo uno de los beligerantes con rostro sombrío—. Ya casi estamos.

Los dejé y continué hasta donde el grupo amarillo trabajaba, también frenéticamente. Casi podías saborear la energía en la sala. ¡Allí estaban pasando cosas! En medio de conversaciones animadas, todos intentaban convencer a los demás de su propia postura. Mientras que los rojos estaban enojadísimos unos con otros, allí no había más que sonrisas. Tres de los amarillos competían por el espacio en la pizarra blanca, y otro me contó una anécdota muy divertida que no tenía nada que ver con el tema que estábamos tratando (pero que me hizo mucha gracia). El quinto directivo del grupo amarillo hacía garabatos en una hoja de papel y enviaba *e-mails* por el teléfono.

Los dejé para ir a ver al grupo verde. Dentro de la sala se respiraba una calma extraña. Conversaban en voz baja y, más que hablar, escuchaban. Lo principal allí era la estabilidad y la seguridad. Cuatro de los directivos estaban sentados en silencio, escuchando a uno de sus compañeros contar una triste historia sobre su perro, que había muerto trágicamente, ya muy anciano, aquel mismo invierno. Seguía echando de menos a su amigo y compañero. La última persona del grupo, una mujer, había esbozado algunas sugerencias sobre cómo resolver la tarea que se les había encomendado, pero cada sugerencia iba rematada por un signo de interrogación. Necesitaba más aportaciones, y todo apuntaba a que tendría que pedirlas. No pintaba bien.

Pasé al siguiente grupo. La sala de los directivos azules estaba casi absurdamente silenciosa. Tras sentarme con ellos durante tres minutos sin que nadie pronunciara una sola palabra, empecé a preocuparme de verdad. Había mucha reflexión bullendo bajo la superficie, pero ninguna comunicación real. Una mujer leía en silencio el encargo que se les había hecho mientras movía los labios. Les pregunté si necesitaban ayuda para ponerse manos a la obra. Varias personas asintieron dubitativamente. Pronto se inició una deliberación muy concienzuda. Sin duda llegarían hasta el fondo del asunto. Era evidente que iban por el buen camino, pero de un modo muy detallado. Discutieron durante largo rato cuál debía ser su plan de acción.

Recuerdo echarle un vistazo furtivo al reloj. Había transcurrido la mitad del tiempo previsto y no tenían nada concreto. Se habían presentado varias propuestas, pero los demás las habían rechazado por toda una serie de tecnicismos. Se escogía cada palabra con cuidado y se sopesaban las ventajas y desventajas con detenimiento. Estaban mucho más interesados en hacer las cosas debidamente que en hacerlas.

Los abandoné a su suerte y volví a la sala de conferencias principal.

Antes de que se acabara el tiempo asignado, aparecieron los componentes del grupo rojo con sonrisas triunfales. Se felicitaron unos a otros por ser los primeros. Estaba claro que habían ganado la prueba.

Hubo que ir a buscar a los demás grupos. El amarillo fue el último. Tuve que ir a avisarles dos veces antes de que se dignaran a hacer acto de presencia. Dos de sus componentes hablaban por teléfono y un tercero solo volvió en sí tras tomar un poco de café y pastel.

Cuando todos los grupos estuvieron reunidos en la sala, dejé que presentaran lo que habían hecho.

El grupo rojo subió triunfante al estrado. Habían convertido el encargo en una competición. Estuvieron listos en treinta minutos, pese a que se les había dado una hora. El resto del tiempo lo habían dedicado a llamar a sus subordinados y controlar lo que estaban haciendo. La suya fue una buena presentación, con una estructura bien organizada y bien pensada. Pero a los treinta segundos de empezar quedó claro que el grupo rojo había resuelto un problema completamente distinto al que yo les había planteado. Aquello no era para nada lo que les había pedido.

Cuando les pregunté si habían leído las instrucciones, empezaron a discutir. Uno de los miembros del grupo declaró con mucha seguridad que habían adaptado la tarea a la realidad. Habían hecho un gran trabajo. Esperaban aplausos, pero, al ver que no llegaba ninguna ovación, se encogieron de hombros y volvieron a sus asientos. Un segundo después, la mujer del grupo empezó a jugar con su teléfono. Parecía que debía enviar un mensaje de texto vital de inmediato.

Después de aquello, llegó el turno del equipo amarillo, formado por tres mujeres y dos hombres. Todos ellos sonrieron y se colocaron al frente. ¿Quién debía empezar? Se produjo una breve deliberación, tras lo que una de las mujeres se abrió paso hacia el estrado a fuerza de encanto. Se zambulló de inmediato en el tema y habló de los debates apasionantes que habían mantenido durante la hora anterior. Dijo que todo aquello había sido un ejercicio muy estimulante y describió de qué forma iba a utilizar todo lo aprendido en su trabajo. Su presentación fue muy entretenida y todo el mundo se rio. A mí también me hizo gracia el relato, sobre todo teniendo en cuenta que solo tenía un objetivo: disimular el hecho de que el grupo no había resuelto el problema. Aun así, el grupo amarillo consiguió algunos aplausos, especialmente por lo entretenido de su presentación.

Le tocaba a continuación al grupo verde. Costó un rato que todos subieran al estrado. Mientras que el grupo amarillo había discutido por quién hablaba primero, en el grupo verde imperaba la ansiedad. «¿Vamos todos?». «¿Quién debería presentar el informe?». «¿Lo hago yo?». «¿No deberías hacerlo tú?». Al menos la mitad de los seis participantes parecía tener dolor de estómago. Era el grupo más numeroso, sí, pero, aun así, estaban todos nerviosos.

Nadie tomaba las riendas. Tras una discreta deliberación, uno de los hombres empezó la presentación. La mayor parte del tiempo lo hacía mirando a la pizarra blanca. Hablaba en voz baja, volviéndose hacia los miembros de su equipo en busca de apoyo. Era tan sutil en sus observaciones que el mensaje se perdía irremediablemente. Con desesperación creciente, miraba a su grupo suplicando ayuda.

Cuando acabó su presentación, resultó que tampoco el grupo verde había resuelto el problema, pese a que había llegado más lejos que el amarillo. Pregunté si todos los integrantes estaban de acuerdo con el material presentado. El desafortunado portavoz dijo que creía que «era probable que la mayoría de ellos estuviera relativamente de acuerdo con lo presentado». Pregunté a los demás y todos asintieron al unísono. Al menos cuatro de los participantes presentaban un rostro serio y estaban de brazos cruzados, un lenguaje corporal que proclamaba que estaban lejos de estar de acuerdo con lo que se había dicho. Una de las mujeres miraba resentida al portavoz. Pero, por Júpiter, estaba de acuerdo.

Por último, el grupo azul avanzó en fila y se colocó en orden alfabético según un plan preestablecido. Arne repasó las instrucciones y reveló que había aspectos que habían complicado la tarea. Entre otras cosas, hizo varios comentarios sobre la estructura de las frases del documento que yo les había entregado: dedicó gran parte del tiempo a explicar que era mejor decir «asesor» que «orientador», pese a que ambas fórmulas son técnicamente correctas, y señaló no menos de dos errores gramaticales más en la primera página.

A continuación llegó el turno de Berit de revisar la estructura en la que se habían basado, tras ser interrumpido en dos ocasiones por Arne, que creyó necesario clarificar varios detalles menores. Cuando Kjell tomó el relevo, seguían sin estar cerca de dar una solución al problema. Stefan no aclaró nada y cuando Yolanda anunció finalmente que necesitaban más tiempo para completar la tarea como era debido, estalló el caos en la sala de conferencias.

El grupo rojo tachó inmediatamente de idiotas a los miembros del grupo azul, el grupo amarillo afirmó que aquello era lo más aburrido que habían presenciado nunca y el grupo verde se limitó a sufrir en silencio durante todo el espectáculo.

Conclusiones

El objetivo del ejercicio era poner de relieve que ningún grupo debería estar formado solo por individuos de un mismo tipo. La diversidad es la única vía posible. Lo mejor a la hora de constituir un equipo es mezclar distintos tipos de personas. Es la única forma de conseguir una dinámica decente. Parece intuitivo pero, pese a ello, la mayoría de las empresas que he conocido fallan en ese aspecto fundamental cuando contratan trabajadores. Los directivos reclutan a personas que son como ellos porque entre ellos se entienden.

Este libro ha intentado explicar por qué los grupos de este ejemplo funcionaron de la manera en que lo hicieron y proporcionar las herramientas necesarias para evitar problemas similares en la vida real. Espero que te haya gustado leerlo y unirte a esta apasionante exploración de cómo funcionan las personas, lo que las hace similares y lo que las hace distintas. Porque todos somos diferentes. Si prestas atención, descubrirás hasta qué punto cuánto.

El resto depende de ti.

Las respuestas a las preguntas del capítulo 20

1. Dos amarillos
2. Verde con cualquiera de los demás
3. Rojo
4. Azul
5. Amarillo
6. Azul
7. Azul
8. Azul
9. Rojo
10. Amarillo
11. Verde
12. Amarillo
13. Rojo
14. Amarillo
15. Rojo
16. Rojo
17. Una mezcla de todos los colores

18. Amarillo
19. Rojo
20. Rojo
21. Verde
22. Azul
23. Para esta, como comprenderás, no hay una respuesta correcta

Para saber más

Benjamin, Ben, Amy Yeager y Anita Simon, *Conversation Transformation: Recognize and Overcome the 6 Most Destructive Communication Patterns*, McGraw-Hill Education, Nueva York, 2012.

Cain, Susan, *Quiet: The Power of Introverts in a World That Can't Stop Talking*, Broadway Books, Nueva York, 2013. Versión castellana de Silvia Alemany, *El poder silencioso: La fuerza secreta de los introvertidos*, Kairós, Barcelona, 2018.

Carnegie, Dale, *How To Stop Worrying And Start Living*, Gallery Books, Nueva York, 2004. Versión castellana de Miguel de Hernani, *Cómo suprimir las preocupaciones y disfrutar de la vida*, Elipse, Barcelona, 2008.

Carnegie, Dale, *How to Win Friends and Influence People*, Vermilion, Londres, 2004. Versión castellana de Román A. Jiménez, *Cómo ganar amigos e influir sobre las personas*, Elipse, Barcelona, 2009.

Cialdini, Robert, *Influence: The Psychology of Persuasion*, Harper Business, Nueva York, 2006. Versión castellana de Jesús de la Torre Olid, *Influencia: La psicología de la persuasión*, HarperCollins Ibérica, Madrid, 2022.

Covey, Stephen R., *The 7 Habits of Highly Effective People: Powerful Lessons in Personal Change,* Simon and Schuster, Nueva York, 2013. Versión castellana de Jorge Piatigorsky y Francisco Martín Arribas, *Los 7 hábitos de la gente altamente efectiva,* Booket, Barcelona, 2015.

Dias, Dexter, *The Ten Types of Human: Who We Are, and Who We Can Be,* Random House UK, Londres, 2017.

Duhigg, Charles, *The Power of Habit: Why We Do What We Do in Life and Business,* Random House, Nueva York, 2014. Versión castellana de Wendolin Perla, *El poder de los hábitos. Por qué hacemos lo que hacemos en la vida y en el trabajo,* Vergara, Barcelona, 2019.

Freeman, Arthur, *The 10 Dumbest Mistakes Smart People Make and How to Avoid Them: Simple and Sure Techniques for Gaining Greater Control of Your Life,* William Morrow, Nueva York, 1993.

Gladwell, Malcolm, *Blink: The Power of Thinking Without Thinking,* Back Bay Books, Nueva York, 2007. Versión castellana de Gloria Mengual, *Inteligencia intuitiva: ¿Por qué sabemos la verdad en dos segundos?,* Debolsillo, Barcelona, 2018.

Gladwell, Malcolm, *Outliers: The Story of Success,* Back Bay Books, Nueva York, 2011. Versión castellana de Pedro Cifuentes, *Fuera de serie: Por qué unas personas tienen éxito y otras no,* Debolsillo, Barcelona, 2019.

Goleman, Daniel, *Emotional Intelligence: Why It Can Matter More Than IQ,* Bantam Books, Nueva York, 2005. Versión castellana de David González Raga, *Inteligencia emocional,* Kairós, Barcelona, 2021.

Goleman, Daniel, *Social Intelligence: The New Science of Human Relationships,* Bantam, Nueva York, 2007. Versión castellana de David González Raga, *Inteligencia social: La nueva ciencia de las relaciones humanas,* Kairós, Barcelona, 2018.

Jeffers, Susan, *Feel the Fear... And Do It Anyway,* Harvest, Eugene,

2023 (edición revisada y actualizada). Versión castellana de María Eleonor Gorga, *Aunque tenga miedo, hágalo igual*, Robinbook, Teià, 2007.

Knight, Sarah, *Get Your Sh*t Together: How to Stop Worrying About What You Should Do So You Can Finish What You Need to Do and Start Doing What You Want to Do,* Little, Brown and Company, Nueva York, 2016. Versión castellana de Brenda Béjar Kleiman, *Cómo solucionar tus mierdas: Haz lo que debes para conseguir lo que quieres*, Martínez Roca, Barcelona, 2021.

Spranger, Eduard, *Types of Men*, Target Training International, Scottsdale, 2013.